文献里的烟台故事

刘树伟 撰

国家图书馆出版社

图书在版编目（CIP）数据

文献里的烟台故事 / 刘树伟撰. — 北京 : 国家图书馆出版社, 2021.12

ISBN 978-7-5013-6986-7

Ⅰ. ①文… Ⅱ. ①刘… Ⅲ. ①烟台—地方史—史料 Ⅳ. ①K295.23

中国版本图书馆CIP数据核字（2020）第057791号

书　　名　文献里的烟台故事
著　　者　刘树伟　撰
责任编辑　王燕来　王佳妍

出版发行　国家图书馆出版社（北京市西城区文津街7号　100034）
（原书目文献出版社　北京图书馆出版社）
010-66114536　63802249　nlcpress@nlc.cn（邮购）
网　　址　http://www.nlcpress.com
排　　版　爱图工作室
印　　装　北京雅图新世纪印刷科技有限公司
版次印次　2021年12月第1版　2021年12月第1次印刷

开　　本　710 × 1000　1/16
印　　张　17.75
书　　号　ISBN 978-7-5013-6986-7
定　　价　68.00元

《文献里的烟台故事》编委会

总策划：张祖玲

策　划：李　玲　宋永胜

主　编：宋书兰

副主编：姜瑞珍　宋　晨　刘树伟

前言

Foreword

为落实《烟台市全民阅读促进条例》，推动“书香烟台”建设，弘扬烟台崇尚读书、诗书继世的优秀传统，反映烟台阅读与时代共发展、同进步的历史，烟台市广泛开展了“烟台人读烟台书”系列活动，通过征集、推荐、评选、展览、整理“烟台书”，推进“烟台书”大普查、大集成、大展示，以期形成一批广为流传的经典优质“烟台书”。《文献里的烟台故事》的结集出版就是这一背景下的产物与成果。

烟台图书馆作为全国古籍重点保护单位、全国古籍保护工作先进单位，在立足古籍普查工作、深入古籍版本学术研究的同时，重视对烟台乡邦文化的整理与研究。为更好地让古籍里的文字活起来，把文献里的烟台故事整理并讲述出来，弘扬烟台优秀传统文化，烟台图书馆策划了《文献里的烟台》项目。

《文献里的烟台》，是烟台图书馆与《烟台晚报》合办的报纸专栏，开栏于2013年2月。该栏目挂名“烟台图书馆协办”，依托烟台图书馆丰富的馆藏文献资源及专业的古籍整理人才，通过对新中国成立前有关烟台的文献典籍进行整理、挖掘，进而对烟台历史上的事件、事物、人物等进行解读与介绍。截至目前，此专栏已刊发85篇21万余字文章。

为把烟台故事讲得更接地气、烟台声音传播得更有烟台味，《文献里的烟台》项目摒弃了常见的学术研究方式，代之以群众喜闻乐见、通俗易懂的讲故事方式来进行。为显示客观性，我们尽可能引用原文。专栏围绕历史事件、实业金融、文物古迹、历史人物、人文风物、红色烟台等选题来讲述烟台优秀故事，宣传、弘扬烟台优秀传统文化和时代精神，以期让每一个优秀烟台故事，温暖烟台城市心灵，树立烟台文化灯塔。

讲述烟台历史上的史实、事件。烟台物华天宝，人杰地灵，文化底蕴深厚。通过深度整理烟台历史，还原有重大影响的历史史实、事件。如讲述秦始皇登临芝罘的《秦始皇三巡芝罘》；讲述烟潍路修建历程的《烟潍路：艰难时世修通途》；讲述辛亥革命时轰动全国的烟台剪发罢市风潮《一场剪辫子风波》；讲述烟台八中学生反封建毁坏神像的《小记毓璜顶毁像案》等。

讲述烟台历史上的实业金融故事。烟台作为中国开埠较早的通商口岸，历史上工商金融业发达。通过整理烟台金融、工商业发展事例，反映老烟台的实业金融历史。如讲述芝罘人郭子文创办烟台诚文兴书局的《书业黑马诚文兴》；讲述1919年民族工商业者在烟台创办的中国精盐实业翘楚者通益精盐的《通益精盐曾显赫一时》等。

讲述烟台的古籍文物、古迹名胜故事。烟台作为中国历史文化名城，古籍文物、古迹名胜等文化遗产丰富。通过对烟台历史上有影响的古籍文物、古迹名胜等深挖历史蕴涵，突出烟台文化内涵和特色，促进烟台文化遗产资源保护。如讲述福山八景之一的《人文胜境 古寺奇泉》；讲述烟台人保护国宝的《国宝甲骨流离记》；讲述黄县鞠彦云墓志保护史的《魏碑神品出黄县》；讲述王懿荣存藏戚继光宝刀的《王懿荣与戚继光宝刀》等。

讲述烟台历史上的风云人物。历史上，众多风云人物与烟台交集，为烟台留下了动人的人文韵事。通过讲述这些历史名人与烟台的故事，增强城市文化底蕴与人文魅力，增加烟台城市文化厚度。讲述烟台人秉承家训、诗书继世传统的故事，如《芝罘岛上孝子初才》《寻乐园里乐忘形》《福山郭氏“澡身”承家训》《季羡林恩师王崑玉》《“还读龛”里茹古诵今》等；讲述烟台人廉洁自律、刚直不阿精神的故事，如《姜埰至死不忘君命》《栖霞牟庭“第一秀才”》等；讲述烟台人抵御外侮、舍身为国的故事，如《明代守边名将张元祯》；讲述烟台人关心乡邦、奉献桑梓的故事，如《乱世书生护人文》《民初报人郑千里》等。

烟台作为水果之乡、鲁菜之乡、葡萄酒名城，物产丰饶。通过对新中国成立前文献的整理，努力还原老烟台的人文风物，如《崎路上那些乘坐苫子的特殊身影》《从“嚣嚣山房”窥民初百态》《八十年前的只楚庙会》《老烟台的女性生活》等；通过挖掘烟台名优特产文化内涵，突出烟台地方特色，增加烟台名优特产品牌的文化厚度和美誉度，如《名闻天下莱阳梨》《林徽因、冯玉祥、梁实秋、陈寅恪——他们都爱烟台苹果》等。

烟台是胶东革命老区中心城市、胶东历史文化和革命文化龙头城市，红色文化资源深厚。通过整理、挖掘胶东红色故事，传承胶东红色基因。讲述文化名人革命战争时期在烟台的人文韵事，如《叶圣陶结缘烟台》《李一氓烟台往事》《1947 阿英在烟台》等；讲述胶东解放区的红色岁月故事，如《抗战中的胶东女性》等。

《文献里的烟台故事》的结集出版，是烟台图书馆对烟台文化发掘、整理的有益尝试。今后，我们将加大对优秀“烟台书”的整理研究，推进“烟台人读烟台书”工作持续深入，以讲好烟台故事，传播烟台声音，提升烟台城市形象。

编者

2021 年 5 月

目录

Contents

第三章　文物古迹

第四章　历史人物

第五章 人文风物

第六章 红色烟台

文 献 里 的 烟 台 故 事

第一章　历史事件

秦始皇三巡芝罘

秦始皇自二十六年（前 221）统一六国，到三十七年（前 210）病死沙丘，为彰显功德、求神访仙等，曾五次大规模地巡游全国。五次巡游中，三次到达芝罘，即现在的烟台芝罘山。秦始皇巡游芝罘之事，《史记》等典籍均有记载。

芝罘自古称谓多

芝罘，古有转附、青城山、之罘、芝罘诸说。“转附”之说，最早见于儒家经典《孟子》。《孟子·梁惠王下》云：“（梁惠王）吾欲观于转附、朝儛，遵海而南，放于琅琊。”清代学者焦循《孟子正义》对此注释云：“转附即之罘也，朝儛即成山也。”“青城山”之说，见于元代于钦的《齐乘》。《齐乘》云：“阳庭有青城山，始皇射鱼处，即之罘山也。”秦汉以后，芝罘称“之罘”，《史记》《汉书》等典籍对此有大量记载。及至清代，在有关文献中，方见“芝罘”之记载。

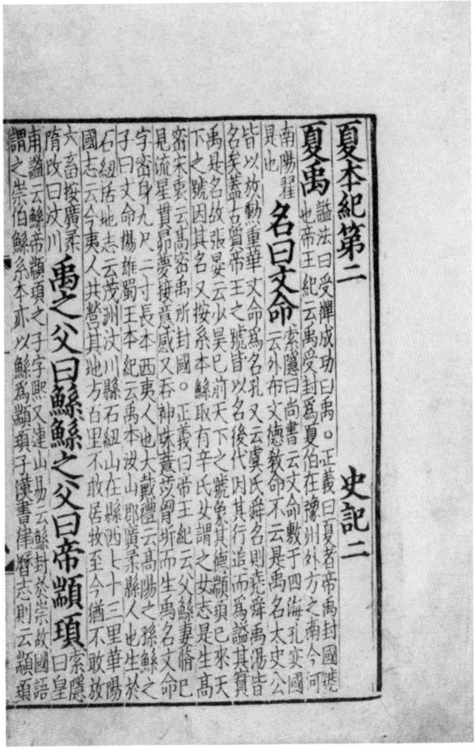
夏本紀第二　史記二
夏禹 謚法曰受禪成功曰禹。正義曰夏者帝禹封國號
也帝王紀云禹受封爲夏伯在豫州外方之南今河
南陽翟是也 名曰文命 索隱曰尚書云文命敷于四海孔安國
云外布文德教命不云是禹名太史公
皆以放勳重華文命爲名孔又云虞氏舜名則堯舜禹湯皆
名矣蓋古質帝王之號皆以名後代因其行追而爲謚其實
禹是名故張晏云少昊已前天下之號象其德顓頊已來天
下之號因其名又按系本鯀取有辛氏女謂之女志是生高
密宋衷云高密禹所封國。正義曰帝王紀云父鯀妻脩己
見流星貫昴夢接意感又吞神珠薏苡胸坼而生禹名文命
字密身九尺二寸長本西夷人也大戴禮云高陽之孫鯀之
子曰文命揚雄蜀王本紀云禹本汶山郡廣柔縣人也生於
石紐括地志云茂州汶川縣石紐山在縣西七十三里華陽
國志云今夷人共營其地方百里不敢居牧至今猶不敢放
六畜按廣柔隋改曰汶川
禹之父曰鯀鯀之父曰帝顓頊 索隱曰皇
甫謐云鯀帝顓頊之子字熙又連山易云鯀封於崇故國語
謂之崇伯鯀系本亦以鯀爲顓頊子漢書律曆志則云顓頊

宋黄善夫刻本《史记》

芝罘除上述名称外，《宋史》曾记载秘书丞直史馆陈靖等“自东牟趣八角海口，得思柔所乘海船及高丽水工，即登舟自芝冈岛顺风泛大海，再宿抵瓮津口登陆，行百六十里抵高丽之境曰海州”，民国《福山县志稿》认为此处之“芝冈岛”，即“之罘岛”。

秦始皇三次巡幸

秦始皇第一次巡幸芝罘是在二十八年（前219）。这一年，秦始皇东巡郡县，在礼祠驺峄、封祀泰山后，遂东游海上，“过黄腄，穷成山，登之罘”，礼祠名山大川及齐国八神。八神，即天主、地主、兵主、阴主、阳主、月主、日主、四时主。八神之阳主，为芝罘山，其祭祀之处为芝罘山的阳主祠。祭祀八神的习俗，说法不一，有的说自古有之，不知从何时开始，也有的说是始自齐太公姜尚。按当时的习俗，帝王礼祀包括八神在内的诸位神圣，一则可与诸神来往，显示自己王者之尊；二则可因此入仙人之列，可延年益寿、长生不老。秦始皇这次巡幸芝罘并礼祠阳主后，“立石颂秦德”而去，南下琅琊，在那里建立了琅琊台，刻石纪功。

秦始皇第二次巡幸芝罘是在二十九年（前218）。这一年，秦始皇东游，在到达河南阳武县博狼沙这个地方的时候，被张良等袭击。秦始皇下令缉拿张良等人，结果十日未果。尽管沿途有被袭之险，但这丝毫没阻拦秦始皇继续求仙访神的兴趣。秦始皇继续东游海上，并重登芝罘山，在阳主祠祭祀阳主神。同时让丞相李斯撰文，刻石两方以纪功德，此即《芝罘颂》与《东观颂》。两刻石主要歌颂了始皇兼并六国、统一海内的丰功伟绩。

秦始皇第三次巡幸芝罘是在三十七年（前210）。当时盛传渤海中有三神山，名曰蓬莱、方丈、瀛洲。此三神山，乃仙人居住之处。那里有长生不死之药，人吃了可以长生不老。那里的禽兽等都是白色的，宫殿是用黄金白银做的。隔远了观看，仙雾飘飘，而靠近后，宫殿什么的反而到了水下，越靠近风会越大，怎么也到不了。不少帝王渴望长生不老，遂都派人探寻。秦始皇之前，齐威王、齐宣王、燕昭王等，都曾派人下海搜寻三神山。二十八年，齐人徐福等上书始皇，说可以入海寻仙，并请求始皇“请得斋戒，与童男女求之”。一直梦想着长生不老的秦始皇，听后不免心动，于是派遣徐福携童男女数千人，入海觅仙。徐福等入海求仙访药，几年过去了，花费不少，却没有结果。怕因此被追究，遂撒谎对秦始皇汇报说：“蓬莱的长生不老仙药，因海中有大鱼为害，船队到不了而没有取到。请皇帝派遣善射者跟随，如果大鱼出现，就用弓弩射之。”有一次，秦始皇梦见与海神搏战，海神长得跟人一样，就向占梦博士询问梦之吉凶。占梦博士说：“海神本来是看不到的，它用大鱼、蛟龙为守护。现在皇上祭祀周到恭敬，却出现这种恶神，应当除掉它，然后真正的善神就可以找到了。”秦始皇于是命令入海的人携带捕大鱼的工具，亲自带着有机关的弓弩，去等候大鱼出来以便射死它。从琅琊向北直到荣成山，都不曾遇见。到达之罘的时候，遇见了大鱼，射死了一条。接着又沿海向西进发，西至沙丘而病亡。

历代文人墨客，多把秦始皇“芝罘射鱼”视为美谈，认为其体现了秦始皇豪迈之气。宋代马端临《文献通考》对此持不同观点，马端临认为大鱼出现，乃为“鱼异”，实乃亡国之兆。秦始皇历次巡游，铺张颇多，沿途百姓苦不堪言。为一己之求仙妄想，置天下苍生于不顾，加上其残暴统治，当时看似强盛的大秦帝国本已危机四伏。因此，“鱼异”之说虽然唯心，但从另一个角度看秦始皇的巡游，也未尝不无道理。

秦二世两登芝罘

胡亥，嬴姓，是秦始皇的第十八子。因其幼小，向来得秦始皇的宠爱。胡亥原本是一个纨绔子弟，毫无治国本领可言。可历史就是这么神奇，在宦官赵高的摆布下，原本被寄予厚望的扶苏被下诏赐死，而昏庸无能的胡亥却登基成了秦二世。秦始皇原本希望相传万代的大秦江山，在二世胡亥残暴统治之下，短短三年时间，便迅即灰飞烟灭。

秦二世胡亥，在历史上曾两次登临芝罘。这两次登临，对其个人而言都堪称人生的转折。第一次登临，不久即帝位；第二次登临，不久爆发大规模农民战争，从此局面一发而不可收拾，胡亥最终被逼自杀，强盛一时的大秦帝国也迅速土崩瓦解。

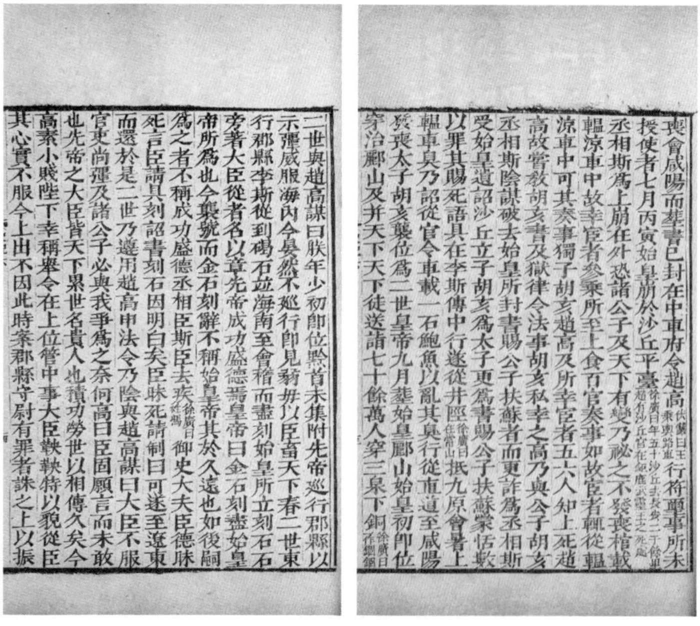
喪會咸陽而葬書已封在中車府令趙高（伏儼曰王乘輿路車）行符璽事所未
授使者七月丙寅始皇崩於沙丘平臺（徐廣曰年五十沙丘去長安二千餘里趙有沙丘宮在鉅鹿武靈王之死處）
丞相斯為上崩在外恐諸公子及天下有變乃祕之不發喪棺載
轀涼車中故幸宦者參乘所至上食百官奏事如故宦者輒從轀
涼車中可其奏事獨子胡亥趙高及所幸宦者五六人知上死趙
高故嘗教胡亥書及獄律令法事胡亥私幸之高乃與公子胡亥
丞相斯陰謀破去始皇所封書賜公子扶蘇者而更詐為丞相斯
受始皇遺詔沙丘立子胡亥為太子更為書賜公子扶蘇蒙恬數
以罪其賜死語具在李斯傳中行遂從井陘（徐廣曰在常山）抵九原會暑上
轀車臭乃詔從官令車載一石鮑魚以亂其臭行從直道至咸陽
發喪太子胡亥襲位為二世皇帝九月葬始皇酈山始皇初即位
穿治酈山及并天下天下徒送詣七十餘萬人穿三泉下銅（徐廣曰一作錮）

二世與趙高謀曰朕年少初即位黔首未集附先帝巡行郡縣以
示彊威服海內今晏然不巡行即見弱毋以臣畜天下春二世東
行郡縣李斯從到碣石竝海南至會稽而盡刻始皇所立刻石石
旁著大臣從者名以章先帝成功盛德焉皇帝曰金石刻盡始皇
帝所為也今襲號而金石刻辭不稱始皇帝其於久遠也如後嗣
為之者不稱成功盛德丞相臣斯臣去疾（徐廣曰姓馮）御史大夫臣德昧
死言臣請具刻詔書刻石因明白矣臣昧死請制曰可遂至遼東
而還於是二世乃遵用趙高申法令乃陰與趙高謀曰大臣不服
官吏尚彊及諸公子必與我爭為之柰何高曰臣固願言而未敢
也先帝之大臣皆天下累世名貴人也積功勞世以相傳久矣今
高素小賤陛下幸稱舉令在上位管中事大臣鞅鞅特以貌從臣
其心實不服今上出不因此時案郡縣守尉有罪者誅之上以振

烟台图书馆所藏明汲古阁刻本《史记》相关记载

秦二世胡亥与芝罘的故事，在《史记》《汉书》《资治通鉴》等文献中，都有记载。

首登芝罘，不久篡位登基

阳主庙老照片

秦二世胡亥第一次登临芝罘是在秦始皇三十七年（前210）。《史记》载，秦始皇于三十七年开始全国巡游，当时陪伴的有左丞相李斯、宦官赵高等。少子胡亥对父皇巡游天下的举动感到羡慕又好奇，于是央求带上自己。秦始皇历来对胡亥溺爱有加，于是答应了胡亥的要求。就这样，秦始皇带着小儿子，跟着众多随从，浩浩荡荡一路巡游而来。这次巡游，南下云梦（在今湖北），沿长江东至会稽，又沿海北上。到琅琊的时候，以前秦始皇安排去海上寻找仙人的徐福前来汇报，说海中的仙药因为有大鱼作怪而不能得到，要想取到长生不老之药，就必须用弓弩把大鱼射死。秦始皇求药心切，于是命令入海的人携带捕大鱼的工具，亲自带着有机关的弓弩，去等候大鱼出来以便射死它。秦始皇的队伍，从琅琊向北直到荣成山，都不曾遇见大鱼。到达芝罘的时候，终于遇见了大鱼，射死了一条。秦始皇于是与儿子胡亥、丞相李斯等一行，登临芝罘山，祭祀阳主。接着又沿海向西进发，西至平原津而病重。

在秦始皇众多儿子中，长子扶苏是最优秀的，秦始皇也一直将他作为继承人来培养。为了增长他的治国经验，秦始皇派他到北面的边境上和大将蒙恬一块戍守。秦始皇在病重中，曾下诏书让边塞的扶苏回来主持丧事并继承帝位。秦始皇在沙丘去世后，丞相李斯为防天下有变，秘不发丧。管理诏书的赵高为日后独掌大权，胁迫李斯发动“沙丘之变”，他们合谋篡改了秦始皇的传位诏书，矫诏处死公子扶苏与大将蒙恬。改立胡亥为新帝，是为秦二世。

二登芝罘，随后被杀亡国

秦二世胡亥第二次登临芝罘是在秦二世元年（前 209）。这一年，刚刚登基后的胡亥，与赵高议政，认为自己年少即位，天下民心尚未归附。始皇帝巡行郡县，故能威服海内；若自己静处不出，等于暗示弱小，难以君临天下。为效仿父皇，遂于当年春天东行郡县，李斯等人随从。秦始皇历次巡游，随行人员众多，沿途所过之处，百姓苦不堪言。二世在登基伊始，不顾百姓负担，大搞巡游，可谓继其父之短而无其长。这次巡游，北起碣石，东到芝罘，南至会稽，基本是沿着当年秦始皇巡游的路线而来。秦二世在登临芝罘、祭祀阳主后，下诏尽刻秦始皇东巡时所立刻石，并镌上随行大臣姓名，以此颂扬始皇帝的功德。这次巡游，返回都城咸阳后，不久即爆发大规模的农民起义，大秦江山摇摇欲坠。荒诞无能的胡亥，继续推行暴政，并任由赵高摆布。第三年，胡亥被自己的宠宦赵高杀害，秦国也迅即亡国。

传教士创办烟台博物院

1861 年烟台开埠后，外国传教组织接踵而至，为方便传教，传教士们着手建立学校、医院等公益机构。1876 年，美国基督教北长老会在烟台建立“烟台博物院”，这是山东省最早的博物馆，也是中国早期博物馆之一。民国时期的《通问报》等报刊，登载过烟台博物院的来龙去脉，给后世留下了一份珍贵的历史资料。

招徕听道人，传教士创建博物院

提起烟台博物院，不得不提美国基督教北长老会在烟台传教的两个代表人物：郭显德与倪维斯。烟台博物院由郭显德牧师一手创办，倪维斯牧师长期主持。

郭显德（1835—1920），本名亨特·考尔贝德（Hunter Corbett），美国宾夕法尼亚人。1864 年 3 月，受美国基督教北长老会派遣，来烟台传教，其后 56 年，均在烟台度过。

每禮拜出報一回 以五十回爲一年
通問報
THE CHINESE CHRISTIAN INTELLIGENCER
基督教家庭新聞
A CHURCH AND FAMILY NEWSPAPER
Published Weekly in Shanghai, at 18 Peking Road.
Registered at the Chinese Post Office for transmission in China.
全年報價洋一元二角連郵費在內
本館開設上海 （第六百十二回） 北京路十八號
民國三年八月十二日 甲寅年六月二十一日

○本報緊要廣告
自奧塞開戰以來（見上回本報外電欄）風雲日變不可紀極茲則英俄比法均已加入實爲曠古未有之大戰爭 本報對於此事特別留意凡關此大戰事最近最要之電信均詳爲考核彙錄一處題曰歐洲列強摟伐記 列入外電欄內諒必閱者所樂聞也益智叢錄暫停一期

○君欲讀進德益智之短篇故事乎
青年鏡 價一角半 郵費二分 寓勸於娛樂乃青年男女之良師益友
五十軼事譯評 洋裝美本價二角 郵費二分半 集歐美名人之趣史逸話而加以評語訓辭爲演講家唯一之良資料
王完白譯 上海美華書館發行

○講道要訣
是書係本埠學道院博士萬應遠君與本報記者陳春生君同輯書分七段二十章八十三節子目四百餘內容各種分題之法及如何調聲如何用身勢用手眼等爲末附各種講義之格式提要鈎元有條不紊誠習學講道之要書也每冊價洋一角五分外加郵費二分
上海北京路美華書館經售

○傳道人之利器
凡人聽道或講道，如欲使人喜聽，非多用比方發明其理不可，此固主耶穌傳道常用之法，本館前出之東方伊朔，乃取中國古書中一切極有趣味，可以喻道之故事，一百五十餘首，演以白話，繫以按語，婦人小孩，均爲喜聽，誠傳道人之利器也，此書現已印過六次，銷路之廣，不言可知，每冊價洋二角，郵費二分，遠處有用郵票代價
上海北京路美華書館經售

《通问报》杂志书影

倪维斯（1829—1893），美

国基督教北长老会教士，1854 年来华。1861 年倪维斯到登州传教，次年开办山东第一所女子学校。1871 年到烟台传教，并开辟示范农场，从美国引进苹果、梨、葡萄等树种，与中国树种嫁接，一度对烟台果业产生重大影响。

博物馆是西方文明的产物。郭显德牧师之所以会有创建博物馆的动意，是出于传教的考虑，以图开启民智，让烟台百姓了解西方文化。这一招后来的确收到了奇效。

1876 年，郭显德在旅烟广东富商李载之的资助下，花 5200 元购买了位于当时烟台三马路云龙街与同乐街之间的一处房舍（现烟台市府街东段），创办起“博物院福音堂”。

据资料记载，“博物院福音堂”计平房 27 间，楼房 10 间，共有四进房屋：第一进为讲道室，凡参观者必先听牧师布道；第二进，陈列出自太平洋的各种珊瑚及矿石；第三进为鸟兽及植物标本；第四进，陈列物理、化学仪器及各种图书，其中，尤以六棱镜最为吸引人。出口处，还设一旋轴计数器，以统计参观人数。该院的藏品及陈列品是多方搜求购来，部分医学标本，由当时的毓璜顶医院供给。展出内容不断更新，并随时增加新奇物件、表册图书等。为招徕观众，郭显德还特从胶州找来一个身高不满三尺的矮人姜太宏，收为义子，让他看守大门。

奇物加上异人，使得烟台博物院轰动一时，吸引了很多人前来参观，争睹西洋光景。

博物院创办宗旨，是借传播科学知识的桥梁，传教布道。因而，参观前，必须先听牧师布道，然后再得进入。该院开门时间为上午九至十二点，下午二至五点。

既是教会创建，博物院也实行教会组织的建制，院长亦称主教。首任院长叫伊维廉，经费则由美国长老会提供。1902 年，基督教烟台奇山会成立，旋由该会主办，通称“烟台博物院”。

扩大影响，办学放电影做慈善

烟台博物院标本室

为方便传教，美国基督教北长老会在烟台广建学校，先后建立了毓璜顶小学、会文书院、实益学馆、聋哑学校等。烟台博物院建立后，秉承了这一办学传统。该院附设平民学校两处，春季初级班招收男女学生 65 名，秋季高级班招收男女学生共 50 名。教士教授唱歌、演说《圣经》故事。该院还于夏季设立暑假学校，“招聚失学儿童与散假学生”。1918 年，该院招收学生有 27 名，分初、高两级，特请刘德馨教授英语。

每年秋季，该院特请“联合会烟镇布道股员”每晚讲道，后请美教士阿保罗播放活动电影，凭券入座，先男宾，后女宾，演的是《圣经》故事。当时，电影尚算新鲜事物，一时吸引了众多市民前来参观。据统计，电影播放后的一个月内，观众达 5900 余人次。

每逢周末，博物院还特请女信徒及爱道学校全体学员，分组轮流到院演讲。此外，该院每季度还专向妇女开放一天，有针对性地宣传放足等内容。

后来，传教士们意识到，举办慈善活动是扩大影响的有效方式。于是“募赈大洋二百三十余元，西衣数十套，鞋袜绒脖数件”，打算赈济贫苦。为分发这些善款善物，该院印发片票 1800 张，“请热心服务之宣传教士，每逢天气严寒，冒风顶雪，往大街小巷边、荒岭外”，将片票分发与那些老幼残疾以及穷困老百姓。受援助者，可凭片票到博物院领取款物。同时，“更调查意外遭遇之穷家，有夫妇双目失明者，有受人拐骗或遇难者，有被债务勒毙者，有患病送命者，有在生产无人服侍者，有鳏寡孤独无依者”，对确有需要帮助者，酌其情形，“助洋三元或五元不等”。

几度兴衰，旧址后改为民宅

在郭显德、倪维斯两人的努力下，烟台博物院办得有声有色。据连警斋1937年编的《郭显德牧师行传全集》记载："博物院即其福音堂之别开生面者也，前厅处演讲，后厅处参观，每日听道者，络绎不绝，每年总计约有数万人，开动南北延及西东。郭牧师之博物院，乃如无声之电影……使参观者一日间即可游遍全球，动植各从其类，有条不紊。"

但在该院院长倪维斯牧师于1893年去世后，烟台博物院的工作曾一度难以为继。据已故旅美烟台籍人士曲拯民先生生前回忆，当时"搜集和维持工作中辍，原有生物和植物标本渐腐朽，而蛛网悬梁，灰尘盈案，无人拭拂，作荒芜景象"。其后，该院被重新整顿，又现辉煌。据教会报告记载，1928年，参观者达44274人次；到1937年，自建院来参观博物院观众达300多万人次，每年来院参观者达7.5万至10万人次。

1941年"珍珠港事件"后，烟台博物院为日军接管。1945年烟台首次解放后，这里照常开张，维持旧貌不变。1947年秋，国民党军队占领烟台时，此处成为万国救济会办事处。1948年秋，烟台二次解放，烟台博物院为人民政府接管，改为人民文化宫。后来，该馆迁移新址，旧址改为民宅。

一场剪辫子风波

烟台人有二月二理发的习俗，每到这一天，理发店总是人满为患。而在一百年前，剪头发可不是件小事。为了头上的那根发辫，一方强制要剪，一方死命要留，这场架打得不亦乐乎，一度闹起了罢市，甚至轰动全国。

军政府强行上街剪辫子

辛亥革命期间，革命党人以剪发为手段激发民众的反清意识，一场剪发浪潮迅速席卷全国。尽管做足了宣传工作，但这件事在实践中仍遭到不小的阻力。1912 年 3 月 5 日，南京临时政府以孙中山的名义颁发了《限期剪发令》，要求凡是没有剪发的，在命令下达二十日以后，务必一律剪除尽净，否则以违法论。山东都督周自齐原本就是狂热的剪发支持者，接令后，立即通告全省人民剪发，一场空前

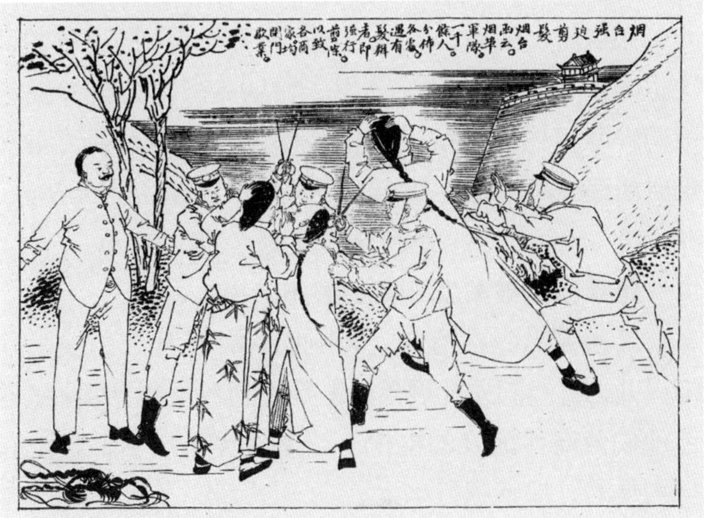

《烟台强迫剪发》漫画

的剪发运动在山东再度掀起。

当时的烟台光复独立不久，以革命党人为主的军政府执掌烟台，军政府要求所有公职人员一律剪发。很快，军、警、政、学等界纷纷剪掉了辫子，如，烟台海军学堂的全体学生、教员一律将发辫剪除。但在民间，却进展艰难。一方面，在传统烟台人的观念中，“身体发肤，受之父母”，辫子被看作一个人尊严与荣誉的标志。被别人扯一下已是奇耻大辱，剪掉辫子简直天理难容。所以很多人对于这根猪尾巴式的辫子，恋恋不舍，就是不肯剪掉。另一方面，老百姓之所以不愿意剪辫子，是因为怕权力斗争的血雨腥风。政局变幻莫测，各派势力消长不定，老百姓实在不敢卷入。因为剪发与否，在一定程度上是革命与否的象征。这顾虑并非空穴来风。就在半年前，荣成、文登等地就曾发生过复辟势力残杀数十名剪发者的恐怖事件，让人闻之胆寒。

因进展缓慢，到 7 月份，这件事被迫发展为大规模强制性运动。当时驻烟的英国领事曾记录道，“一队队用步枪和剪子武装起来的士兵在街道上游行，剪掉他们所遇到的所有那些人的辫子”，士兵们还闯入一家外国人的商店，“剪掉了所有中国职员的辫子。他们遇见一名属于某领事馆、身穿制服并带着一件公文的信差时，毫不犹豫地剪短了辫子”。为了完成剪发任务，士兵们往往不顾当事人的反抗，不顾后果地一剪了之，这也导致了一些悲剧的发生。如从英国圣公会大院走失的一个八岁儿童被剪发队捉住，反抗过程中，这名儿童不幸受了重伤。强制剪发，引起烟台居民一片惊慌，商店早早关门，街道上空无一人。

董事当街被剪发　商会罢市示威

考虑到商界在社会上影响巨大却没几人剪发，烟台军政府决定先拿商界开刀。他们先礼后兵，先是找到各位商界领袖，苦口婆心地做工作，让他们做商界剪发的楷模。可是费尽了口舌，却没有任何效果。软的不行来硬的，那就强行剪发。

当时烟台商界的领导组织是烟台商务总会，号称“烟台八大家”之

老烟台的理发铺子

一的洪泰商号经理、福山人刘云第是会长。刘云第这个人视发辫为生命，曾经扬言“宁断头，不剪发”。刘云第早听说这几天街面上有剪发队强行剪发，知道对自己不利，立即给驻扎在烟台的山东都督胡瑛打了个电话，要求阻止剪发队的野蛮行为，同时提醒商会领袖们要处处留意、时时防备。为安全起见，每次商会开会，都要请保安戒备森严地把守大门。

剪发队决定擒贼先擒王，一旦啃下刘云第这块硬骨头，那么烟台商界就可以顺顺当当全部拿下。不仅如此，就是奇山社十三村的剪发问题也将会迎刃而解。剪发队天天死守在刘云第家周围，但刘云第早有准备，闭门不出。

1912 年 7 月 11 日，剪发队再次突击作业，堵住烟台的各条街巷，强行剪发两小时之久，被剪发者达一千余人。这天 11 点钟左右，烟台商会董事吴敬之正巧路过烟台都督府门，剪发队认得他是烟台商会的，正苦于没法交差，竟然有人送上门了。于是趁其不备，突然从身后将吴敬之的辫子一剪子“喀嚓”掉了。因事出突然，吴敬之下意识反抗，结果不小心被剪刀划伤了脸。

这位吴敬之在烟台也算是有身份的人物，莫名其妙被剪掉辫子不说，脸还被破了相，吴敬之越想越觉得窝囊，气血翻涌，忍不住闯入都督府，要求面见参谋长张学济。卫兵阻拦，吴敬之大骂不止，结果把卫兵们惹毛了，对吴敬之一顿拳打脚踢，差点把吴敬之的肋骨踢断。事情闹大了，在烟台商会干预下，都督府参谋长张学济终于接见了吴敬之。吴敬之声泪俱下，义愤填膺地诉说了剪发队的野蛮行为，要求张学济一定给个说法。但张学济只是三言两语安慰了几句，一笑了之。吴敬之无计可施，只得悻悻而归。烟台商会认为，当局如此对待吴敬之，显然太不给商会面子了。商会决定以牙还牙，当晚就在天后宫召开秘密大会，决定借罢市来要挟当局。随即传签，挨户通知各商号明日一律闭门，不得开门买卖。果不其然，第二天烟台全市罢市，除书铺、报馆、洋行外，全市大小商家全部关门歇业。

剪发自由重开市

商会的这一狠招，果然将了军政府的军。张学济急忙派人探听原因，一问商户，商户说没有商会的命令不敢开市。商人罢市，军队连米面都买不到，总不能饿着肚子吧。不得已，张学济赶紧去请烟台商会的领袖来商谈如何解决。这回，会长刘云第并没有亲自出面，而是派了烟台商会总理谭虚谷去了。张学济答应军队不再强行剪发，商人务必赶快开市，谭虚谷应承了下来。但刘云第不想太便宜了军政府，仍不下开市令，各商家仍然闭门如故。再不开市，军队饿肚子事小，万一全市恐慌，那可麻烦不小。没办法，张学济又急忙让人来请商会。刘云第这才见好就收，在张元济保证追究伤害吴敬之责任人、确保自由剪发勿得强迫、严禁军队强行剪发等几项后，刘云第终于答应下午四点开市。在各方焦急等待下，下午四点终于到了。这时，军政府外出打探的卫兵回来报告，说刘云第未守诺言，商家仍未开市。军政府司令部的人一听恼了，第二团长立即带了 30 人，要外出强行剪发，报复这些商人。张学济得知后，急令司令部的人赶紧回来，并命令部队全部回营，严禁外出。过了一会儿，卫兵又来报告，说烟台商会的开市命令已经传签商家，各商家正陆续开市。原来，这是刘云第又耍手段，故意拖延，为的是看看军政府对商界是否有诚意。

一场沸沸扬扬、轰动全国的烟台剪发罢市风潮，就这样平息下去了。

清华学子烟台组团消夏

1922年暑期，清华学子一行六人，前来烟台消夏度假。夏日海滨风光，给清华学子们留下了难忘的印象。其中有一位名叫贺麟的大学生，返校后仍意犹未尽，写了篇《清华烟台消夏团纪事》，发表于1922年9月的《清华周刊》。

贺麟（1902—1992），四川省金堂县人。中国著名的哲学家、哲学史家、黑格尔研究专家、教育家、翻译家。贺麟学贯中西，在中国哲学方面也有极高造诣，是“新心学”的创建者，被尊为“现代新儒学八大家”之一。贺麟在求学清华大学时与烟台结下的这段缘分，为我们了解20世纪20年代的烟台，提供了一些有趣的信息。

山海美景最宜度假 清华学子组团竞赴烟台

1917年，当时的政府教育部发布一文件，令“各专门学校生徒于暑假内借休养身心之余，或研究学术，或调查社会状况，总期不荒废学业、有补于社会、利己利人的两方面兼顾，作将来出学校、入社会之准备”。其

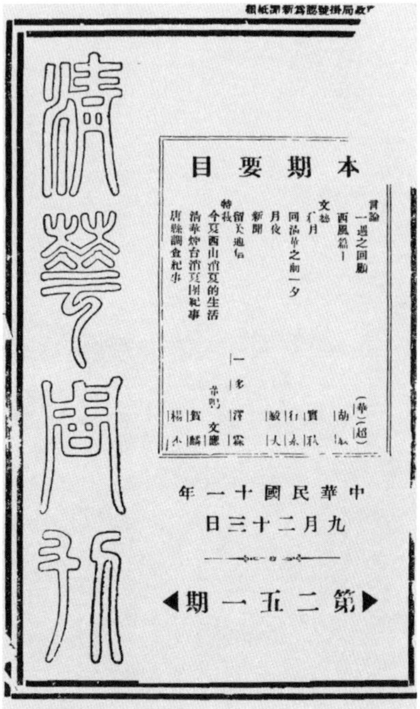

《清华周刊》书影

贺麟

形式与主旨，类似今天的大学生假期社会实践活动。在此影响下，当时国内各高校，纷纷利用暑期间组织“消夏团”，在休闲旅游之余，增见闻，长学识。这些“消夏团”，或选择风景秀美之处，或前往名胜古迹之地。清华大学作为当时国内高校中的佼佼者，消夏团活动亦组织得有声有色。

北京西山的大觉寺，林木茂密，山水秀丽，距清华园又近，当时便成为清华大学学生消夏团的首选之地。但也有不少清华学生，向往海天一色的景色，愿意奔赴海滨城市消夏。不期然，依山傍海的烟台，成为他们心中理想的度假胜地。一到暑期，清华学子们竞相组团往烟台来。

据贺麟写于1922年的文中所记，清华烟台消夏团的历史，至少也有三年。1920年夏，该团有四人，住烟台东山的葡萄园别墅。1921年，有六人，住烟台西山的益文学校。1922年，贺麟等组织的烟台消夏团，同样为六人，

烟台海滨风景

分别为孔繁祁、吴士栋、赖彦于、曾庆集、黄谷和贺麟。其中的团员孔繁祁，早在1916年夏天就曾到烟台来游览过，对烟台的气候、景物、风土人情等颇为熟悉。1917年，孔繁祁曾撰文《烟台风土记》，发表于《清华周刊》。贺麟他们这次组织的烟台消夏团，最早就是孔繁祁倡议的。

免费借住东明女校 自己炒菜零食最爱苹果

贺麟和其他五位同学组成的清华烟台消夏团，于1922年6月19日由北京赶火车到天津，然后在天津等了三天，才搭上开往烟台的轮船。6月23日，一行人抵达烟台。

在烟台港上岸后，经烟台基督教青年会介绍，他们免费借住在东明女校内。大学生们对这个临时住处可谓“物尽其用”：将教室、幼稚园、阅报室、校长办公室等统统利用起来，变成团员们的寝室、自修室、用膳室。尽管学校的设施没有旅馆来得舒适方便，但对经济不是很宽裕的学生们来说，已经是心满意足了。对此，贺麟曾回忆说：“此校房舍高朗清洁，虽比不上清华的‘西式洋房’，但较之卧佛寺那种古刹式的建筑，就漂亮多了。”

六个人，算是个不大不小的团体，要想共进共退、和谐相处，互助合作的团队精神自然是必不可少的。于是，团员们进行了内部分工，共分为“斋务、交际、伙食、会计、卫生、买办”六股，由各团员自由选出担任。团员们的伙食纯系自办，早饭为馒头、面包和牛奶房送来的牛奶。午餐、晚餐，主食为米饭，由东明女校看守校舍的师傅负责做。主食是解决了，而两餐的菜肴则由各团员亲自炒菜，每人轮流负责一天。“各个团员到自己负责办菜那一天，总是大卖气力办他所喜欢、所能办的菜出来吃”。为补充营养，有时也买些鸡、鸭、牛肉或猪肉来清炖，打打牙祭。

据贺麟先生回忆，冰激凌是当时极为盛行的夏季食品。烟台卖冰激凌的地方也很多。但因烟台天气凉爽，“没有吃那一类凉东西的必要，所以少有人去买它们”。团员们最喜欢吃的就是苹果，“因为苹果是烟台很重要的土产，而且价廉味美”。这些来自五湖四海的清华学子，想必在烟台大吃特吃苹果，过足了瘾，也许苹果的美妙滋味会成为他们一生难忘的“舌尖上的记忆”。

青年会尽地主之谊　烟台之旅留下美好记忆

清华烟台消夏团除了在烟台观海赏景、避暑休闲外，更多的时间是利用烟台基督教青年会的设施，进行了系列文化体育活动。

烟台基督教青年会，是烟台市基督信徒李伯轩、曲子元等人于1903年在烟台山租赁房屋而建立的一个青年联谊组织。该会提倡现代教育，以“德智体群四育，养成青年完全人格，服务社会”为宗旨，提倡体育、文艺等社会活动，充当教会与社会联系的中介。1915年，该会在广仁路正式创建会所。

烟台基督教青年会为清华烟台消夏团提供了诸多服务。消夏团的每位团员都向烟台基督教青年会缴纳了三元会费，从而成为该会的暑期会员，可以享受会员的一切权利，如打网球、桌球、台球、篮球及看报、下棋等。

青年会在海中设有一跳板，距海岸约三百码，为会员泅水训练之用，并备有一西式小舢板船，消夏团团员每天下午四点钟后，都可以划船至跳板上去泅水，或划往别的地方去玩。青年会还设有浴室，以便会员海浴后淋洗身体，设施应该说是相当完备的。

烟台海滨老照片

该会还设立了电影放映室，每到周末免费放电影。

这一系列周到的服务，使得消夏团团员十分满意。对此，贺麟先生在文章中写道：“总之，海好比是我们的泅水池，青年会就好像是我们的体育馆兼游艺室和阅报室。”

暑期结束，清华烟台消夏团即将返校的时候，烟台基督教青年会干事徐宗民热情地欢迎清华学子“来年继续来烟”。话别时，徐干事做了一个十分高调的表态：“敝会是非常欢迎你们清华学生的，以后你们有同学愿意来烟台消夏时，如人数在十人以内，可于暑假前一二个月通知敝会，以便留下房舍。如人数在十人以外，亦可通知敝会，敝会可以帮忙寻觅住所。”

青年会如此热忱周到地履行地主之谊，给这些清华学子留下了深刻的印象。是以贺麟返校后，对烟台念念不忘，撰文《清华烟台消夏团纪事》以介绍烟台，他在文中言明心声：“就是想把这个消夏的好地方介绍给诸位同学，希望大家以后有机会都去尝试一下。”

烟潍路：艰难时世修通途

民国时期修筑的烟潍汽车路，是当时山东质量最好、等级最高的公路之一。关于烟潍汽车路的修筑，当时的《铁路协会会报》《铁道公报》《烟台要览》等文献中，均有记载。今天重温这段历史，令人颇多感慨。

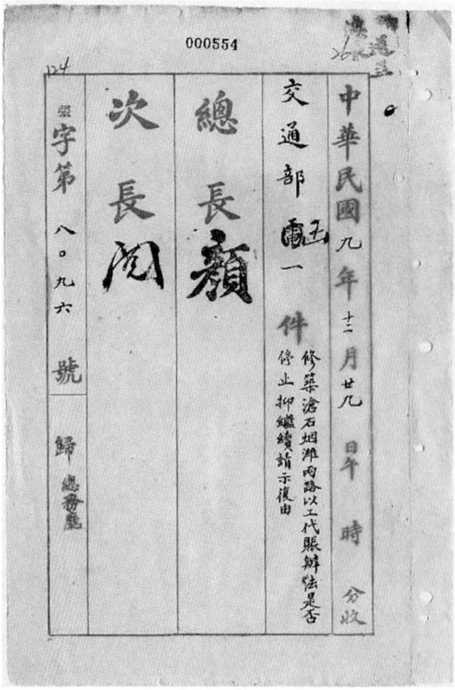
000554
中華民國九年十二月廿九日午 時 分收
交通部電一件
修築滄石烟濰兩路以工代賑辦法是否停止抑繼續請示復由
總長 顏
次長 閱
字第八〇九六號
歸 總務廳

民国时期交通部修筑烟潍汽车路请示

特大旱灾促使筑路计划兑现

民国初期，烟台为山东省北部海岸唯一通商口岸，经济一度繁盛。但因交通落后，烟台与青岛、大连等城市间的差距渐渐加大。1914年，烟台政府及当地商人资本家，曾屡谋修筑自烟台至潍县的铁路，终因各种原因未能如愿。

1920年秋冬之际，直隶、山东、河南、山西、陕西五省遭遇“四十年来未有”的特大旱灾。灾情发生后，在各方的呼吁和建议下，北京政府交通部决定通过征收附加税的方式筹集资金，并采用以工代赈的方式修筑烟潍汽车路。

这条路原计划是修筑铁路路

基，但因时间太短，来不及按照勘测铁路的办法从容测量，只得暂以能行驶汽车为标准。

津浦铁路工程师赵德三得到委派，任烟潍公路督办，负责兴修。筑路工人从临清、曹县等灾民中招雇。由于工程事起仓促，勘测队直到1920 年 10 月 17 日才开始勘测，至 1921 年 4 月 7 日勘测完工。

灾区青壮年集结成筑路大军

以工代赈，就是让受灾地区的青壮年劳力参加烟潍汽车路的施工，借此为受灾百姓提供就业机会，从而达到赈灾的目的。筑路工人，均由“各灾区应山东省之知照而遣来”。当时的要求是，应征工人必须具备几个资格，如“年岁须十八岁以上，四十五岁以下；须身体强壮而无恶习；须有多数家族赖其赡养者”。

今天看来，筑路用工的很多细节规定颇有人情味儿。比如，“当工人离家之前，筑路局先给用费两元。此后如果某工人家中有应急事件急需费用，路工局会通知各县知事对于每名工人预支以三元至七元之工资”。

筑路工程最初计划雇工 6000 人，后因筹集不到充分的工粮，被迫采取延长施工时间的办法，将雇工数减少为 4000 人。为解决工人的粮食问题，路工局设有专门机关，负责购买、运输粮食。而所需粮食，“系在各地分批购买”。之所以如此，是因若在某地集中购买大宗粮食，势必造成粮价上涨，造成筑路成本加大。如此考虑，可谓周密。筑路工人所用粮食，每五日运送一次，粮价从工资中折算。

烟潍汽车路烟台总站

灾区的青壮年经由各县县知事选定之后，即分批被送往济南，暂时寄居在筑路筹备处提供的房子里。大队人马集结一处，维持秩序不出乱子至为

烟潍汽车路沿线风景

重要。于是，筑路方对其实行“行伍化管理”，即以百人为伍，三十人为队，每队选出精干者二人，管理本队事务。

筑路工人最后集齐后，烟潍汽车路路工局与胶济铁路日本军事当局协商运送工人到相应工地。在抵达潍县之后，工人们集体休息一日，然后被分配给各筑路工程师，由工程师率队前往筑路地点。因为招募的多为农民，对修路一无所知，于是，筑路局专门派技术人员进行指导。

民间资本参与公路经营

烟潍公路全长 285.88 公里。沿路桥梁，计有大桥 47 座，小桥 232 座，排水窦 291 座。全路走向及所经城镇是这样的：“由潍县东郊起，沿原有车站至昌邑，由此渡过胶潍两河，东至莱州，折而东北至黄山馆，北趋龙口，东向至黄县，再东北行至珠玉馆及兰家沟，由此沿海岸至登州，再折东南至刘家谷、八角沟，南至古现与旧路合，再东而至永福园，渡河而至烟台。”

筑路遇到的困难，超出人们的想象。因中段为溪谷，东段为山地，施工中挖土工程颇多，费时费力。尤其是天寒地冻之时，挖土工程更是艰难。更因交通不便、水泥等材料供应不及时等原因，使得工程一度进展缓慢。潍县至龙口一线，到 1922 年上半年方通车，而龙口至烟台一线，更是延迟到这一年的冬天才告竣工。

修路期间，设工程局于龙口，沿途又设工程段办公处 8 所，烟台为第 8 所。工程快竣工时，改称烟台为“东段办公处”。“前后有崔怀德、黄世纶、崔肇光等，相继充工程师之职，后又庞书法、金铭悉充任。并设材料会计、书记工务员各一人，统称为工段部分之人员，归龙口总局之工务股管辖。至烟台车站方面之人员，则另归龙口总局车务股管辖。站长为管宗瀛君，旋改归綦官箴君代理，刻由杨志英君担任。站长以下设办事员，全路又有稽查、医员、路警等。其一切组织，与普通火车站略似，但形式上较为简陋耳”。

烟潍公路建成后，为迅速开通烟、潍两地之间的汽车运输服务，青岛、烟台两地的商人，经过协商，成立运输公司，双方合力经管该路。参与经营的商人代表者有隋石卿、刘子山、赵月修、张润暄、吕月塘、王子雍、宋雨亭、戚竹卿等人。该路沿途设有烟台、蓬莱、栾家口、黄县、龙口、朱桥、掖县、沙河、新河、昌邑等11处车站。初期因车辆缺乏，只载人，不载货。

烟潍公路虽然实行招商承办，但所有权仍归当时的北洋政府。1930年，南京国民政府根据山东省建设厅的提议，将烟潍公路收归山东省政府所有。

烟潍公路饱受战争蹂躏，命运多舛。1938年2月至1945年秋，沿线军民为打击日本侵略者，不断破路袭桥，致使公路通行时断时续。1947年秋，国民党军队占据烟台，该路陷入瘫痪。1948年秋，烟台等地再获解放，经胶东广大军民全力抢修，烟潍公路于次年迅速修复通车。

小记毓璜顶毁像案

毓璜顶是烟台的名胜。20 世纪 30 年代初，这里曾发生过一起轰动一时的毁坏神像案。1932 年 8 月间出版的《青岛时报》，详细记录了这件事的始末。

隔壁搬来新学校

在老烟台的心目中，毓璜顶的地位毋庸赘言。奇山所城西山一带群山环绕，“东望沧溟，南朝奇塔，西枕金星，北镇芝罘”，历来为芝罘胜地。当年，每逢灾旱时节，奇山所城周围十三村的人们都来此登顶向玉皇大帝祈雨，俨成风俗。明万历二十三年（1595）春，奇山所掌印千户会同十三村会首刘惟业等，筹款在西山巅修筑玉皇庙。因建有玉皇庙，此山遂被称为玉皇顶。明崇祯三年（1630），十三村会首张大经等主持重修了玉皇庙并立碑纪念。

毓璜顶老照片

清光绪二年（1876），时任登莱青兵备道兼东海关监督的龚易图，因在玉皇顶祈雨成功，建阁于玉皇庙东侧，这就是小蓬莱阁。光绪十六年（1890），玉皇庙再次重修，后改名毓璜顶。当时毓璜顶所祭祀的神仙，有玉皇大帝、孔子和吕祖吕洞宾。玉皇神像居于玉皇庙正殿中，“系用泥塑，精致绝伦，心为黄金三十两，两眼为珍珠两颗”，孔子系设牌位奉祀玉皇大帝之侧。吕祖神像安置在东偏小蓬莱阁内，“一为画像，系出名人之手；一为茄楠香雕像，工精料美”，都是珍贵的艺术品。到民国时，毓璜顶“规模宏大，风景美丽，中外游人云集，久已成为名胜之区”。1922 年，位于烟台南山路恤养院对面的烟台先志中学，苦于校舍不敷应用，恰巧当时十三村在毓璜顶建了一所中学校舍，但因经费不足，未能开学。先志中学跟十三村商量后，就租用了十三村在毓璜顶新建的校舍。1927 年，该校把渤海中学并入，改名东海中学。

当时的山东省立第八中学，因设于蓬莱，偏处一隅，交通不便，便筹划迁址烟台。1928 年，省立八中迁移烟台，将东海中学并入，校址便选在东海中学旧址。省立八中迁到烟台后，使当地的教育状况大有改观。

省立八中，坐落于风景秀丽的毓璜顶西北坡。南邻毓璜顶古庙，东南坡为益文商专，北坡为益文、真光男女两中学。校舍随山势之高下建造，大门内有西式楼房一座，“登楼四望，远则海天连接，银花灿烂；近则房屋鳞比，烟雾缭绕，皆是令人心旷神怡。该校于此，堪称胜地”。作为烟台市唯一的完全中学，省立八中带来了比较超前的教育理念，而且，该校革命氛围颇为浓郁。

20 世纪二三十年代，“庙产兴学”风潮弥漫全国，很多寺观被改建为学校。毓璜顶玉皇庙方面为了避免庙产被征用，便跟中海阳村养性小学校长汪万言协商，由玉皇庙腾出房间给养性小学使用，玉皇庙挂养性小学的牌子。

庙里闯进破坏者

省立八中校长于笑川，早有把近邻玉皇庙收为校产的想法。1930 年 6 月，在未同十三村会首及玉皇庙住持商量的情况下，于笑川派人将庙

烟台毓璜顶老照片

校相邻之围墙拆开了一个大豁口，打算在这里安个门，方便下一步将玉皇庙收归为八中使用。

于笑川还找到汪万言，“百般恫吓”，让他拆庙毁像，把这地方尽快腾给省立八中。汪万言以玉皇庙产为奇山所城十三村共有、自己说了不算为由，拒绝了于笑川的提议。后来在十三村会首一再要求下，省立八中被迫把拆除的围墙缺口给封堵上了。

毓璜顶作为烟台名胜，整日游人如织，香火繁盛。与之一墙之隔的省立八中，一直视玉皇庙等为封建迷信之物，自然是看不惯的。这种敌对情绪日积月累，终于有一天，出事了。

1932 年 5 月 26 日，省立八中学生自治会发布了“铲除毓璜顶土地庙玉皇庙”的宣言，用语十分激烈，连信众也一块儿骂了。27 日下午 3 时，省立八中训育主任谢苍生及学生自治会成员侯献珠、洪岳、任春凯等，率领学生一百余人，手拿斧头铁铲等，突然闯入庙内。他们先将道士张智中等人及养性学校教员学生等，分别禁闭室内，不许行动。然后一哄而上，将正殿玉皇大帝及其他神塑像多尊、孔子牌位，小蓬莱阁吕祖、名人画像，吕祖雕像，以及其他法物，如“鼓鱼香案之物，匾联碑碣之类”，“一一横施破坏，顷刻间辉煌庄严之神殿，一变而为狼藉不堪之场所”。临行，又将“破毁之吕祖雕像茄楠香，玉皇两眼珍珠两颗，心黄金三十两，抢夺而去”。

省立八中师生大概也明白自己的行为有点说不过去，怕留下把柄，撤退的时候，强迫道士张智中在他们预先写好的证明书上签字盖印，“说除神像外，其余用具法物，俱未短少损坏等语”。

省立八中的校舍，往前追溯到先志中学，原本是租用十三村的校舍。

省立八中迁烟后，不仅不付给十三村校舍租金，还惦记着侵吞十三村共有的玉皇庙，先是擅自拆墙破洞，而今竟公然毁坏神像，面对这一局面，在烟台街面上有巨大影响力的十三村自治会群情激愤。一怒之下，十三村首事与玉皇庙住持联名，以“省立八中毁坏他人财物罪、抢夺罪、私禁剥夺人之行动自由罪、强暴胁迫使人行无义务之事之罪、对于寺庙公然侮辱罪等”，起诉至福山法院及山东高等法院，后高等法院将此案移送至青岛地方法院审理。

8 月 22 日，青岛地方法院开庭审理了此案。省立八中派教育主任崔丹庭出庭，十三村方面，由张、汪、刘、傅各大户中，遣派五人为代表出庭。当事双方，在法庭上展开激烈争辩。鉴于该案当时特殊的时代背景，最终不了了之。

经此一案后，原先宏伟壮观的玉皇庙，瞬间破败不堪。1933 年刊出的《益文月刊》上，益文学校李箕南在《毓璜顶上》一文中描写了他所看到的景象：“上面是绘着门神的，旁门上悬了匾额‘毓璜顶’。另外旁边还悬着一块‘养性小学校’的木牌，想到从前庄严的玉帝庙，为了要延长他的生命，就用小学校的牌额来作一个盾，避免其他的遭遇，可是在这世界上他已受到一次残受了——神像倒卧在地上，匾额的粉碎，以及颓废、萧条，各样不景气的暴露。”

再看看一位到访的旅行者是如何描述彼时毓璜顶的。郭岚生是天津市立师范学校教师，1933 年暑假时，他乘坐轮船游览烟台、威海名胜，著有《烟台威海游记》（为研究近代烟台的重要文献）。在游览毓璜顶后，他在游记中这样写道：“随后到了顶上的正殿，里边供着玉皇大帝，从前有塑像，甚庄严，后来被教育界拉毁，改以小铜像替代。”

文 献 里 的 烟 台 故 事

第二章 实业金融

福建商帮在烟台

福建商帮是中国十大商帮之一。光绪《蓬莱县志》、民国《福山县志》、民国《烟台要览》《烟台概览》等书，都留下大量有关福建商帮在烟台的资料。

漕船泊庙岛　船民多闽人

宋元以来，南北往来的漕船需在庙岛泊舟候风。因漕夫大多是福建人且笃信妈祖，就在岛上立妈祖祠以事供养，后来就成为风俗。宋宣和四年（1122），福建商人在庙岛倡建妈祖庙“显应宫”，此庙是“我国北方建造最早、影响最大的妈祖庙”。到了至元十六年（1279）前后，又由闽浙船民出资在原地增修屋宇殿堂，世称“海神娘娘庙”。与庙岛显应宫几乎同时，在蓬莱丹崖山上，他们又修建了天后圣母庙。宋元时期，福建商帮在蓬莱、庙岛不断兴建妈祖庙，反映了福建商帮在此地经商的频繁。对此，郑千里《烟台要览》亦记载：“福建帆船之来山东经商者极盛，年约

今天的福建会馆

100 余只。最初只在登属之庙岛、长山岛下锚，故该商即在蓬莱县城北关外建有会馆。”

福建商帮在烟台沿海城市广为经商，所到之处，即兴建妈祖庙来祈福求安，是以妈祖庙遍布烟台沿海各处。据统计，历史上，福建商帮在烟台共修建十余处妈祖庙，分布在蓬莱、龙口、福山、海阳、牟平等地。

闽商曾提倡　改修天后宫

大庙戏楼

烟台开埠前，福建商帮就来此经商。相传烟台天后宫（即烟台大庙）筑自明末，初时仅有茅屋三间。后来，四周皆为奇山所张某的私产。张某曾开广裕号客栈生意，号中住有福建商帮等南船数家。南方商人眼见天后宫破落不堪，因有提倡改修大庙之举。广裕号乃捐其所有之沙滩私产若干亩用以扩建，并向商船募化善缘，采购物料。经费不足之处，又向烟台本埠商家募捐。此次重修，应在嘉庆庚戌（1810）。道光十四年（1834），福建船帮蒋姓又向天后宫合送宝鼎。重修后的天后宫，庙前大街成为商贸活动场所，逐渐发展成商业街市，这就是现在北大街的基型，可谓烟台历史上最早的商业街。

据记载，清乾隆十二年（1747）间，帆船始有驶入烟台港者。此时的烟台，商业仍然不盛，商号仅二三十家。继而帆船渐多，到道光末年，烟台商号已达千余家。前往烟台经商的帆船，有广东商帮、福建商帮、潮州商帮、宁波商帮等。到咸丰八年（1858），烟台辟为商埠，并议设海关等事。烟台地区商业中心，亦悉由登州移至芝罘。

商帮船业兴　捐资建会馆

福建商帮大批到烟台后，不久就谋划在此兴建福建会馆。该馆是从光绪十年（1884）兴工，最初很是简陋，四周筑以围墙，中间仅构一堂，祭祀妈祖。后福建商帮合意大修会馆，并商定，每一帆船凡抵烟台一次者，须纳捐三十两白银以为筑馆经费。当时来往烟台帆船近70余艘，单此一项，每年所得七千余两。该工程所需建筑材料、预制构件，全在福建定制。为把这些建筑材料等运回烟台，他们还约定，所有从泉州来烟台的船，在承载货物的同时必须捎带建筑材料。就这样年复一年，逐年修建，会馆的一切工程，延至光绪三十二年（1906）方完全告竣。此工程号称“鲁东第一工程”，建成后的福建会馆，每年必大举盂兰盆会（超度历代宗亲的佛教仪式）。因游客众多，凡本埠商家都乐于参与。

民国以后，此迎神之举被废除。祭典虽废，但每年仍由会馆董事按照惯例请来戏团演戏以谢神祈福。

闽南多特产 船运到烟台

民国时期，福建商帮主要经营福建特产之茶叶、纸货、红白糖、木材等产品，并把烟台所产鱼类、豆饼等运回福建销售。民国初期前，闽茶输入烟台者，年值百余万之巨。之后，因安徽茶的冲击，销额锐减为二十余万两。福建输往烟台的纸货，有大广、官堆、巨红、顺泰、毛泰、大扛连、乌扛连等种类，年销达七八十万两。烟台纸行兼售福建输入之杂货，如乌烟、篦篾、板篾、纸伞、算盘、扁挑、松香、药材、粽片等。烟台所需杂木，亦多由福建输入。

福建商帮为加强同乡间的交流与联谊，设立了众多的联谊组织。福建商人的统一组织——旅烟福建同乡会，设在福建会馆内。福建茶帮作为福建商帮的重要力量，也成立了烟台福州茶帮公所。此外，福建船帮亦有公所。这些公所，不以盈利为目的，深受福建商帮上层人物的欢迎。

福建有名人 曾经居烟台

龚易图，字蔼仁，号含晶，福建闽县人。咸丰九年（1859）进士。同治九年（1870）任登莱青兵备道道员兼东海关监督。在烟台设育婴堂、

冰心与父亲谢葆璋

慈善堂，举办慈善事业。为官严守职责，内抚外防，境内安定。清光绪二年（1876），监督修建烟台毓璜顶小蓬莱阁，并撰《小蓬莱阁铭》，详叙缘起。

郑千里，福建闽侯人。著名的社会活动家、新闻记者。1915 年来到烟台，任福建同乡会副会长。1916 年创办《胶东新报》，1922 年编成《烟台要览》，该书资料多引自相关调查报告，是以为近代烟台保留大量的文献资料。

冰心，原名谢婉莹，原籍福建长乐县。1903 年，其父谢葆璋在烟台创办海军学校并出任校长。冰心随父前往烟台居住，并在烟台度过了八年的美好童年生活。冰心早期的作品，常常亲切地写到烟台的海。现烟台设有冰心纪念馆，以纪念这位把烟台作为“灵魂的故乡”的文豪。

通益精盐曾显赫一时

20世纪20年代，烟台有一家精盐制造企业，其精盐销量在华北位居第二，产额一度占全国八大精盐公司总产量的近三成，产品闻名全国，这就是著名的烟台通益精盐公司。

关于该公司，民国间出版的《烟台要览》《烟台大观》等书均有记载，但多语焉不详。1935年，有位唐辰忱先生，从粤海关调至烟台东海关工作。唐辰忱先生性喜游览，工作之余，足迹踏遍烟台各处。此君又喜舞文弄墨，常把自己参观、旅游的感受，撰文发表于当时的海关系统内部刊物《关声》上。其发表于1935年《关声》第11期的《参观烟台通益精盐厂通讯》一文，详细记载了该公司的运营情况，为后人保留了大量有关通益制盐的资料。

据唐辰忱先生记述，来烟之前，即听说山东福山县辖之烟台地方有通益精盐厂，“规模宏大，设备安全，为当地有名之大工厂也”。参观之后，唐辰忱先生感慨：“始知事不虚传，且更有甚于所闻也。”

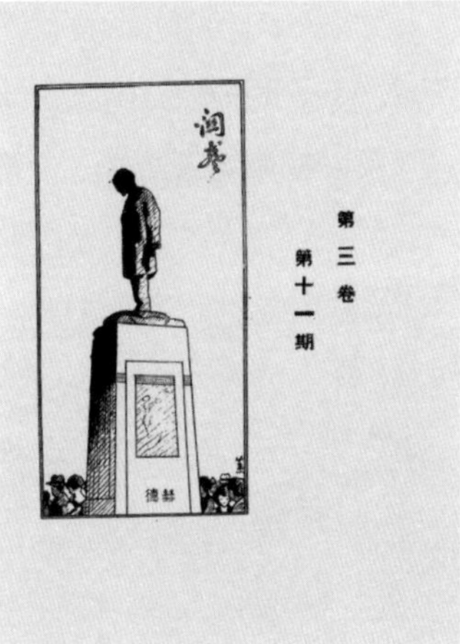

《关声》杂志书影

山东最大精盐公司

唐辰忱先生所言之通益精盐公司，为民族工商业者林子有等人于1919年9月在烟台投资建立的股份有限公司，公司实际控制人为北京通惠实业公司。

该公司于1921年5月正式开工生产，为山东省首家精盐公司。公司总部设在天津法

通益精盐公司全景

租界巴黎路106号，总经理林葆恒。在烟台建立精盐制造厂和营业部，烟台公司经理为林志恂，副经理为林寿南。公司的宗旨是“改良制盐，注意卫生，借以抵制日货”。据资料记载，“公司创办伊始，内中各部设置，尚不甚完善”。及至民国十年（1921），林镜汀担任该厂经理后，经其竭力策划，公司始逐渐发展，走上正轨并不断发展壮大。

该公司资本额最初为10万元，经3次增资，到1932年，达100万元。工人最多时达240人，最少时180人。公司专造精制粉盐、粒盐等，制造方法采用锅熬法。其制造方法，是先将盐置于池中，再注以相当之净水。融化后，杂质沉淀，将盐水抽出，注入锅炉内煎熬。经过一段时间，盐质下沉，取出后，再施以烘干、漂白等程序后，精盐即制造完毕。所需原料盐，分别自山东石岛、金口、莱州、威宁各盐场采购，每年约需33

通益精盐公司厂景

万担。

据 1922 年至 1929 年统计，通益精盐实际平均年产量为 17.6 万担，实际销量年均约 17.1 万担。在国内运销湖南、湖北、江西、安徽、江苏等地，国外运销东南亚，如印度尼西亚、马来西亚、新加坡等国家。其规模及销量，在华北各省仅次于天津久大精盐公司。

日军侵占烟台后，通益精盐被破坏甚巨，一度时产时停，约于 1940 年前后终因无法维系而停业。

企业管理严谨又科学

据唐辰忱记载，“该厂建筑于太平湾码头，有卸盐处，内设临时盐仓，为盐户运盐到地交卸之用”。

制盐工厂则在西沙旺，即今芝罘区幸福村附近。工厂分为南北两部：北部接近卸盐处，建有储存粗盐之仓库三所，以方便由码头临时盐仓输送入库；有化盐池二口，卤水池三口，内均布置水管，通入南部工场，煎制精盐。为保证产品质量，南部建有化验室一座，聘请化学专家，负责盐质化验。其一切仪器药品，无不具备。

但凡能做大做强的企业，必重管理，视质量如生命。通益精盐也不例外，如严把原料采购关。购运粗盐时，必将盐农送来的盐样先行化验；运到生产场地之后，亦随时检查，以含有多量氯化钠、无泥沙毒质之盐，方为合格。因设备先进，管理严格，该厂生产的精盐洁净无比，深受百姓喜爱，为各界人士所嘉许。

通益精盐广告标

南部制盐工厂，建有五厂。每厂锅炉大者九口，中者六口，小者三口。每月可出精盐四万四千余担。储存精盐场所，建有八仓。大者可存一万八千余包，小者可存数千至上万包不等。

作为股份制企业，通益精盐在企业管理上亦值得称道。该公司主管者有正、副经理，分为制造、营业、会计、文牍四部。制造部设立有工程处及稽查处，营业部设有管仓处及管料处，会计部设有庶务处。“各部人员分掌其事，井井有条，可谓良好组织也”。

该公司对工人非常优待，并努力为工人创造良好的条件。如，为工人建立宿舍，每舍限定人数，列有名牌；工人宿舍里，器具清洁卫生；为方便工人饮食，厂内设有馒头店及贩卖部；为保障工人健康，设有诊察室、澡浴室及理发所；为便于工人学习娱乐，更有讲演厅、报音台等各种设施。

要知道通益精盐可是七十多年前的企业，上述这些企业管理之道，即使放在今天也不过时。难怪唐辰忱先生参观后感叹道：“一切管理，无不尽善尽美，诚可为工业界之模范，堪置于人齿颊间也。”

内外夹击终于支撑不住

民国时期，精盐生产作为一种新兴工业，推动了中国制盐技术的进步和盐业近代化的进程。

但在当时特殊的政治环境下，政府对精盐公司非但不扶持，反而征收巨额赋税；而为保护落后的粗盐产业，维护盐商的垄断地位，政府又限制精盐的自由买卖。与此同时，外国的进口产品又虎视眈眈，时刻威胁民族精盐工业的生存与发展。

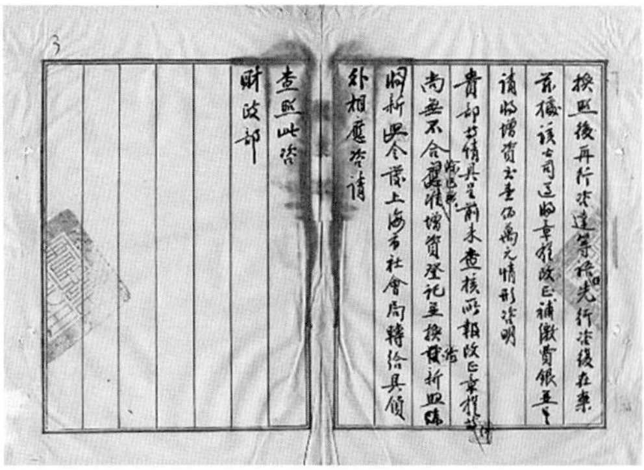

民国时期实业部就通益精盐增资批复

种种因素，终导致这一新兴工业的发展之路步履蹒跚，充满坎坷。

1933 年，到通益精盐参观的唐辰忱先生，也注意到了该公司所遇到的种种困境。他在文章中写道：“近查该厂仓存将满，第五厂已经停工，实以售销长江各埠，官厅无端限制，税警到处阻挠；扣盐科罚，层见叠出。甚至购用者，裹足不前，销路梗塞，积货过多。”官厅限制、税警阻挠，通益精盐的生存环境之恶劣，可见一斑。

通益精盐公司工人宿舍

言辞间对民族工业颇为关心的唐辰忱先生，从精益通盐这一个例，看到了整个民族工业的危机。

他在文中不无感慨地说：“长此以往，大有岌岌不可终日之势。该厂如此状况，则他处情形，亦可想而知矣。窃思有此大工厂，且能研究制成良好食品，政府应当特别奖励，格外保护，以期工业前途得以蒸蒸日上，始合提倡工业之道。若单就精盐纳税而论，于担负比普通粗盐为重，政府已属不公平之待遇。更加以摧残，知之者无不寒心。其可望有振兴实业之日者乎？吾国政治之不良，竟至于斯，余不禁为之一叹。”

通益精盐一度取得辉煌业绩，跻身全国精盐生产前列，但在当时的时代背景下，免不了屡受冲击，惨淡经营，直到日寇入侵，在内外因素的夹击之下，终于无法支撑，黯然倒闭了。一个显赫一时的民族工业品牌，就此消失在了历史的长河中。

书业黑马诚文兴

1930年，芝罘人郭子文从烟台诚文信辞职，创办了烟台诚文兴书局。由于经营得当，短短三年的时间，烟台诚文兴就成为烟台书行中的佼佼者。民国间，刊发出版信息的《同行周刊》《同舟》等杂志，记载了当时烟台诚文兴的经营情况，为我们了解当年烟台这一书局的历史，留下了宝贵的资料。

“诚文”系字号遍地开花

清末至民国年间，胶东的印刷业繁盛，诞生了“诚文”系列字号的书行。这批字号的创始人，最早是招远辛庄镇孟格庄村的刘金贵。1845年前后，刘金贵在胶州开设一处书铺，宝号“诚文堂”书局，后来规模扩大，在青岛、济南、即墨等处设了分号。刘金贵成名后，亲朋好友投奔来在其手下做生意的不少，其中有个同族的刘作信，后来辞职在潍县开设了一处书铺，宝号“诚文信”，因经营有道，逐步成为在山东

诚文兴书局店堂

乃至东北地区颇有影响的书坊。

之后，刘作信的后人或亲朋，相继在烟台、龙口、泰安、周村、哈尔滨、长春、天津等地，分别建立了“诚文”字号的书行，如“诚文厚”“诚文兴”“诚文德”“诚文信”等。

民国年间的烟台诚文兴，与烟台诚文信渊源密切。经过其创始人郭子文用心经营，迅速成为烟台书行界的黑马，并用短短三年时间，获得商务印书馆独家特约经销权，超越诚文信，成为烟台图书市场的佼佼者。

诚文兴开张迅速成黑马

郭子文自幼在烟台诚文信书坊工作，接人待物，耳濡目染，刻苦学习生意本领。后来，郭子文负责该店的采购、批发等业务，走南闯北，见识又增，其广结善缘、严守信用的经商之道，在业内颇有声誉。郭子文在烟台诚文信一晃就干了 20 年，他觉得自己一身本事，老是寄人篱下也不是长久之计，就决定单独出来闯一闯。1930 年，郭子文果断从老东家烟台诚文信辞职，在烟台面市街路西组织筹建烟台诚文兴书局。因对这行业知根知底，也熟悉货源，当年的 10 月，诚文兴书局就红红火火地开张了。书局成立后，郭子文南下北上，采购各种图书。诚文兴书局的经营策略跟其他“诚文”字号类似，都是多种经营，在经营图书生意的同时，还兼营笔墨纸张等中外文具，偶尔也组织印行图书。因货优价廉，几个月的时间书局就略具规模。

烟台诚文兴书局经理郭子文

这段时间的经营，诚文兴书局只是算筹备运营期，所以当时也没举行什么开业典礼。第二年，郭子文见书局的生意已经有了起色，就决定在 2 月份，举行隆重的开业典礼。为什么已经开业半年多，还要补办开业典礼呢？原来，郭子文从事图书行业这么多年，深知营销的重要性。借这次开业典礼，一则扩大宣传，使人人皆知有这么家

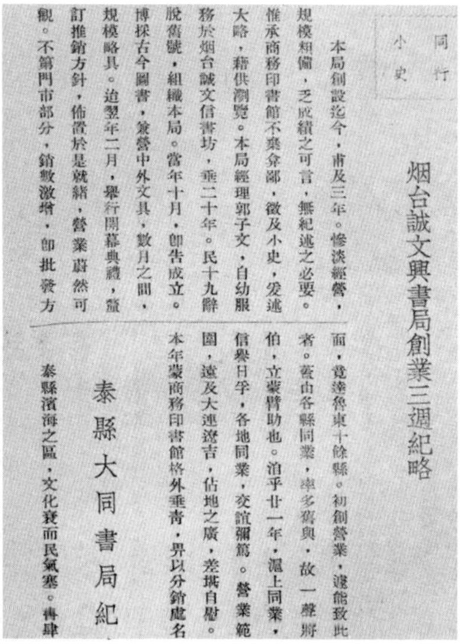
同行小史

烟台誠文興書局創業三週紀略

本局創設迄今，甫及三年。慘淡經營，規模粗備，乏成績之可言，無紀述之必要。惟承商務印書館不棄弇陋，徵及小史，爰述大略，藉供瀏覽。本局經理郭子文，自幼服務於烟台誠文信書坊，垂二十年。民十九辭脫舊號，組織本局。當年十月，即告成立。博採古今圖書，兼營中外文具，數月之間，規模略具。迨翌年二月，舉行開幕典禮，釐訂推銷方針，佈置於是就緒，營業蔚然可觀。不第門市部分，銷數激增，即批發方面，竟達魯東十餘縣。初創營業，遽能致此者。蓋由各縣同業，率多舊與，故一聲將伯，立蒙贊助也。洎乎廿一年，滬上同業，信譽日孚，各地同業，交誼彌篤。營業範圍，遠及大連遼吉，佔地之廣，差堪自慰。本年蒙商務印書館格外垂青，畀以分銷處名

泰縣大同書局紀

泰縣濱海之區，文化衰而民氣塞。冉肆

烟台诚文兴书局创业三周纪略

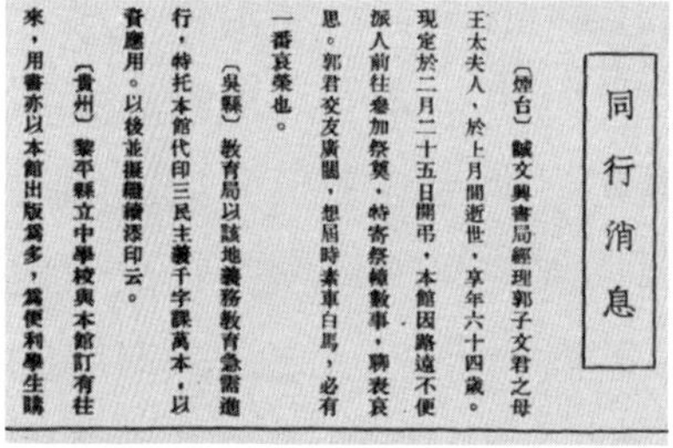
同行消息

（烟台）誠文興書局經理郭子文君之母王太夫人，於上月間逝世，享年六十四歲。現定於二月二十五日開弔，本館因路遠不便派人前往參加祭奠，特寄祭幛數事，聊表哀思。郭君交友廣闊，想屆時素車白馬，必有一番哀榮也。

（吳縣）教育局以該地義務教育急需進行，特托本館代印三民主義千字課萬本，以資應用。以後並擬繼續添印云。

（貴州）黎平縣立中學校與本館訂有往來，用書亦以本館出版為多，為便利學生購

《同行月刊》相关报道

书局开业了，以后有需要就来这里买；二是自己几十年结交了不少业界的同行与客户，借此知会业界老朋友，以后也好彼此相互扶持；三是借机制定书局的采购方案、营销方针等，为书局的发展制定科学长远的路子。

果然如其所愿，经过这次开业典礼后，光顾门市的顾客越来越多，销售额大幅增加。而最大的变化，是批发经营。过去批发经营没什么起色，现在竟然连达胶东的十几个县。到 1932 年，烟台诚文兴的经营，逐步扩至大连、辽宁、吉林等地。因经营卓越，信誉优异，其他各地的出版社、书局，也都争相与其开展业务。

民国时期，上海逐步发展为全国出版业最发达的地区，并拥有了诸如商务印书馆、三联书店、中华书局、开明书局等享誉中国出版界的出版机构。烟台诚文兴的货源，主要是从上海组织的。为了保证质量，也为了与同行交往，每到年末，郭子文总要亲自到上海跑一趟，一待就是一个月左右。而他每到上海，上海的出版界就在出版业杂志《同行月刊》《同舟》等杂志上刊发“郭子文到沪”的信息，以便各出版社、书店、文具公司与其联络。

由于当时山东省的教育事业日益发达，所需的教科书、文具等数量都相当可观，当时上海的出版业、文具业商户，自然都不想放过郭子文这个大金主。于是，各家轮流做东，宴请郭子文。刚开始的时候一般有十几家，后来随着影响的扩大，当 1937 年郭子文到上海的时候，居然有上百家同行轮番宴请。

联手商务印书馆大获其利

众所周知，商务印书馆是我国历史最悠久的出版机构，创办人是张元济先生。他原是光绪年间的进士，因参加了维新运动，戊戌政变后被革职，就在上海致力文化事业。他创办的商务印书馆，一百多年来为振兴我国文化事业，做出了不可磨灭的贡献。在20世纪初，全国各地都在废科举，兴学校。当时该馆出版了小学用的“最新教科书”，由于适应需要，发行之盛，冠于全国，并因此影响了此后新学制的确立。从此，教科类图书，便成了商务印书馆的拳头产品，占据国内教科书市场的大部分市场。

作为国内教科书的重要市场，商务印书馆一直重视烟台市场的销售。早年为打开烟台市场，当时的商务印书馆总经理王云五甚至亲自跑到烟台营销，成功劝说烟台诚文信代售商务印书馆的图书。也就是说，在郭子文单干之前，其老东家烟台诚文信，一直是商务印书馆的合作对象。

作为资深图书从业人员，郭子文深知得教科书得天下。正好当时商务印书馆出版了一套复兴教科书，备受市场赞誉。但在烟台，市面上却不见广告宣传。于是，郭子文就给商务印书馆写信报告这事，说诚文兴希望能帮商务印书馆代售这批图书，并愿意免费为商务印书馆的这套书在当地的报纸刊登广告宣传。

商务印书馆接信后，立即把专门找人设计的铅字广告样稿发给郭子文。郭子文看后觉得铅字广告不是很美观。当时的人们，民族意识很强，如果用中国传统铸版方式的话，效果应该更好。于是商务印书馆专门铸造几块广告版给诚文兴使用。果不其然，经郭子文广告宣传后，这套书在烟台市场行销一时，获利颇丰。自此，诚文兴获得了商务印书馆图书的销售权。

由于诚文兴经营出众，商务印书馆对郭子文极为看重。郭子文每到上海，商务印书馆总是立即在《同行月刊》刊登相关信息。郭子文到上海后，总是直接到商务印书馆，由商务印书馆洗尘招待。1934年，商务印书馆为纪念烟台诚文兴成立三周年，在《同行月刊》刊发《烟台诚文兴书局创业三周年纪略》。1936年，郭子文老母王太夫人去世，因上海与烟台路途遥远，不便派人参加祭奠，商务印书馆遂在《同行月刊》刊发王太夫人去世讣闻，并寄祭幛数件，聊表哀思。

为进一步加强与诚文兴的合作关系，1934年商务印书馆与诚文兴签订协议，协议约定，诚文兴今后将作为商务印书馆在胶东地区的特约经销处。当时商务印书馆的销售，分代售与特约经销两种模式。特约经销处，都是营业额比较高的书行，可以得到比一般代售店多2—6个百分点的销货折扣。由此，诚文兴的经营策略也发生重大改变。原先为采购教科书，诚文兴要跑东跑西，广泛联系出版社、书行。成为商务印书馆的特约经销处后，教科书完全侧重于商务印书馆，不用再为采买哪家的而苦恼。这样便可节省人员与时间，以应付其他业务，大大提高了工作效率。由于商务印书馆的教科书当时独步天下，诚文兴作为商务印书馆在胶东地区的经销处，就等于是获得了在胶东地区的独家销售权，这意味着其以后市场更大、利润更丰厚。

从诚文兴的经营我们可以看到，其掌门人郭子文广结善缘、严守信用的经商之道，是其成功的关键。而这，也是鲁商的重要传统。诚文兴的经商之道，于今人仍有借鉴意义。

七八十年前 黄县养鸡那些事

2013年3月，突如其来的一场H7N9禽流感，使得国内的养鸡业遭到重创。很长一段时间以来，人们谈鸡色变，现代化养鸡模式的疫病安全问题，日益受到人们的关注。

1936年，葛永家先生在暑假期间，到黄县（今龙口市）、蓬莱进行了一次个人旅行。游山观海之余，葛先生还肩负着一项特殊使命：为《鸡与蛋》杂志调查山东的养鸡情况。之后，葛先生的文章刊登在该杂志上，对两地的养鸡业进行了详细描述。

《鸡与蛋》杂志书影

“鸡老板”办杂志 欲提振中国养鸡业

这里，先得说说这本《鸡与蛋》杂志。该杂志是1936年1月，由民族实业家张瑞芝先生在上海创办的。张瑞芝（1896—1967），上海人。1929年，在上海开设民生养鸡场和民生农场，致力于养鸡业的实践与研究。二战中，张瑞芝组建中和公司，在抗战的生

张瑞芝

命线——滇缅公路，从事战略物资运输工作。他曾任良友复兴图书印刷公司董事长。

中国人养鸡的历史，可以追溯到4000多年前的新石器时代，那时的先人们即已懂得如何养鸡。但因技术落后，鸡种日渐退化。到民国时期，“养鸡已不能算作一种事业，只是农家的一件琐事而已”。

尽管当时不乏有学习西方养鸡技术、试图规模化养鸡者，但鲜有成功。同时，由于农村经济凋敝破落，所谓“遍身罗绮者，不是养蚕人”，养鸡者本人多是没有能力消费鸡蛋这种营养滋补品的。而在华的外国企业却趁机大肆收购廉价的中国鸡蛋。自1929年以来，中国的鸡蛋出口，跃升为出口商品的第三位，仅出口至英国的鸡蛋，每年就达10亿多个。

创办《鸡与蛋》杂志时，张瑞芝先生从事养鸡这一行已有二十几个年头了。他对这个行业有着相当深入的了解，对中国的养鸡业面临的问题忧心忡忡，而创办这份杂志的初衷，便是要“推广养鸡学识，改良鸡种蛋品，改进农村副业，培育养鸡人才”，从而力图改进国内养鸡业的境况。

“九斤黄”变“杂种”　人工孵化十损七八

葛永家先生在黄县调查时，有段小插曲：他发现，黄县虽与蓬莱相距极近，但“很有一些地方各不相同”，最显著者即为“币制”——普通的一文钱，黄县人却叫二文钱，一百钱即叫做二百钱——总是比别的地方加一倍。

葛永家观察发现，与蓬莱相比，黄县的工商业、农业都较蓬莱稍微发达些，“因之养鸡事业，亦见颇有声色”。经葛先生粗略调查，该县农村平均每百户养鸡17只左右。时间退回到77年前，这个数字与现在动辄成千上万只的养鸡场比，显然是小巫见大巫。但在当时来说，这个数量已经相当可观。

民国时期的蛋厂车间

黄县境内的鸡种，本为“九斤黄”（这是山东的土产鸡种），但因养殖时间过长，多已变成“九斤黄”和其他鸡种的杂交种了。饲养的鸡苗，除小部分是由母鸡孵出的，大多数的鸡都是人工孵化的。

黄县养鸡业的繁盛，促生了大批专业孵育小鸡的从业者。他们人工孵育鸡仔的程序是：先挑选受精的鸡蛋百枚或数百枚，置放在一个高温烘房里面，再在鸡蛋上面盖上些麦糠等物，使其保持温度。然后“频频地拨弄，使每个蛋与蛋的位置，频频来往的交换（如放在下面的蛋拨弄到上面来，再使上面的蛋放在下面，以便使其受温平均之故），经相当的时间（约十天至多不过二十天）以后，蛋内已经生长成形，而嘴破壳而出，这就成鸡雏了”。这种人工孵鸡法，虽然省事省力，孵育率高，但是孵育出的小鸡，成活率低。往往十只之中，会死掉七八只之多。

“泥姥姥”涂蛋清 养鸡人却吃不起鸡蛋

黄县人民养殖的鸡，多为蛋鸡。当地生产的鸡蛋，多被贩卖到龙口、烟台等地，然后或再经包装，或经蛋厂加工成鸡蛋饼等食品销往国外。其余的“皆为当地受用”，其用途大概不外做滋补品，“作酒席作糕点茶食之类的物品，然也有用于别的地方的，如做玩具泥姥姥，粉饰墙壁等用途”。

过去，黄县是山东重要的泥玩具产地，在泥玩具的生产工艺中，需要在泥玩具的表层涂上一层鸡蛋清，这样能保证泥玩具的颜色油润且不易脱落。葛先生所提到的“玩具泥姥姥”，指的就是用鸡蛋做泥玩具的事。

《鸡与蛋》杂志书影

在当时，鸡蛋被认为是重要的滋补品，但在农村经济破产愈演愈烈的境况之下，日常真正能消费起鸡蛋的，只限于极少数的富人。90% 以上的穷人只能孵鸡、养鸡，鸡下的蛋，穷人吃不起，更不可能吃鸡肉。

黄县养鸡业的发达，还促成了鸡蛋交易市场的产生。据葛先生调查，在黄县，有一个专门买卖鸡与蛋的集市。每到逢集的时候，集市上“那一筐筐的鸡蛋，一笼笼的鸡，大的小的，统统都摆在商场的两侧，很长的一条街市除却了卖鸡与蛋的而外，没有再卖第二样东西的”。

“鸡洞子”卫生差　粮菜做主食鸡雏生长慢

当时养鸡存在的最大问题，就是鸡舍的卫生问题。当时，其他地方养鸡，有用筐子或笼子等作鸡舍的，而黄县农民则大多是用一种砖石修筑成的所谓“鸡洞子”。“鸡洞上用萱草或麦秆做一个顶子。鸡洞的洞门，是用木板（二寸或三寸厚）做成的，并无门轴，只用两枝树干儿夹着，可以自由启闭”。整个鸡洞的形状，有方形的，有圆形的以及三角形的不等。洞里面非常黑暗，一点光线都没有，潮湿又恶臭难闻。由于平时不注重打扫整洁，鸡洞里堆积的粪土特别厚，多至五六寸厚，从而滋生大量的寄生虫。

在如此环境中生长的鸡，其健康情况可想而知。这些问题，导致在养殖过程中鸡病时有发生。其中，最常见、最危险的病症，是鸡瘟与霍乱。“只要鸡一经此病，旋不饮不食，尾和两翼都向下垂着，显出很无能力的神气来，角质坚硬的喙，便一刻不停忽启忽闭恰如金鱼吸水一般，一直到死为止”。当地人对这种鸡病束手无策，他们的医治方法，或请当地赤脚医生来死马当做活马医，或用做衣服的针儿刺破病鸡的肉冠，或喂以绿豆、大蒜等东西。尽管百般折腾，往往是回天乏力。

黄县养鸡业的另一个问题，是农户以玉米、小麦等粮食及蔬类等为饲料，鸡的“食谱”单调又缺乏营养，长成期就显得很漫长。一只鸡，从雏鸡到成鸡，需要140多天。同时，鸡所产的蛋个头儿较小，内里一端的“缺室”，即“气室”非常大。

凡此种种，导致黄县出产的鸡和鸡蛋，虽然产量不错（成鸡一生所产的蛋数，约一百四五十枚），但在市场上却不受欢迎，价格自然也上不来。与同时期的蓬莱相比，鸡蛋价格竟然相差一半。

当然，按照今天人们的眼光来看，黄县鸡当年的喂养方法，尽管落后，但却是真正的土鸡喂养方法。七八十年前不受欢迎的土鸡及土鸡蛋，今天却成为鸡中贵族、蛋中珍品，价格高昂还很难碰到真货。此一时彼一时，真是让人感叹。

第三章　文物古迹

人文胜境　古寺奇泉

古寺奇泉，是旧时“福山八景”之一。各版本的《福山县志》，都记载了大量歌咏古寺奇泉的诗篇。从这些诗篇中，我们得窥这一福山名胜当年的风采。

古寺奇泉相辉映　数次重修故事多

在旧福山县城西6里处，有处村落，相传唐朝即建村，原以姓氏名“施家夼”，后因夼内产柿子，遂改名“柿子夼”。明朝成化年间，谢姓一族由福山城西关迁入，清末时，族人谢隽杭中进士，他希望家乡多出读书人，遂将村子易名“士子夼”。

在柿子夼村西山谷中，有一处山泉，水从石孔涌出，味甘清冽，冬温夏冷，潺湲曲折而下，此泉被名之为“奇泉”。泉水北流3里，形成一片池塘，是为“奇泉池”。在奇泉旁侧，有一处古寺。该寺据传始建于唐代，为当时福山县第一大寺院。明永乐十年（1412），僧人智庆重修此寺。宣德元年（1426），僧人明进又进行了重修。

康熙《福山县志》里的奇泉寺

明景泰、天顺年间，

福山县令段坚为该寺题额“奇泉庵”。隆庆二年（1568），僧人照悦重建该寺。万历二年（1574），僧人义学增修石桥。万历四十年（1612），更修方丈桥。

数十年后，该寺为风雨所摧，房檐、墙壁破损严重，寺庙的山门也已倾颓。东西两配殿，竟在围墙之外。人们来往行走的小路，就在配殿大门之前。如此种种，使得该寺“几类荒祠”。该寺有位僧人，名叫行玘，立志对寺庙进行修缮。但他毕竟是出家人，平时除了焚香诵咒，就是耕田种树，仅能养活自己而已，并没攒下多少积蓄。行玘为了实现这一夙愿，操劳思虑，身心俱疲，乃至“螺发凝霜、古貌朴心，望之如野鹤”。万般无奈下，只得向福山县广大信徒募资。

受行玘和尚感召，当时的福山县民众慷慨解囊，响应者甚众，几乎一大半人都为该寺捐赠过善款。就这样，在全县人民“减衣损食”的支持下，经过几十年的努力，终于筹措到足够的经费，古寺重建工作在几年内陆续展开。

崇祯八年（1635）春，营造山门。到顺治二年（1645），大殿竣工。顺治四年（1647），配殿建成。此次重修，邑人王道增、王好仁及孙寡妇（具体姓名文献中没有记载）捐资妆塑了释迦牟尼佛、东方药师佛、西方阿弥陀佛三尊佛像。重建后的奇泉寺，“金碧辉煌，云霞掩映”，“即东牟诸古刹，求其与之颉颃者，指未可一屈也”。

雍正十一年（1733），僧人本续又募修大殿、千佛殿、西配殿方丈山门，金妆前后殿佛像，增修客屋三间，东石桥一座。后来，僧人清洁又重修山门外大桥。

昔年何事伴僧居　胜地堪栖快读书

古寺奇泉远处青山环绕、十里花香，寺侧泉水潺潺、绿树葱蔚，寺内钟声悠扬、古色溢香。如此优美的环境，自然是参禅清修的绝佳之地。历史上的福山几大望族，如郭氏、萧氏、鹿氏、谢氏、王氏，便对这里十分偏爱。而其他官宦士大夫与文人也接踵而来，他们用生

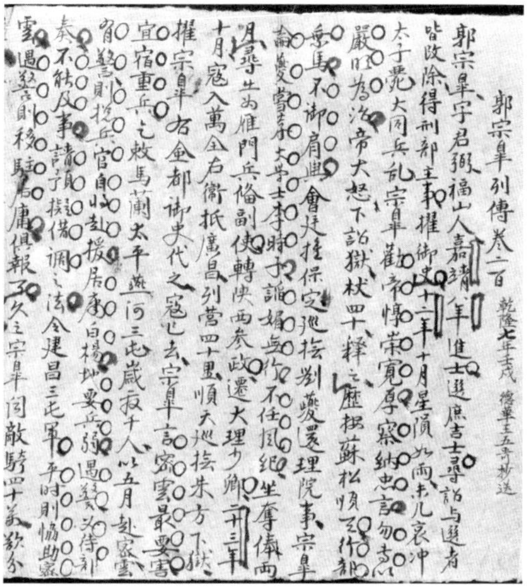

清抄本《郭宗皋列传》

花妙笔，写下了无数歌咏古寺奇泉的诗篇。古寺奇泉，成为福山文化史上最受关注的一个文化符号。

福山郭氏四世郭天锡，官至刑部郎中。郭天锡淡泊名利，修身养性，对奇泉寺十分厚爱。每有时间从外省任上回家探望，总忘不了携亲邀友，专程到奇泉寺周游一番。因是寺里的常客，寺里的僧人对郭天锡十分友好。有一次，寺里僧人收获新蜜，就送给郭天锡一些。郭天锡十分感动，作《奇泉寺僧馈蜜有感》一诗，云：“多少工夫做得成，轻轻取食汗颜生。”此诗后被刻石，立于寺内西方丈壁上。又曾作《奇泉寺》一诗，云：“寒鼎浮烟焚柏子，空阶著屐破苔花。重帘影静闲风意，洗钵池深印月华。最好逢僧元不错，一番清话一瓯茶。”诗句写尽寺中平淡宁静的生活。又曾作《游奇泉寺》一诗，歌咏寺中“野菊吐芬”“石流漱碧”“白云飞恬”“青林霜醉”等景致。

郭氏五世郭宗皋，天锡之子，嘉靖八年（1529）进士，官至南京兵部尚书。七十致仕回家后，经常携子侄到奇泉寺设帐读书，夜则下榻寺内，晨则读书朗朗。郭宗皋曾作联云，“白马经房三世榻，碧纱诗句百年思”，回忆家族与该寺的渊源，又以“青山绿水鸣牛地，万壑千岩度厄桥”的诗句，描述寺侧风景之优美。

郭氏七世郭尔池，万历二十八年（1600）举人。致仕返乡后，效仿曾祖郭宗皋，治理水田数十亩。其喜奇泉寺之清雅，曾作《奇泉寺漫兴》一诗歌咏之。八世郭谏，尔池之子，顺治十五年（1658）进士。郭谏幼时，常随高祖、曾祖等前往奇泉寺借榻读书。顺治年间，奇泉寺重建，郭谏

郭谏所题《重建奇泉寺记》石碑

为之作《重建奇泉寺记》，详叙建寺经过，留下了一份有价值的资料。该碑目前尚存。

福山另一大家族萧氏，亦与奇泉寺渊源颇深。该家族代表人物萧文蔚，是康熙《福山县志》的纂修者之一，其《之罘八景》，是最早歌咏“福山八景”的诗篇。其中《古寺奇泉》一诗写道：“宝积休夸卓锡泉，石根流出自天然。凭桥午坐疏林里，几度宫商到耳边。”文蔚的侄子萧程俨，曾任江南遂平知县。其父在奇泉寺读书游览时，曾在该寺墙壁上挥毫泼墨。他在《游奇泉寺忆往事》一诗中写道：“追随膝下早磨砻，数十年前谒大雄……毫端影落飞林鸟，梦里魂醒乡木鱼。”忆其年少时随父在奇泉寺读书往事。嘉庆间，族人萧炷，字鹭汀，年少时亦曾在此苦读，后宦游他乡，对家乡的古寺奇泉胜景念念不忘。这一思乡之情，在其《浃辰吟稿》中时有体现。其好友、江苏人冯云鹏在拜读《浃辰吟稿》后，评论云“不忘奇泉读书处，白云红叶点秋阴”。光绪间，萧氏有一后裔，一心迷恋奇泉寺的生活，后便在奇泉寺出家，法名果灿。因修炼刻苦，终成一代名僧。

奇泉寺所在的柿子夼，是福山另外两大家族鹿氏、谢氏后裔的重要居住地。该村两大家族中，以鹿泽长、谢隽杭为代表。鹿氏、谢氏两族，人才辈出，因为家就在古寺奇泉之侧，因此他们有更多的时间与机会前往奇泉寺。而福山另一大族王氏，亦对古寺奇泉厚爱有加。该族之代表人物，如王樾、王积熙、王余英等，曾先后赋诗歌咏古寺奇泉。清末爱国学者王懿荣，更曾与其族叔王承燮、叔伯舅谢隽杭三人在此寺中读书。光绪六年（1880），三人同科考中进士，尽授翰林，成为福山“一榜三翰林”的佳话。

除被福山官宦士大夫青睐外，古寺奇泉亦吸引了外来观光者的青睐。明代时，福山县令祝献前来探访后，其《奇泉寺》云“一琴一鹤清风只，此外何须更有求”，对奇泉寺之世外桃源景色，留恋不已。乾隆间知县刘大绅、道光间学者邓显鹤等，亦曾先后歌咏古寺奇泉。

枝留白雪三春雨　村入青田十里香

柿子夼果树众多，康熙间邑人王积熙曾写诗描述为“十里花开绿映红，人家深住翠微中”。乾隆间，该地梨树栽植已具相当规模。当时，邑人王槭在《奇泉寺观梨花》一诗中，便有“枝留白雪三春雨，村入青田十里香”的描述，使我们可以约略想象出几百年前该地梨花盛开的壮观景象。

清末及民国间，奇泉梨花渐成为烟台的名胜风景。民国《烟台要览》对此记载：“四围之山，梨树极多。春日花开，望如雪海。”《烟台概览》则云：“春期花开，满山色白，香清遐迩，仕媛多往赏看。”民国间，在烟台交通银行供职的袁凤翊先生曾作《逛梨花》一文，用优美的语言描述说：“路旁阡陌纵横，遍种小麦，青翠如茵”，“过小溪，穿茂林，登西山之峰，举目纵观，数十万的梨花蓊郁扶疏，遍山似锦，美丽非常，参差错落，高下相间，俨然一幅轻描图画，尽收眼底。”

清代中期以后，因佛教不振，奇泉寺日渐残旧。抗战时期，殿庑尚在，规模犹存。20世纪50年代初，该寺被全部拆除，现仅存清顺治间石碑一幢。而另一名胜奇泉，因上游打机井、泉水开发等缘故，已经断流。

烟台梨花百年

1871年，基督教美国长老会传教士倪维斯夫妇自美国搜求西洋梨在烟台毓璜顶东南山麓栽植。这种肉质脆软、味美多汁的梨，深受烟台人喜爱，在烟台迅速得到广泛推广。民国时期，烟台近郊及福山、牟平一带，西洋梨的种植已成相当规模。在此背景下，清明前后看梨花，成为当时烟台人的一大人文盛事。

1937年，《健康家庭》杂志《春游专号》在介绍烟台旅游资源时，以《请到烟台看梨花》为题，介绍了烟台看梨花盛况及南山（上夼）、竹林寺、奇泉寺三处地点，并附带介绍了海水浴场、芝罘岛、养马岛及蓬莱阁、刘公岛等景点。以烟台梨花而非以名闻天下的蓬莱阁、刘公岛等为题，可见烟台梨花在当时中国旅游界的影响力。

烟台梨林

南山梨花盛会

烟台的南山，在奇山所城南，上夼村外，塔山的下半坡。早在清末时期，烟台南山一带，即是烟台人的旅游必去之处。这里民国时期尚存刘氏墓庐（奇山所刘氏富人为先人守墓建造的房屋），“颇极幽静”。其他的如趣园（即谭仲

南山梨花老照片

常花园）、安乐园、顺泰花园及山顶的塔顶等，都是值得一看的景点。

民国年间，南山一带遍种梨树。“每年春季，桃李盛开，红白争艳，漫山遍野，都是一片雪白的梨花和红花。这时是烟台人逛梨花的季节；各学校春季旅行之地。因为梨树多，梨花先开，故曰‘逛梨花’”。每到此时，狭窄的南山道上，摩肩接踵，络绎不绝，大有“万人空巷看梨花”之势。在轻风拂面中，游人从梨花丛中走过，梨花片片，悄悄地落在衣襟上，真有“不啻天仙散花”之感。火爆的“逛梨花”，带动这里的茶铺、酒水生意红红火火。每到梨花旺季，南山“山腰里，悬崖上，茶棚林立，酒帘在望，真个游目骋怀，倍增兴致”。1936 年，交通银行烟台支行袁凤翊在《逛梨花》一文曾感叹道：“这逛梨花的盛况，我想扶桑三岛的观赏樱花，也不过这般热闹。”1923 年出版的《烟台要览》描绘烟台梨花说：“南山产果甚富。暮春天气，梨花盛开。把酒赏花，游人踵接，为此间人士春游之盛事云。”著名记者范长江曾描写烟台南山梨花说：“每年春光明媚之际，南山一带梨花盛开，烟台人士例于此时携酒持肴，赴南山梨花树下聚饮狂欢，各学校更多放假结队旅行，共赏此梨花盛会。故每届梨花开放之时，南山一带男女游人摩肩接踵，热闹异常。”

烟台梨花，是烟台人春天的盛大节日，更是众多在外烟台游子永难忘怀的记忆。在烟台度过童年和少年时期的著名剧作家于敏曾在散文《春》中动情地说：“日月流逝，天地不变，都抹不掉我少年时代的美好记忆。南面群山环拱，翠微苍苍，幽谷绝巘里有我的足迹。大海茫茫，水天一色，碧波荡漾中有我浮沉的身影。而最使我流连和念念不忘的则是每年的梨花会。这才是真正的春天。”

南山梨花盛事，带给烟台人欢乐的同时，也曾发生过让人痛心的梨花惨案。1935 年 4 月 18 日，烟台真光女子中学组织学生到烟台南山春游逛梨花。国民党烟台警察局以维持秩序为名，派警察监视学生的活动。警察孔繁树持枪调戏女学生徐明娥，徐明娥拒辱呼救，被当场枪杀。上海的《申报》曾以《血染梨花》为题对该事件进行报道。

夜赏梨花绝唱

夜中赏花，是古代诸多文人墨客的雅兴。唐代诗仙李白，曾作有《春夜宴桃李园序》。李太白春夜中宴桃李园，堪称夜中赏花之鼻祖。谁又能想到，咱烟台人，当年曾盛行过夜赏梨花之风俗，也算是赶上了这高雅的时髦。据 1942 年出版的《新唐风》杂志刊载的《烟台夜赏梨花》一文记载，在二三十年前，烟台附近有夜赏梨花之风。据说这种风俗从明代开始到那时，一直保留而未中断。每年三四月间，“登州沿海各地，梨花盛开，一白千里，尤以烟台附近最为繁盛”。“各乡村间，皆于三月中旬中，在梨树林，张搭席布帐篷，各梨树间，系以绿绳，满挂灯笼，中燃洋烛，自远处望去，蜿蜒千里，状如金龙。各帐篷中，明烛高悬，设摆酒宴”。在这期间，亲朋好友、男男女女结队游行，其热闹程度，不亚于元宵节逛灯会。游行完毕，亲朋好友在灯下“歌呼宴饮”，热热闹闹如过年一般，一直玩到下半夜。就这样，这种活动要持续三天才会结束。烟台夜赏梨花的风俗，在 20 世纪 20 年代前后已经停顿。烟台人风靡几百年的高雅风俗，从此划上了句号。

国宝甲骨流离记

众所周知，福山人王懿荣在1899年第一个发现甲骨文，并将其时代断为商代，由此中国的甲骨学开始兴盛，王懿荣因此被称为“甲骨文之父”。然而少有人知的是，20世纪40年代，国学大师罗振玉所藏大量甲骨，之所以后来能免遭日寇劫掠之灾，全因一群烟台人的热心抢救。先有王懿荣慧眼识珠，后有罗振玉藏品劫后余生，烟台这座城市，就这样与国宝甲骨结下了不解之缘。

倾其所有　甲骨收藏第一人

罗振玉（1866—1940），字叔蕴、叔言、式如等，号雪堂，浙江上虞人。中国近代金石学家、文物收藏家。罗振玉一生勤于治学，对农学、教育、考古、金石学、敦煌学、目录学、古文字学等均有建树，著述多达189种，校刊书籍600多种，收藏的图书资料有30多万册。这些成就中，他对甲骨的收藏与研究无疑是最耀眼的。罗振玉的一生尽管充满争议，但正如郭沫若所说：“罗振玉的功劳即在为我们提供出了无数的真实的史料。他的殷代甲骨的搜集、保藏、流传、考释，实是中国近三十年来文化史上所应该大书特书的一项事件。”

罗振玉

从1907年开始的20多年时间里，罗振玉倾其所有，收得甲骨3万多片。要知道，自王懿荣发现甲骨之后，北京城就兴起了一股购买、收藏

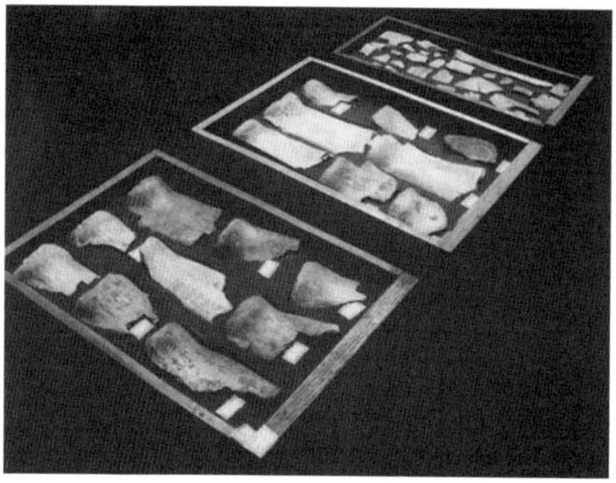
山东省博物馆所藏罗振玉旧藏甲骨

甲骨之风，使得沉寂几千年的甲骨从一种普通的药材变成了贵重的文物。当时的文人墨客、商贾名流都热衷于搜寻甲骨。那时的罗振玉，谈不上权倾天下，更不是腰缠万贯，如此大量地甲骨收集，可想而知耗费了他多少精力与金钱。

罗振玉收藏甲骨，并不局限于收藏，而是进行学术研究。自1914年开始，罗振玉将其所藏精品甲骨予以整理著录，先后出版了《殷墟书契前编》《殷墟书契后编》《殷墟书契菁华》《殷墟书契续编》等著作，成为中国甲骨学研究划时代的事件。

命运多舛　国宝甲骨痛失散

1928年，政治上失意的罗振玉举家前往旅顺。因收藏甚丰，罗振玉专门建造了一座藏书楼来存放自己的藏品。楼内藏罗振玉数十年搜集来的碑碣墓志、金石拓本、法帖、书画等30余万（册）件，其中尤以六朝人写本《大云无想经》最为珍贵，所以被命名为“大云书库”。1940年6月，罗振玉饮恨病逝于旅顺。其后，大云书库藏书由其家人共同厮守。1945年8月，日本宣布无条件投降。8月22日，苏联红军伊万诺夫中将率250名空降兵，在旅顺土城子机场登陆，军事接管了旅顺。其后，罗振玉的私人住宅和“大云书库”藏书楼被苏军强行征用，罗家人被迫带着很少一点细软搬出。当时因急于驻军，苏军就把书库里所有的铜器、甲骨从楼顶窗户扔到楼后的山坡上，那些古籍、甲骨、铜器顺着山坡滚落下去。附近一些人家就开始捡拾这些线装书的函套和夹板来引火取暖，后来函套捡得差不多了，就开始捡线装书。而罗振玉的这批甲骨，就被当破烂一样，任由踩踏、捡拾。

罗振玉大云书库旧照

曾经保存过甲骨的文光阁

机缘巧合 烟台人拯救国宝

20世纪30年代，日本人在中国的东北地区开办了大量的工矿企业，大肆掠夺中国的资源，远东榨油厂就是其中一个规模较大的工厂。1945年抗日战争结束后不久，山东省胶东行政公署奉命派干部去东北地区巩固地方政权，接收敌产。胶东行署干部高兢生带领十几名同志到大连远东炼油厂执行任务。到了工厂后，高兢生发现竟然还有一个日本人没走。经询问，这个日本人说还有些私人东西没整理好，又说自己是工程师，在德国留过学。当时日本投降后，在东北的日本人作鸟兽散，如惊弓之鸟一样抢着逃回日本，这个日本人迟迟不走，到底是为了什么？这一反常现象引起了高兢生的警觉，于是格外留意这个日本人的举动。高兢生发现，这个日本人不经意间目光慌张地瞅着不远处的一个院子。机敏的高兢生立即跑进这个院子，看看有什么情况。转了会儿，发现除了在院子的一角空场地里有一个破旧的大铁箱子，再无特别的地方。这个铁箱子很奇怪，四面都电焊死了，难道日本人在意的正是这个破箱子？高兢生赶紧喊了几个同志过来。这时，原本两眼直勾勾瞅着这边的那个日本人，下意识也往这边跑了过来，突然，他又停了下来，转身快速跑出了院子。高兢生见状，顿时明白了：这个日本人之所以不走，就是为了这个大铁箱子！高兢生他们鼓捣了半天，实在弄不开这个铁箱子。没办法，只好找来一柄大铁锤，几锤子下去，大铁箱砸开了。打开一看，见箱内装有木制小抽屉 73 个，每个抽屉里都装满了甲骨。再仔细看，甲骨上密密麻麻的有刻划文字，莫非这就是传说中的甲骨文？

高兢生知道这个事情的重要性，立即写信汇报给上级领导。当时的胶东行署各界抗日救国会会长张修己迅速回信做了批示："务必妥善保管，待机秘密运往胶东。"原来，当时的大连属于苏联占领区，如果用船从大连立即运回的话，在苏联占领的区域，一旦暴露就会惹来麻烦。高兢生等同志瞅准机会，最终把这批甲骨安全运回了胶东解放区。

颠沛流离　甲骨国宝终重生

当时的胶东根据地在山东省的栖霞县，这批甲骨运回时，负责接收这批甲骨的是胶东图书馆。胶东图书馆成立于 1943 年，以收集胶东根据地内的古籍和金石古物为己任。当时的胶东图书馆馆长王景宋，接到接收这批国宝的通知后，既高兴又担心。高兴的是国宝到达了根据地，终于安全了；担心的是，胶东图书馆设施有限，再加上兵荒马乱，几年间因战事被迫曾在莱阳、栖霞、莱东、乳山等地来回迁移，如何保护这些甲骨，的确是个大问题。经请示上级，为了安全，胶东图书馆就把这批甲骨偷偷埋到了栖霞陶家村的地下。

原本以为偷偷埋在胶东行署驻地地下，足够安全了，岂料没过多久，风云突变，王景宋当初的担心真的来了。1947 年，国民党重点进攻山东，栖霞地区成了战争的前线。当时胶东行署各个机关，都在组织人力物力搬这搬那，以便转移到相对安全的海阳县。胶东图书馆馆长王景宋惦记着如何转移这批甲骨，着急万分。想了想，图书馆人手有限，加上藏品众多，如果单靠自己的力量，是万万不可能转移好这批国宝的。于是王景宋赶紧跟胶东行署领导汇报了情况，胶东行署相关领导一看情况紧急，各机关都忙于自己的搬迁转移，于是连夜挨家敲门，组织了几百名民兵，将甲骨从地下挖出来装箱。当时没有汽车等交通工具，就用马车、小推车装着，走了三天三夜，运到了海阳。到了海阳后，借鉴上一次栖霞的经验，又一次把它们埋在了地下。

1948 年，山东根据地的形势缓和以后，胶东图书馆又把这批甲骨挖了出来，运到了海阳行村司马庄，之后又运到了莱阳。

1951 年，胶东文物管理委员会撤销时，将所藏文物移交给山东省文物管理委员会，胶东图书馆所藏的这批罗振玉旧藏甲骨，也一同移交给省文管会。运抵济南时，这批甲骨被存放在省文管会一处名为“文光阁”的小楼里。1954 年，山东省博物馆成立后，这批甲骨转归山东省博物馆。在国内甲骨收藏中，山东省博物馆所藏这批罗振玉旧藏，是罗振玉所藏甲骨中最为珍贵的部分。我国已故著名甲骨文学家胡厚宣曾说：“他（罗振玉）装的盒子最多的、好的材料都在这里（山东省博物馆）。”

战火纷飞的年代，这些烟台人冒着生命危险，使罗振玉所藏的这批国宝甲骨得到有效保护。他们的爱国与勇敢，继王懿荣之后，又一次书写了与国宝甲骨的一段传奇历史。

魏碑神品出黄县

众所周知，墓志通常是指埋于墓穴中记录墓主生平事迹及写有赞颂慰念之辞的刻石，被称之为“写在石头上的历史文献”。它一般分上下两层，上层称为“盖”，下层称为“底”。盖上刻有标题，底部刻有墓志铭。在烟台的黄县（今龙口市），曾经出土了一部北魏时期的墓志，被历代金石爱好者所推崇，它就是大名鼎鼎的《鞠彦云墓志》。自从《鞠彦云墓志》被发现后，历代的黄县先贤们费尽心血，最终使其完整保存至今。

墓志价值高

《鞠彦云墓志》，全称《黄县都乡石羊里鞠彦云墓志》，刻于北魏正光四年（523）十一月。在北魏众多的碑刻中，此志书法古朴高茂，奇姿百出，浑厚拙重，代表了魏碑中隶楷之间的典型风格，具有很高的艺术价值。尤其是墓志盖书法，虽然仅仅十二字，但方正有力，开合自然，充分展

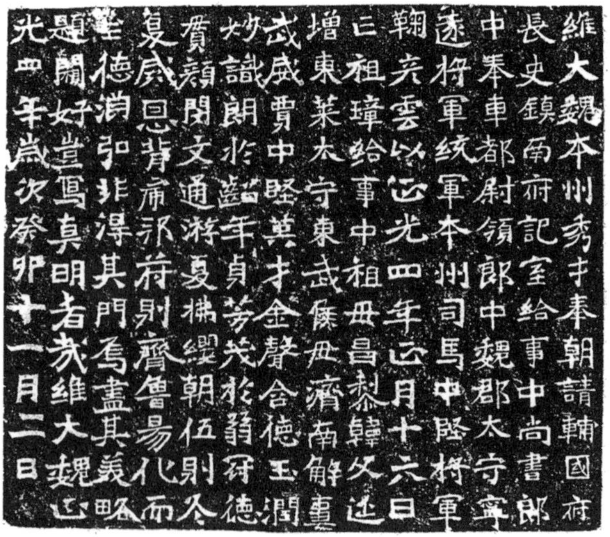

《鞠彦云墓志》拓片

现了魏碑书法的魅力。此志出土后，广为流传，影响深远。

著名学者康有为在他的《广艺舟双楫》中将此志列入“高品下”，并说：“古朴则有若《灵庙》《鞠彦云》”。康有为把《鞠彦云墓志》与北魏太安二年（456）所立的《中岳嵩高灵庙碑》这一魏碑精品相提并论，他曾说，“晋碑如《郛休》《爨宝子》二碑，朴厚古茂，奇姿百出，与魏碑之《灵庙》《鞠彦云》皆在隶、楷之间，可以考见变体源流”，高度评价《鞠彦云墓志》在中国书法史上的价值。清代学者叶昌炽对其极为推重，其《语石》云：“《鞠彦云》《吴高黎》两石虽寥寥短碣，森如利剑，可割犀象。”大文豪鲁迅，对《鞠彦云墓志》也极为珍重，《鲁迅日记》里多次提及购买此墓志，甚至为此还买到过品差的翻刻本。当代著名文献学家赵万里则称赞其“字体浑厚圆润”。

此志是曾任职魏郡太守、统军登州司马等职的黄县鞠彦云的墓志。鞠彦云在正光四年（523）正月十六日去世，墓志里记载了其祖父鞠璋、祖母韩氏、父亲鞠延增、母亲解氏等的简短传记，这为研究鞠氏家族历史提供了重要史料。鞠姓，为黄县境内土著。宋代陈澎年所著的《广韵》记载，鞠姓“出自东莱”。南北朝时期的何承天撰写的《姓苑》也记载：“鞠氏出东莱，此姓他处颇少，而黄县、海阳、文登有之。”

盗贼曾光顾

此墓在黄县城南十五里战家夼村北大道东边的田地里。清道光年间，此墓突然坍塌，村里的人把墓挖开，发现墓志石两块。当时村中有个教书先生麻东海，喜好古物。听说村东挖出古墓，赶紧跑去察看。

麻东海跳进墓穴，仔细读了墓志石上的文字，知道是北魏鞠彦云的墓。麻东海将墓志石上的文字抄下后，让人将墓志石埋在墓内。当时不少人目睹过麻东海抄录的墓志文，就这样，一传十十传百，很多人知道这里挖出了北魏时期的古墓了。

此墓很快被农人平整为耕地。就这样又过了四五十年，众人都不记得此墓的具体所在了。同治八年（1869）尹继美任黄县知县后组织续修县志，鞠彦云墓作为本县的古墓，自然要载入史册的。虽然已经有了麻东海的墓志抄本，但此墓在哪，墓志原文是如何写的，当时修志的人都不知所以。为严谨起见，当时负责修志的赵瀛海、梁士鸿、康居仁、赵汝弼、丁肇祖、麻松云等人多次到战家夼寻访当时的知情人，最终确认古墓在当时战家夼村民战文科的田地里。

要把古墓探究明白，就必须挖掘，但一挖掘势必破坏土地及农作物。为此，六人花制钱六千文从战文科手里购地一丈三尺五寸，把鞠彦云墓志挖出并运到黄县城，连夜制作了不多的拓片。

当时的黄县知县尹继美也是好古之人，见墓志研究清楚了，就让人把墓志送回原处，给鞠彦云墓培了土，立了碑，并告知战家夼村民要注意保护这一古迹。

乡贤多爱护

同治年间的拓片，因是初拓，志石完好无损，所以拓片完整清楚，成为金石爱好者搜购的珍品。因拓片制作的不多，没多久，一幅拓片就能卖十几两银子了。当时有些利欲熏心的人，见这拓片如此值钱，就打起古墓的主意来了。终于，在一个月黑风高之夜，他们成功把志石盗出，制作了很多拓片。后来他们拿着拓片到丁宪曾家兜售，丁宪曾是黄县丁百万家族“文来”号掌门，腰缠万贯，喜好金石。丁宪曾一看这拓片是新制作的，一时不明所以，就拿着拓片到好友王守训家请教。王守训喜好收藏，学术造诣颇深，福山王懿荣评其“为士乡三百年之冠”。王守训一看这拓片是新制作的，但又的确是原石拓的，就明白古墓被盗了。于是赶紧找到当时黄县县知事秦仲刚，说明了情况，要求追究责任人。很快，盗墓偷石的人被缉

墓志盖原石

拿归案，墓志石也失而复得。

寻回墓志石后，王守训不无感慨地说：“志石若仍送墓中，他们不免还要偷盗，志石不能保，鞠将军这坟也不能保。”于是买了两方掖县石头，将志文摹刻，与原石一样，自己又作了跋记刻在石边。同治十一年（1872）春，王守训同张二南等人，把新作的墓志石抬到鞠彦云墓地，封入墓内，作诗奠祭。又提议用两块碑石凿为方框，将原志石嵌入，用石灰铜铅溶液钎实了，立在黄县县学孔庙后尊经阁院中，并且不许任意拓制。

此石被嵌入县学墙壁后，由于嵌入太深，墓志四边的文字不易拓到，捶拓者需改换稍小的拓包后，再次施墨才能完成。所以，拓本四边上的墨色常比中间部分为淡。由于嵌墙后四边有灰痕，拓片起下后四边仍多有灰痕。

翻刻失神韵

尽管如此，由于《鞠彦云墓志》在中国书法史上的地位，喜好金石者自然不愿意错过对这神品的收藏。所以除黄县人以外，历来官场及来往商客，无不以得到拓片为荣。这样一来，墓志自然就拓得频了，志石慢慢就有破损，拓片的韵味明显不如以前拓的。于是就有北平古董商人另摹刻拓卖，但他们新刻的，字体又比原刻略显肥大，将墓志盖“都鄉（‘乡’的繁体字）”的“鄉”字上边一点挪到正中，与真石点在一边的不同。除这个版本外，还有人翻刻过另一个版本的，这个版本的字体较瘦，也是失去了原刻的韵味。懂行的金石收藏家见这翻刻的，不是肥了就是瘦了，完全没有原拓片的神韵，于是又退而专求旧拓片。收藏不到旧拓片，就去拓制有缺憾的原石。

1930 年拍摄的鞠彦云墓

1931 年，黄县人王景宋在

黄县文庙旧址筹备建立了黄县公立图书馆。一向热爱乡土文化的王景宋看到图书馆大院里的《鞠彦云墓志》被肆意捶拓，十分心痛。于是让人把木盖嵌在石孔上，用锁封闭，从此不能随便捶拓了。为规范拓制行为，王景宋起草了详细的拓制规程，并报山东省教育厅备案。谈及此举的无奈，王景宋后来说：“一般爱好金石的人们，一定对我们表同情的，一定谅解我们保存古物不得已的苦衷。”

新中国成立前，此墓志石被王景宋主持的胶东图书馆有效保护。1950 年被移交山东省博物馆收藏。

北魏佛像递藏记

魏晋南北朝时期是中国佛教发展的重要阶段，山东地区在当时成为北方佛教活动的重要地区之一。目前所知最早的纪年造像，是清同治年间出土于黄县（今龙口市）、现藏山东省博物馆的北魏皇兴三年（469）赵琼造像。王守训《登州杂事》、王常师《黄县志稿》等对此造像描述甚详。

北魏赵琼造像

这尊佛像通高约38厘米，雕刻手法简拙，弥勒佛交脚坐于束腰底座上，上身袒裸，下着贴身裙。后有刻字，共六行，行十二字、十三字不等，末一行五字，文字显示这是北魏皇兴三年（469）定州中山郡（今河北定县）人赵琼为其亡父母、亡兄而造的弥勒佛像。因此像造型与当时现存山东地区刻造的佛像显著不同，加之刻造年代是北魏正式控制山东的第一年，多数专家认为这尊佛像不是出自山东匠人之手，而是赵琼自河北移民山东时携带而来。更有众多专家一度怀疑其为赝品。但清同治年间的地方志中对其就有记载，加之当时此类造像尚未引起收藏家的关注与重视，因此赝品之说恐难以成立。

修筑土圩掘出

清咸丰十一年（1861）春，捻军首领张洛行率部由安徽、河南窜入山东，沿济宁、泰安、莒州、诸城向胶东奔袭。为防范捻军，黄县乡绅丁培镒等倡议创筑土圩外城。工程在当年五月开工，到八月时只有西方一面筑完。这时捻军大队抵达黄县，黄县军民被迫靠这段土圩城墙抗击，

赵琼造像

赵琼造像初拓本

竟然有效抵制了捻军的步伐，最后逼得捻军撤退，黄县城得以完存。由此，大家都认识到土圩的重要性，于是从当年冬天开始，继续修筑，到第二年春天终于完工。

同治六年（1867），张德愚率领捻军十万余人闯入黄县。黄县军民依靠筑好的土圩死守，使得捻军再次无功而返，但对土圩外城破坏不小。同治七年（1868），黄县知县彭九龄倡议修补。乡民于是就地取材挖土取土。在小栾家疃段绛水河边挖土的时候，乡民意外“掘出佛造像数十躯，皆残毁”，唯独这尊赵琼造像“独全”。乡民就把这尊完整的造像留下，其他的仍埋在原地。据黄县学者王守训《登州杂事》考证，黄县城东有绛水河，河东相传在唐以前有宏门寺，该寺极为宏伟，长四五里。此寺兴盛在六朝佛教炽盛之时，不知何年毁于火灾。金元间，马丹阳曾在黄县修建金华宫。元至元时，王志全等重修金华宫。金华宫所在地，就是过去的宏门寺旧址。清乾隆间，绛水河东岸冲出石佛数十躯，高六七尺，多残缺，相传为金华宫故物。当地的乡民，曾在这里建筑寺庙一座，额题“金华故址”，以纪念当年这里显赫的历史。这次掘出的佛像，就是在庙南取土时挖出的。这说明，包括赵琼造像在内的佛像，都是当年宏门寺、金华宫的故物。

丁氏出手购藏

这尊佛像出土后，被送到黄县城隍庙佛堂供奉。同治八年（1869）至十年（1871）间，黄县知县尹继美纂修县志，想找来这尊佛像拓制造像题记，派人到城隍庙，佛像却已不见踪影了。后来查访，才知道是被一个姓董的恶徒偷走，以五十千文的价格卖给了蓬莱张氏。喜好古物的黄县丁氏“泰来”掌门人丁树桢听说后，遂原价买了过来。知县尹继美也是好古之人，就让好友钟德祥在佛像背面题跋曰：“右元魏造像记，黄县人发土得之，尹湜轩司马喜其古秀，余亦谓古浑朴略也，皆有跋语登志乘，好古者宝之。同治十年九月，粤西钟德祥识。”著名学者王守训对钟德祥在这珍贵佛像上题跋一事曾耿耿于怀，他在《登州杂事》里记道：“而为一南人加跋语于后，词近敷衍。”

县志编纂完毕后，这尊佛像就归丁树桢收藏了。民国十年（1921），此佛像因战乱散失。民国三十四年（1945），王常师在新编《黄县志稿》中说：“民国十年毁于兵燹”。王常师的夫人就是黄县丁氏之女，因此王常师与黄县丁氏交往密切。对于佛像毁坏之说，应该不是空穴来风。这说明，至少在1945年时，此石像或毁或不知所踪。

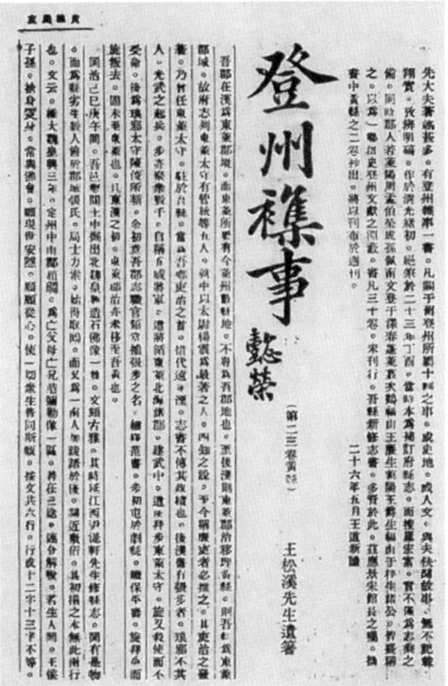
登州襍事
王松溪先生遺著

王守训《登州杂事》书影

幸遇接力保护

1947年，著名诗人、作家蒋锡金任职

山东省文协，他听说黄县丁氏家古籍藏书众多，便有意想去看看。不久，时任山东文协党委书记的刘雪苇邀请蒋锡金去黄县考察土改工作，蒋锡金欣然应约，到黄县后，抽空便去了丁宅。

当时黄县的地主都净身出户了，蒋锡金到丁家的时候，见有些铜器、香炉、烛台等都已归在一起，“其中就有一个北魏的造像，很是小巧精致”。这尊佛像，就是赵琼造像。蒋锡金就对身边的农会干部说：“这造像是古文物，不要和那些烂铜器混在一起。”同去的农会干部却说：“哪里是文物，这都是封建迷信用品，种田的本分人用不着，哪有什么价值。”说着就交给了蒋锡金，并说：“你看这些东西中有你什么需要的尽管拿去。”后来，蒋锡金在烟台碰到老朋友李一氓，就随手把佛像赠送给他。李一氓是收藏大家，当时收藏了不少佛造像。李一氓后来查阅相关资料，觉得这尊造像不是北魏时期的东西，应该是潍县古董商的赝品。1947 年 9 月，李一氓奉命撤退到大连，当时只带了喜爱的书画等藏品，包括这件造像在内的不便携带的藏品都留在了烟台。1945 年的时候，王常师在县志中说赵琼造像“民国十年毁于兵燹”，那么，为什么在 1947 年又出现在黄县丁氏家里呢？或者是当时散失，复为黄县丁氏收藏？或者是被黄县丁氏其他族人收藏？至于具体是何原因，因资料缺失，已不能具体考证。总之，这件珍贵的北魏造像，当时并没有毁掉，1947 年之际，仍完好地保存在黄县丁氏家中。

幸运的是，这尊造像后来被胶东图书馆、胶东古物管理委员会征集保存，于战乱中得到妥善保护。1951 年，胶东文物管理委员会撤销时，将所藏文物交山东省文物管理委员会，包括赵琼造像在内的文物，也一并移交。1954 年，山东省博物馆成立后，这批文物遂成为省博的珍贵馆藏。

雄强至矣《裴将军诗帖》

在烟台市博物馆展厅中，有件展品特别引人注目，那就是唐代书法大家颜真卿的代表作《裴将军诗帖》刻石。那么，裴将军有何故事，《裴将军诗帖》有何艺术成就，《裴将军诗帖》刻石又是如何在烟台被发现的呢？

唐代“三绝”之一裴旻舞剑

在唐玄宗时期，有位裴旻将军，武艺超群，箭法精绝，尤其擅长舞剑，名冠一时。有一次，唐玄宗宴请群臣，以庆祝裴旻率师凯旋。酒酣耳热之余，裴旻应邀即兴舞剑一曲。这一舞，观者惊叫、赞叹声不绝于耳。当时在场的进士诗人乔潭看得兴起，即席做赋《裴将军剑舞赋》，大赞其剑术。“锋随指顾，锷应徊翔。取诸身而耸跃，上其手以激昂。纵横耀颖，左右交光。观乎此剑之跃也，乍雄飞，俄虎吼，摇辘轳，射斗牛。空中悍栗，不下将久。炊风落崦雨来，累惬心而应手”。裴将军舞剑的豪迈气概，被乔潭描绘得活灵活现。裴旻舞剑，在唐代影响深远，诗人王维等多有歌咏。有“吴带当风”之誉的大画家吴道子，看了裴将军的剑舞后，受其启发，绘画技法大有创新。“诗仙”李白，在落魄之时，曾移家裴旻的故乡东鲁，打算跟裴将军学剑术，由此博取功名，可见裴旻剑舞在当时社会上的巨大影响。

当时的人们，效法裴旻舞剑，改编了舞蹈《裴将军满堂势》。唐玄宗开元年间，有位舞蹈大家公孙大娘尤擅长表演《裴将军满堂势》。“诗圣”杜甫童年时曾亲见公孙大娘剑舞的盛况，后追忆往事，写有名篇《观公孙大娘弟子舞剑器行并序》。唐文宗时，曾下诏把“裴旻剑舞”与“李白歌诗”“张旭草书”并称为“三绝”。

大气磅礴《裴将军诗帖》

在裴将军的众多粉丝中，创颜体书、与柳公权并称“颜筋柳骨”的唐代名臣、书法家颜真卿，无疑是最耀眼的一位了。而这与颜真卿的《裴将军诗帖》是分不开的。《裴将军诗帖》，又称《赠裴将军》《裴将军帖》，当是颜真卿书赠裴旻的赞诗。该诗云：“裴将军，大君制六合，猛将清九垓。战马若龙虎，腾陵何壮哉。将军临北荒，恒赫耀英材。剑舞跃游电，随风萦且回，登高望天山，白雪正崔嵬。入阵破骄虏，威声雄震雷。一射百马倒，再射万夫开。匈奴不敢敌，相呼归去来。功成报天子，可以画麟台。”这首诗生动地描写了裴将军的武艺精良、英勇无敌。该诗用楷、行、草三种字体书写而成。这幅书法，气势宏伟、雄健苍茫。其正书如泰山独尊，行草如龙湖震威。历代书家对其推崇有加者多。清代刘墉曾说：“纵横豪宕，独辟异境。所书如篆如隶，如真如草。如神龙之变化，如云鹤之冲天。万象集之手下，百体见之毫端；神乎，技矣！我无得而称之，名之曰鲁公怪体。”清代王澍《虚舟题跋》称此帖：“书兼楷行草，若篆若籀，雄绝一世，余题为鲁公第一奇迹，不虚也。”康有为说：“《裴将军诗》，雄强至矣。”沙孟海则云：“鲁公《裴将军诗》，境界最高。”

南宋拓本《裴将军诗帖》

因此帖与颜真卿《祭侄文稿》《刘中使帖》相比，风格截然不同，使得部分专家认为此帖当属伪本。如著名书画家徐邦达先生认为："颜真卿根本无此诗词书，那尽是宋人凭空伪造。"

烟台发现《裴将军诗》石刻

清咸丰年间，在莱阳县桃花乡东朱东村，有一位酷爱书法的人叫李若钦，他家里藏有祖传的珍品，那就是题有"颜真卿"名款的《裴将军诗》石刻。他曾经拿着这石刻的拓片，到济南参加展览，轰动一时。当时不少的书法爱好者，曾出一个元宝的高价买这字帖，被他断然拒绝。李若钦十分喜爱这石刻，以至于在临终时，秘令其子李金果将石刻及拓片随葬在自己村东南大沽河畔的坟墓中。

同治年间，大沽河发大水，位于河边的李若钦墓碑被冲垮。李金果之子李连玉在起骨迁坟时，把裴将军刻石运回家中存放。民国初年，李连玉经营书笔生意，顺便拓制了些裴将军诗帖，以每件五块银元的价格

烟台市博物馆藏《裴将军诗》刻石

出售。因数量有限，虽然这诗帖价格昂贵，但也不是想买就有的。当时山东省府有位要员，也想得到这诗帖，就委托莱阳县长梁秉锟来办这事。梁秉锟一想，以自己县长的身份，跟一乡野草民出个高价或免费索要，应不是问题。可诗帖这种文人雅兴的事，如果那样办，就没了韵味。几番思考，梁秉锟就派武备乡校校长李耀亭到东朱东村，先以同姓氏的关系跟李连玉拉近感情，然后送了一车粮食作为礼物。就这样，求得了几份拓片。

李连玉死后，这三块刻石被扔在他侄子李可法家中。1953 年，李可法家因水灾倒塌，在搬家的时候，因石刻笨重不便挪移，就顺手把石刻改放在堂侄李维先家中。李维先是个文盲，哪里知道这石刻的价值，自然也就没把这几块光滑的石板当回事，就把它垒在了猪圈墙上了。1956 年秋，在莱阳召开的一次文物工作座谈会上，有人回忆起已经遗失的此书法石刻，莱阳县文物工作者根据这一线索，经过锲而不舍的调查寻访，终于在十几年后的 1973 年，在李维先家的猪圈墙上找到了这一珍贵文物。当李维先把这石刻拆出来、清洗干净，只见上面镌刻的文字仍清晰如初，碑上首行镌刻着“裴将军”三字，末尾题着颜真卿的名款。就这样，遗失多年的《裴将军诗》石刻终于重新面世。后此石刻归烟台市博物馆存藏。

存世各种版本

《裴将军诗》今有三种主要传世版本。一为浙江省博物馆藏南宋《忠义堂帖》拓本。《忠义堂帖》是宋嘉定八年（1215）留元刚编集颜真卿墨迹付工摹勒上石的一部法帖。此本 27 行 93 字，无题款及书写年月。一为烟台市博物馆藏石拓本，此本 27 行 93 字，与《忠义堂帖》本相互对照，从章法布局到字体结构，均颇为相像。一为北京故宫博物院藏墨迹本，此本 21 行 93 字，无款，有“真卿”葫芦形钤印，有明代王世贞、陈明儒等题跋。此本传为唐颜真卿书，清代乾隆、嘉庆两帝对此本珍爱有加，都曾御笔临摹。经徐邦达等书画大家鉴定，此本实为伪迹。

经过仔细比对《忠义堂帖》与烟台市博物馆所藏裴将军诗帖，两本从行款、字体结构方面虽如出一手，但个别字词，还是略有不同。这说明，《忠义堂帖》与烟台市博物馆所藏本是不同版本。裴旻曾寄居在东鲁，也就是现在的山东。颜真卿曾出任平原郡太守，唐代的平原郡，辖区相当于今天的山东西北的平原、齐河、商河一带。《裴将军诗帖》刻石是否是裴旻、颜真卿同在山东的时候而诞生的呢？《裴将军诗帖》刻石出现在莱阳，同在山东，不禁让人浮想联翩。如果烟台市博物馆所藏刻石是真迹，那这刻石，莱阳是它的最早诞生地还是迁移地呢？如果是迁移来的，其中又有怎样的历史？如果烟台市博物馆所藏刻石是真迹，刻石上原有“颜真卿”三字，后世拓本在传拓中，这三字为什么就没有了呢？众多“为什么”，需要我们的文物工作者在考古与鉴定中逐步来解决。

汉瓷、银槎、古画：宋琬的稀世珍藏

莱阳宋琬作为清初的一代诗人，其文名久为世人所知。作为名诗人、清官的宋琬，同时也是一位高品位的收藏家和艺术鉴赏家。他的稀世藏品中，尤以汉瓷、银槎、古画为代表。

隗嚣瓷杯“波纹动荡，似吴道子画”

秦州城东北寿山上有古城遗址，传为汉代隗嚣宫故址。隗（wěi）嚣（áo）是西汉末年割据甘肃陇西、天水等地的大军阀。城后为城北寺，这就是杜甫《秦州杂诗》里所说的“秦州城北寺，胜迹隗嚣宫”者。清顺治十一年（1654），秦州大震。城北寺地基忽裂丈余，在这地陷裂缝中，突现一口古瓷老窑。时任分巡陇右道兵备佥事、驻节秦州的宋琬就从这古窑拿了一些杯盏、碗等，其余的都分给了同僚。这批古瓷中，最让宋琬爱不释手的是其中的瓷杯，并将此杯命名为“隗嚣杯”。宋琬曾有诗颂之，云“泛海每邀明月影，试茶偏爱晚松风”。原来这杯子，奇就奇在它的纹络上，“波纹动荡，似吴道子画”。宋琬的好友，著名诗人、商丘人宋荦曾描绘这瓷杯说：“杯贮水可一合，有鱼四头，亦拱起，游泳宛然，真异物也。”宋琬文友曹贞吉在《珂雪词》中描绘此杯的色彩说：“色映琉璃，声随哀玉，浅碧嫩黄交射，流霞欲化。”陆继辂《崇百药斋文集》赞曰：“咄哉一杯尚瓦全，悠然古色凝苍烟。”

作为名闻天下的一代诗人，宋琬素性豪荡，喜酒好客。每逢知己好友到来，总是用这瓷杯来招待宾客。顺治十七年（1660），宋琬调任浙江宁绍道台。闲来无事，就呼朋引友，在官舍中以隗嚣杯待客。雅聚豪饮之余，又拿出所藏元代大画家黄公望的大作《浮岚暖翠图》共赏。清代著名词人朱彝尊曾有诗记之。又有一年的正月初三日，适逢大雪，宋琬提鸡携酒到千峰阁拜访好友王猷定。鹅毛大雪中，两人品尝着宋琬带来的山东特产蓬莱鸡，用千年古韵的隗嚣杯盛酒豪饮，真是人生快哉事也！

康熙二年（1663）冬，因族侄诬告其与农民起义领袖于七同谋造反，宋琬入狱两年。期间宋琬穷困潦倒，只得变卖藏品度日。宋琬《嚣杯》《嚣觚》《嚣帖》等诗作，记录了他变卖藏品时的心情。在卖出部分心爱的隗嚣杯时，宋琬写道："此日真同秦缶弃，几时还遇楚人弓。"心如刀割出让之余，他还幻想着有朝一日会有"楚人遗弓，楚人得之"的奇迹出现。顺治年间，王士祯兄王士禄，曾有诗《宋荔裳四汉瓷盏歌》，说明当时宋琬至少藏有四件隗嚣杯。康熙四年（1665），宋琬出狱羁留京城，好友宋荦前来探望。在提及宋琬的藏品隗嚣杯时，说"年来散去殆尽，仅余碗二、杯一"。

朱碧山银槎"衣冠甚古须髯苍，飘飘一似乘孤舟"

宋琬的珍稀藏品中，与汉瓷齐名的，是朱碧山银槎。槎的意思是树杈。银槎，就是用银子雕制的槎形的酒器。银槎的造型是从仙人乘舟到了天河的神话故事而来。文人雅士把它置于案头，可随时把赏。用它盛酒，则令人浮想联翩，飘飘欲仙。朱碧山是元代嘉兴的著名银匠，以雕刻金银器著称。他所雕制的银槎，技艺精湛。自元末以来，见于各家著录存世有朱碧山款识的槎杯只有六件。因传世甚罕，有幸收藏到朱碧山槎杯的人，都大多珍如拱璧。即使能欣赏观察，在当时也多引为幸事。到清初时，朱碧山银槎的收藏，达到顶峰，"倍以黄金不可得"。

喜好古物的宋琬，也幸运成为银槎拥有者中的一员。宋琬收藏的这件银槎，原归当时的兵部侍郎孙承泽所有。明末清初战乱，这件银槎流散而出。宋琬对这件奇珍爱不释手，曾作《古银槎歌》颂之。在这首诗里，宋琬详细描述了这件银槎："背镂至正壬寅字，点画形模今宛若。断节枯根纷错纠，中有仙人博望侯。衣冠甚古须髯苍，飘飘一似乘孤舟。"倜傥好客的宋琬，一旦好友前来，就拿出银槎供友赏玩。宋琬的

元朱碧山银槎

好友王士祯、施润章、曹贞吉等，都曾作诗记载这些雅事。康熙十二年（1673），宋琬在北京病逝后，此件珍品流散出来，后归马曰璐所得。

马曰璐是扬州的大盐商，博学能诗，家有小玲珑山馆，藏书甚富，名重一时，常与诸名士作诗酒之会。马曰璐对这件朱碧山银槎十分钟爱，常用它把酒言欢。但马曰璐酒量较小，整杯银槎的酒喝不了，只能喝银槎的一半。马曰璐不仅在诗文集里歌咏不断，还以此取号为“半槎”。这件银槎，后为两淮盐政使曾宾谷所得。晚清著名诗人黄遵宪曾有《元朱碧山银槎歌》来歌咏这件稀世珍宝。

黄公望《浮岚暖翠图》“自遭大难，未尝一日离开也”

康熙九年（1670）七月，宋琬北上，路过好友王士祯家，把随身携

宋琬收藏的元代王振鹏画《维摩不二图》

带的古画拿给王士祯欣赏。王士祯饱览宋琬所藏名画，他在《池北偶谈》中记载道："最奇者为郭河阳《枯木》、刘松年《罗汉》（上有御府图书、皇妹图书各一）、赵松雪《百马图》、黄子久《浮岚暖翠图》、文徵仲《松泉高士图》。又元孤云处士王振鹏画《维摩不二图》一卷，甚奇妙。"

宋琬所藏这些名画中，尤以元代大画家黄公望的《浮岚暖翠图》为代表。黄公望（1269—1354），字子久，号一峰，元代著名画家，与吴镇、倪瓒、王蒙合称"元四家"，并冠四家之首。他八十三岁时，画富春江一带景色，成《浮岚暖翠图》。此画被认为乃黄公望绘画的代表作，备受赞誉。朱彝尊《黄子久浮岚暖翠图》云："树木之秀挺，山石之诡异，恍如坐我富春江上，浑忘身之在官舍也。"清初书画鉴藏家吴其贞说："画法紧密，丘壑幽邃，气韵浑厚，仿佛于《夏山图》，若夫树木挺秀，峰峦险绝，山石凹凸，奇奇怪怪，多得天趣。"陈眉公云："子久画以《浮岚暖翠图》为第一。"此画原归明代著名文学家、江苏武进人唐顺之所有，后归南京大收藏家张修羽存藏。著名画家董其昌、王时敏都曾在张家欣赏过此画，并有摹本传世。当时有豪强想强取此画，张修羽谎称家里大火，此画已被焚毁，后"秘不示人"。张修羽去世后，张家逐渐败落，这画就归了当时流寓苏杭一带的宋琬。

宋琬对此画十分珍爱，得到此画后，将家里的一个亭子，名之为"浮

岚暖翠亭”。尽管一生颠沛流离，但是宋琬“专意宝爱此图”，“自遭大难，未尝一日离开也”。

宋琬于康熙十二年（1673）去世后，此画的去向，成为关注的焦点。康熙十三年（1674），七十七岁的著名画家王鉴摹画黄公望《浮岚暖翠图》时，在题识中说：“子久《浮岚暖翠图》为一生得意之作，已归山左宋荔裳观察，曾携过吾娄，得纵观数日，今不知在何处？闲窗漫仿其法，愧未能梦见万一也。”康熙间吴历在《墨井画跋》中说：“予适在苏郡，得即手临，乃山左宋氏所藏也。不知如何转归于塞北，闻遭殉葬。呜呼，昔之《兰亭》，今之《浮岚暖翠》，伤哉惜哉。”吴历以为此稀世名画，被收藏者殉葬，惋惜不已。这幅传世名画，其实并没有被殉葬。康熙皇帝作《御制避暑山庄图咏》，在歌咏“钟峰落照”景色时，有“似展黄公望《浮岚暖翠图》”之语，说明康熙皇帝欣赏过此传世名作。无独有偶，乾隆间编纂的反映内府书画藏品的《石渠宝笈》也曾记载此画。这说明此画在康熙年间便藏入皇家内府。后来乾隆间钱泳编纂的《履园丛话》说在京师内务府胡某家见《浮岚暖翠图》。这说明此画在乾隆年间由内府流出。道光十年（1830），六十岁的钱杜在《松壶画忆》中又说，“黄大痴《浮岚暖翠》巨帧，在毕涧飞家见之”。这说明，道光年间，此画又归太仓收藏家毕泷所藏。自此以后，各家书目再无著录。即使到现在，这幅传世名作仍未知下落。

让人惊讶的是，宋琬尽管存藏名画甚多，但不论从各家书目，还是从存世藏品来看，这些藏品上都鲜有宋琬或其好友的题跋。按理说，宋琬为一代诗宗，所邀欣赏藏画的好友，也都是在清初文化圈堪称大拿级别的人物。在画卷上一通题跋，再遍盖钤印，既附庸风雅，又后世留名，何乐而不为？宋琬反其道而不为的做法，说明对这些藏品真是发自内心的喜爱，不愿因疏忽大意而出现狗尾续貂的情况。

文登于氏与宋刻梅谱

宋刻本《梅花喜神谱》，是我国历史上第一部以图著谱的梅谱，此谱为宋景定辛酉(1261)金华双桂堂刻本，孤本，今藏上海博物馆。“喜神”，是宋元时人对画像之俗称，“梅花喜神”，即梅花种种形态的写生画像。此谱既有绘画临摹的画谱功能，又具艺术作品的观赏价值。胶东望族文登于氏，在此谱众多的的递藏传承者中，写下了浓墨重彩的一笔。

“东海世家”藏书有道

文登大水泊于氏，是清代山东著名的科举世家，时号“东海世家”。于家有清一代科甲蝉联不绝，其家族具有深厚的文化渊源。时人称：“吾邑隶郡东偏，风土朴随，人物凄落，而皇清开国以来科甲蝉联，首推于氏为盛。”大水泊于氏主要以于涟、于可托、于颐发三支为代表。于氏一族对读书、藏书事业极为重视，藏书家亦代不乏人。清代道光、咸丰年间，于氏一族藏书事业达到顶峰，其中代表者，首推于昌遂、于昌进两兄弟。两兄弟家富万卷，且多宋元旧椠（qiàn，书版。古代削木为牍，未经书写的素牍称椠）及名抄精校。而这两兄弟收藏宋刻孤本《梅花喜神谱》的过程颇为曲折，兄友弟恭、相互关爱的故事，也堪称收藏之佳话。

于昌遂，字汉卿，禀贡生，候补知州，在清代诗坛上有一席之地。亦喜藏书，家有“青棠红豆庐”“尺月楼”等藏书楼。其藏书印有“汉卿寓目”“种如何树人”“昌遂”等。弟于昌进，字仲樽，号秋溟，贡生。家有藏书楼“小谟觞馆”，收藏图书甚多。

于昌遂、于昌进兄弟二人钟情于藏书，与其父亲于姫发的言传身教分不开。于姬发，由宿北同知加知府衔，官至淮阳兵备道。于姬发本人嗜好藏书，并已达到相当规模。对此，其长子于昌遂曾言：“先世藏书最富，肆意翻阅。穷二年力，上溯汉魏，下逮清初，洎乾嘉间诸集，无不涉猎。”

《梅花喜神谱》书衣

宋刻梅谱为明清名家递藏

宋刻《梅花喜神谱》，原为明代著名书画家文徵明所藏，后由苏州陶氏“五柳居”递藏，再入王府。嘉庆辛酉（1801），又转归著名藏书家、目录学家、校勘家黄丕烈。黄氏“士礼居”书散后，归汪士钟“艺芸书舍”。咸丰年间，归文登于氏。光绪年间，于氏书散，归吴县潘祖荫。潘祖荫去世后，其弟潘祖年存藏。后潘、吴联姻，潘祖年女儿嫁吴大澄嗣孙吴湖帆，遂归吴氏所藏。吴湖帆视之为“奇遇”，

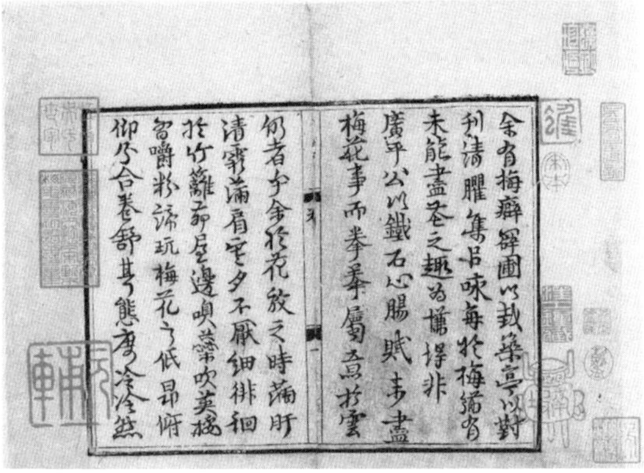

《梅花喜神谱》序言书影

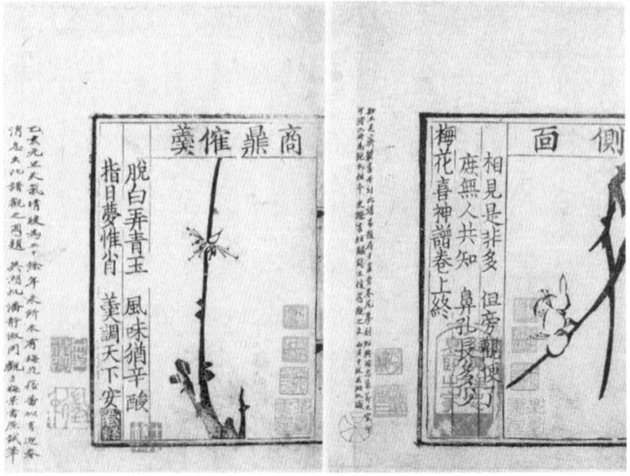

《梅花喜神谱》正文书影

列其为“吴氏文物四宝”之一，并特意将书房改名为“梅景书屋”。

宋刻《梅花喜神谱》之秀丽典雅，一度迷倒历代收藏者、经眼者，而他们也都乐于在此书上钤印、题字、写图。钤印百家的梅花谱，演绎出一幅明清文人的收藏图景。

赶在上司下手前抢得神品

宋刻《梅花喜神谱》在明清收藏家手中辗转递藏的故事，可谓收藏佳话。而它被文登于氏收藏后被强借不还、最终又失而复得的过程，则堪称惊心动魄。这期间，有人欢喜，有人怨尤，一部梅花谱，牵惹几多爱书人。

于昌进任宿北同知时，因精明强干，于道光三十年（1850），被江南河道总督、藏书大家、聊城人杨以增任命为里河（即淮扬运河）同知。

此时，太平军在江南攻城拔寨，势如破竹。江南各藏书大家如黄丕烈“士礼居”、周氏“水月亭”、顾氏“小读书堆”、袁氏“五研楼”、汪士钟“艺芸书舍”等藏品，一时竞相散出。

毕生酷爱图籍的于昌进，自然不会错过这大好机会。于是穷其毕生积蓄，狂收诸家所散珍品善本。据史料载，仅道光三十年一年内，于昌进就得黄氏士礼居宋本数十部。其购藏之速，实在令人惊叹。而其好友兼上司、同样精于藏书的聊城“海源阁”藏书楼主人杨以增，亦趁机搜罗，得珍品颇多，并以粮船运载回乡。

咸丰辛亥（1851），苏州书商金顺甫得到元刻本《梅花百咏》与宋刻本《梅花喜神谱》，到老主顾杨以增处求售。杨以增素爱梅花，对这两部珍品，自然

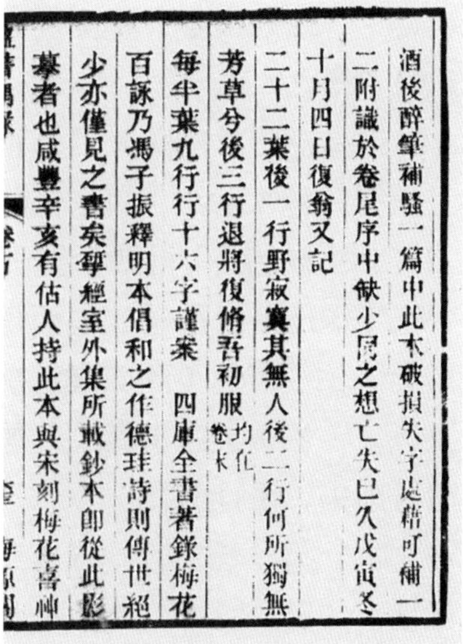
酒後醉筆補騷一篇中此本破損失字處藉可補一
二附識於卷尾序中缺少居之想亡失已久戊寅冬
十月四日復翁又記
二十二葉後一行野寂寞其無人後二行何所獨無
芳草兮後三行退將復脩吾初服均在卷卜
每半葉九行行十六字謹案　四庫全書著錄梅花
百詠乃馮子振釋明本倡和之作德珪詩則傳世絕
少亦僅見之書矣蕘翁室外集所藏鈔本即從此影
摹者也咸豐辛亥有估人持此本與宋刻梅花喜神

杨绍和《楹书隅录》记载《梅花喜神谱》

是爱不释手。但因价格问题，杨以增稍微犹豫了下，没有立即拍板买下。

恰恰此时，与金顺甫关系不错的于昌进得知有此神品，遂当机立断，抢在杨以增收藏之前，购得《梅花喜神谱》。

而当杨以增痛下决心要收购时，却发现《梅花喜神谱》已被别人捷足先登。无奈之下，只购得元刻本《梅花百咏》。

与《梅花喜神谱》的擦肩而过，令杨以增引为终身憾事。多年后，他仍对此耿耿于怀。其《楹书隅录》记元刻《梅花百咏》按语云："咸丰辛亥，有估人持此本与宋刻《梅花喜神谱》来袁江求售。余极思并购，而《喜神谱》忽为他人携去，至今犹萦梦想云。"

非十年深交不予阅

于昌进得到《梅花喜神谱》后，不久就把此书，送给了同样嗜书如命的哥哥于昌遂。于昌遂获此神品后，极为爱护，自言"不啻获异珍也"。其朋友、著名画家蒋仲篱得知后，提出要借阅几天。碍于面子，于昌遂只得应允。蒋仲篱阅后，深深折服，竟想据为己有。强占不还不说，他还遍请名家赏阅。学者包世臣被邀欣赏后，在书末题跋，云："仲篱先生得之，珍若拱璧，宜矣。"包世臣不知此书的来历，误以为蒋仲篱是正当"得之"了。

于昌遂屡次向蒋索书，蒋却每每搪塞。于昌遂失魂落魄，"每当落月横窗，晨风引户，辄怅怅如失良友"。后来，此事被原先售卖此书的书商、好友金顺甫得知。金顺甫想尽各种法子，终于把此书给要了出来，并亲手送还给于昌遂。失而复得，于昌遂感叹"萧逸兰亭，后又增一韵事矣"。（萧逸（翼）赚兰亭典故：唐太宗钟爱王羲之的书法，为得到王羲之《兰亭集序》真迹，屡向收藏者辨才和尚索取而不成。后派御史萧翼前去，设计骗得）。

吃一堑，长一智。咸丰元年，于昌遂给自己立了一条阅书新规，那就是："自今伊始，非交深十年者，不得阅此书也。"

吴县潘氏终成知音

于昌遂失而复得此书后，只有故友深交，方有机会得以一阅。这些幸运者中，于昌遂之好友、吴县潘曾莹就是其中的一位。

潘曾莹（1808—1878），吴县（今江苏苏州）人，清道光二十一年（1841）进士，官至工部左侍郎。潘曾莹在应邀欣赏后，于谱后题写一跋，大赞此书之精。于昌遂在临终之时，感念弟弟赠书之情，又把此书完璧归赵，归予于昌进之子于彤侯。于昌遂、于昌进两兄弟之相互关爱，在宋刻《梅花喜神谱》的赠送与归还上，体现得淋漓尽致。于彤侯得此书后，于光绪年间又售予潘曾莹的侄子，即大收藏家潘祖荫。文登于氏作为收藏世家，与吴县潘氏来往甚密。此谱终归于收藏大家潘祖荫，也可谓是一个高山流水遇知音的绝佳归宿。

丁树桢与国宝颂簋

在山东省博物馆众多璀璨的国宝藏品中，有一件青铜器引人注目，这就是省博镇馆之宝，国宝颂簋。这件颂簋，是周宣王时期的铸器，曾是黄县（今龙口市）丁树桢的旧藏。抗日战争时期，为保护黄县丁氏这批古物，胶东的文物工作者冒着生命危险，机智地搬迁转移，使得这些国宝最终得以保存至今。

纪念君恩　铸造礼器传子孙

此簋器身、器盖的铭文相同，各铸 15 行 152 字。铭文中提到此簋的主人叫“颂”，所以此簋就被称之为“颂簋”。铭文的大体意思是：周宣王三年五月，颂在京城拜见天子。天子命颂在洛阳担任官职，并赐给他礼服、旗帜、马具等。颂事后铸造此颂簋、颂鼎和颂壶等青铜礼器，“子孙永宝用”，希望子子孙孙传承这些重器，牢记君王的恩遇。簋是商周时期的一种盛食器，类似于现在的米饭盆。商周时期的贵族在宴会请客的时候，往往席地而坐，簋就放在席上，里边放着小米稻粱等食物，这样人们从簋里随时取用添饭。古人在铸造青铜礼器的时候，一般都是成套，鼎、簋、壶三

国宝颂簋

颂簋侧面图

颂簋的盖顶图案

颂簋器盖拓本

者都有。据现在的研究表明，当时颂铸造的这批礼器，除了这簋之外，还有鼎、壶等传世，这些鼎、壶上的铭文，与簋上的铭文一样。

此器形制庄重大方，铭文书体典雅秀丽，是传世青铜器中的珍品。因此，毫无悬念地成为山东省博物馆“十大镇馆之宝”。

名家传递　国宝重器落烟台

该器物在清嘉庆年间由诸城刘喜海收藏。

刘喜海（1793—1852），字吉甫，号燕庭，山东诸城人。诸城刘氏是山东的望族，一门名人辈出。刘喜海的曾祖父是乾隆重臣刘统勋，叔祖父就是当年红遍全国的电视连续剧《宰相刘罗锅》中的乾嘉名臣刘罗锅刘墉。刘喜海曾任四川按察使、浙江布政使，是道光、咸丰年间著名的金石学家、钱币学家，一生收藏宏富。清嘉庆十九年（1814）冬，刘喜海在北京的一家古董店意外发现这件宝物，遂以重金购得并运到山东老家珍藏。刘喜海对这件重器格外喜爱，后来整理自己所藏青铜器珍品，就把这件器物编入《清爱堂彝器款识》。

刘喜海去世后，所藏文物逐步失散，此重器被“黄金大王”李宗岱收藏。李宗岱（？—1896），字山农，南海（今广州）人。曾任山东布政使等职。李宗岱虽然是广东人，但却与烟台有着很深的历史渊源。他辉煌的人生，就是在烟台得以实现的。1885年，极富经商头脑的李宗岱敢为天下先，辞职“下海”，先后在平度、招远开办采金工场。1891年，李宗岱到招远玲珑办矿，获利丰厚，因不断给慈禧太后上供黄金，被慈禧太后誉为“黄金大王”。李宗岱喜金石考据之学，亦好收藏，是重要的青铜器收藏家。刘喜海去世后，其藏品不少为李宗岱高价购得，其中就包括这件颂簋重器。后来，王懿荣整理李宗岱的铜器收藏，成《南海李氏宝彝堂藏器目》，书里就记载了这件颂簋。

用心呵护　丁氏家族护国宝

之后，这件重器又转归黄县丁树桢存藏。丁树桢（1862—1915），字幹圃，号仲立，太学生，黄县丁氏家族第十四世孙。这个家族发迹于清乾隆年间，以经商致富，主要经营当铺等。后生意遍及山东、东北、京津等十一省，堪称山东首富，被世人称为“丁百万”。黄县丁氏家族重视文物收藏，藏品主要源自当铺典押和主动购买。当铺业是丁氏家族的支柱产业，当时正值社会动荡不安，很多大家族家道中落，被迫把家藏文物典押以渡难，丁氏家族趁机收集了大量精品文物。另一个渠道是收藏，由于出手阔绰，他们与当时的文物贩子关系密切，也因此收藏了众多精品文物。丁氏家族资产丰厚，即使是昂贵的国宝级文物，对他们来说也不在话下。

文物收藏，重要的在于眼力，金钱并非是万能的。而难能可贵的是，黄县丁氏家族涌现出众多收藏家、鉴赏家。精于此道者有“泰来”的丁树桢、“文来”的丁葆筠、“西悦来”的丁鲁臣及“光裕堂”的丁佛言。不仅如此，他们与当时知名的金石学家如王懿荣、鲍子年、陈介祺等交往密切，这些人帮助他们提供藏品来源，帮着鉴赏古物，进一步提高了其收藏与鉴赏的水准。烟台图书馆存藏一部王懿荣手书《王文敏公手札》，内收录王懿荣写给丁树桢的信笺十二封。这些信中，谈及丁树桢收藏古物的内容很多，便是丁氏家族与古物鉴赏家交往的最好例证。丁树桢是黄县丁氏“泰来”掌门人，喜好古物，由于财力雄厚，当时国内著名收藏家如潘祖荫、李佐贤、李宗岱等人的精品藏品，都多归其所有。其藏品之多，光三代（夏、商、周）的青铜器就藏有五间大瓦房。据说每年正月十五的时候，在别人家忙着扎彩灯、猜灯谜的时候，丁树桢家总是独树一帜地在家门前搭起彩棚，张灯结彩，把自家收藏的精品文物陈列其中，一则展示文物，宣扬中华传统文化；二则显示自己收藏之富。

在丁树桢收藏此国宝几十年后，由于日寇侵华，军阀混战，丁家的生意一落千丈，丁树桢家也家道败落。由于都知道这件国宝的宝贵，丁氏兄弟分家时，谁都不愿意舍弃，于是器身和器盖便分别由兄弟二人分藏。

及时转移 免遭劫掠灭顶灾

1943 年 10 月，中共胶东区党委、胶东区行政公署成立胶东图书馆，着手收集根据地内的古籍和金石古物，王景宋被委任为馆长。王景宋之前曾长时间担任黄县民众教育馆馆长，对黄县的文物情况了如指掌。所以上任胶东图书馆馆长后，如何抢救黄县丁氏家族所藏文物，一直是他着急的事情。在其努力下，1947 年春天，胶东图书馆在黄县设立“北海书库”，专事收藏“土改”中清查出来的图书、古物。正是在这段时间，黄县丁氏家族所藏大量国宝级青铜器，被征集并得到有效保护。就在这批国宝被安全转移到在莱阳的胶东行署驻地不久，国民党返乡团便占领了黄县城。正是由于以王景宋为代表的胶东文物工作者的及时抢救，使得包括颂簋在内的一批国宝免遭损毁。

1951 年，胶东文物管理委员会撤销时，将所藏文物交山东省文物管理委员会，包括颂簋在内的黄县丁氏所藏青铜器，也一同移交给省文管会。1954 年，山东省博物馆成立后，这批青铜器转归山东省博物馆。

这件国宝颂簋，在入藏山东省博物馆时，只有器身，器盖一直下落不明。1959 年，家住青岛的丁氏后人张秀琳女士参观山东省博物馆，发现展厅里颂簋的器身和自己家里存藏的器盖应该是一套，于是将器盖捐给了省博。就这样，这件国宝的器身与器盖终于合璧，得以完整的面貌展现在世人面前。

王懿荣与戚继光宝刀

作为一代抗倭名将，蓬莱人戚继光慷慨报国的精神一直激励着后人，影响可谓深远。王懿荣，同样是出自烟台的名人，少有人知的是，这位著名书法家、甲骨学家、民族英雄，与戚继光有着一段跨越时空的神交。王懿荣从小就十分仰慕这位烟台老乡，为搜求其遗著，曾苦苦搜觅十余年，最终刊刻使其传世。王懿荣在兴办团练抗倭之时，意外得到戚继光宝刀，他深信这是冥冥之中戚继光对自己的激励。王懿荣与戚继光宝刀的故事，在黄县（今龙口市）王常师的《海蠡阁丛谈》中描述甚详。

戚家刀扬名中国军事史

作为战功卓著的武将，戚继光自然非常重视军械尤其是军刀的质量。他在《练兵实纪杂集·军器解》里专门写道，锻造军刀“铁要多炼，刃用纯钢，自背起用刀平铲平削，至刃平磨无肩，乃利，妙尤在尖”。在长期的作战实践中，戚继光发现传统的中国军刀在质量上不如日本的倭刀，便开始研究并且借鉴日本刀，试图对中国军刀进行改良。在其要求下，将中国军刀刀身加长、宽度缩小、弧度加大，并在质量上严格把关，从而锻造出名噪一时的“戚家刀”。在戚继光的努力和影响下，中国刀的使用和在战争中的地位

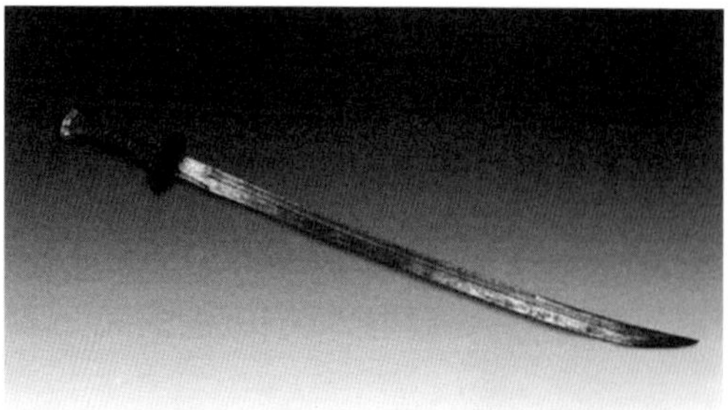

中国国家博物馆藏戚继光宝刀

达到了唐以后的又一个高峰。可以说，戚家军之所以能让敌人闻风丧胆，与他们手中锋利的戚家刀不无关系。

王懿荣搜书刻书纪先贤

作为戚继光的同乡，王懿荣对戚家军鸳鸯阵大败倭寇的故事从小就耳熟能详，对戚继光更是十分敬仰崇拜。童年时，王懿荣就读遍了戚继光的《练兵实纪》《纪效新书》等兵书。戚继光的传世著作，除这些兵书外，还有一部《止止堂集》。王懿荣几欲读之，想探知这位一代名将的内心世界，然苦苦搜寻，却一时难觅。

清光绪五年（1879），登州府编纂《登州府志》，向戚继光族人征求此书，仍未求得。王懿荣听说此事后，更留心搜求此书。

又过了三四年，当时王懿荣任翰林院编修，有机会得以阅览翰林院藏书。功夫不负有心人，王懿荣终于在翰林院藏书中找到了明刻本戚继光文集《止止堂集》。那一刻，王懿荣欣喜若狂！为了从容研读，王懿荣专门雇人把此书抄了一部。

光绪十五年（1889），王懿荣在济南拜见山东巡抚张曜，席间聊到戚继光的丰功伟绩，又谈及自己寻访到的《止止堂集》。巧的是，当时山东书局正征求珍稀文献以刊印传世。《止止堂集》作为重要的山东文献，岂能不刊刻传世！张曜、王懿荣一拍即合，由王懿荣提供底本，张曜责成山东书局刊刻此书。为此，王懿荣撰写了《重刻明戚武毅公〈止止堂集〉叙》，载于此书卷端，叙述了此书的刊刻经过。从此，戚继光此书得以传世。

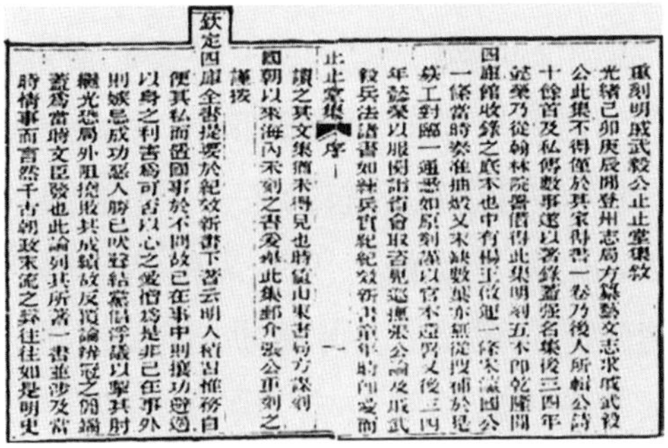
重刻明戚武毅公止止堂集叙
光緒己卯庚辰開登州志局方纂藝文志求戚武毅
公此集不得僅於其家得書一卷乃後人所輯公詩
十餘首及私傳數事遂以著錄蓋猶名集後三四年
懿榮乃從翰林院書借得此集明刻五卷即乾隆開
四庫館收錄之底本也中有楊王從祖一條宋濂國公
一條當時姿雀抽燬又宋缺數葉亦無從搜補於是
鳩工對臨一通悉如原刻謀以官本覆刊又後三四
年懿榮以服闋詣省會取咨見巡撫張公論及戚武
毅兵法諸書如練兵實紀紀效新書前年時即愛而
讀之其文集猶未得見也時值山東書局方謀刻
國朝以來海內未刻之書爰求此集郵介張公重刻之
止止堂集　序　一
欽定四庫全書提要於紀效新書下著云明人積習推務自
謹按
便其私而弛圖形於不問故已在事中則撰功避過
以身之利害爲可否以心之愛憎爲是非已在事外
則嫉忌成功惡人勝已吹毀結黨倡浮議以掣其肘
繼光恐局外阻撓敗其成績故反覆論辯冠之簡端
蓋爲當時文臣發也此論列其所著一書並涉及當
時情事而言然千古朝政末流之弊往往如是明史

王懿荣《重刻明戚武毅公〈止止堂集〉叙》

在莱阳喜获戚氏宝刀

光绪二十年（1894），中日甲午战争爆发，战火很快燃烧到山东半岛。王懿荣向光绪皇帝表

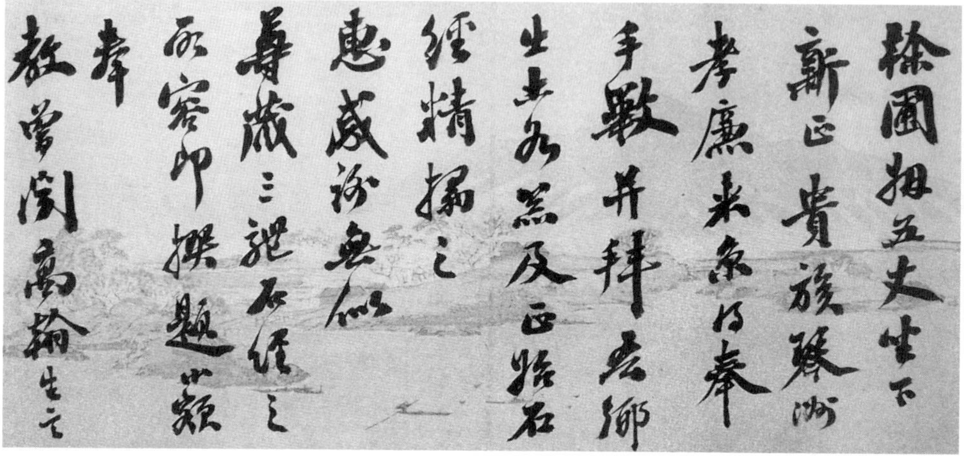

烟台图书馆藏王懿荣手稿

奏在烟台一带兴办团练的战略意义，获批回乡“办理团练”。为了解当时登州府的军备情况，王懿荣用半个月的时间考察了登州府所属十多个州县，可谓呕心沥血。在巡视莱阳县时，巧遇县令徐寿基，而他恰是王懿荣中光绪庚辰年进士时的同年。

徐寿基，字宝桂，四川人。他曾在济南古玩市场上，花费重金淘到一把戚继光所造宝刀，刀上刻“万历十年，登州戚氏”两行小字。这是一代名将戚继光用过的宝刀，当是戚继光任蓟镇总兵时铸造的。徐寿基对这把宝刀十分珍爱，真是珍若拱璧。在科举时代，士人们无不格外重视同年等同学关系。徐寿基知道王懿荣敬仰戚继光，更为其抗击倭寇的实际行动所感动，于是毅然割爱，把宝刀赠送给了王懿荣。

手抚戚继光宝刀，王懿荣心潮澎湃，回想起幼时聆听戚继光的故事，想到自己花费十余年时间搜寻戚继光遗著并刊刻行世，又想到如今奉旨返乡兴办团练以抗倭寇——这桩眼前事，与戚继光当年在登州练兵抗击倭寇是何其相似！王懿荣相信，得到宝刀，这是上苍对自己素来敬仰戚继光的回报，是以此激励自己兴办团练抗倭。念及此，王懿荣欣喜若狂，做长歌《戚武毅公宝刀歌》一首，以感谢同年徐寿基。此歌云：“昔年曾刻《南塘集》，今朝喜得戚家刀”，戚继光字南塘，《南塘集》即指山东书局所刻《止止堂集》。在描写了宝刀的锋利之后，王懿荣叙述了喜得宝刀的经过，“我今持节过莱阳，下马直上徐公堂。徐侯宝刀举相赠，知余团练兼御防。千金挂树生不惜，楚弓楚得千古奇”。

尽管王懿荣一番雄心壮志，苦心兴办团练，但腐败无能的清政府已无心反抗。光绪二十年（1895），清政府同日本政府签订了丧权辱国的《马关条约》。王懿荣壮志未酬，手抚戚继光宝刀，心如刀绞，忿然写下七绝《偶感》一首：“岂有雄心辄请缨，念家山破自魂惊。归来整旅虾夷散，午夜犹闻匣剑鸣。”

怀抱宝刀以身殉国

光绪二十六年（1900），八国联军入侵北京，王懿荣受命于危难之时，任京师团练大臣，负责保卫京城。六月，侵略者长驱直入，攻破北京，在京的官员纷纷作鸟兽散。王懿荣身负团练职责，既不能保驾扈从，又不能坦然看着侵略军烧杀抢掠，于是，志在必死。王懿荣让家人把院子里的井口凿大，以便危急时跳井殉国。王懿荣先是吞了金子，然后躺在书房里，可是过了半天翻来覆去地仍死不了。想到多吞鸦片药膏也能致死，他就把门人送来的鸦片膏药全部吞了进去，可是等了片刻，尽管面色惨白，苦不堪言，却仍不能死。正在这时，几个洋鬼子冲了进来。王懿荣见状，提起戚继光宝刀就要自刎。那几个洋人知道王懿荣的学者身份，对其大义凛然的行为颇为感动，向王懿荣举起拇指表示钦佩，然后又向王懿荣鞠了一个躬，就退出了院子。

想到国家蒙辱，王懿荣已抱定必死之心，遂怀抱宝刀愤然跳井殉国，其夫人、儿媳之后也跟着跳井而亡。王懿荣殉国后，仆人分散外逃，匪徒趁机奔入宅院大肆抢掠，把王懿荣所藏书籍古器物劫掠一空。让人欣慰的是，唯独这把戚继光宝刀，因随王懿荣跳井殉国而得以保存。此刀后归中国国家博物馆存藏，堪称国宝级文物。这把见证中国两代抗倭名人生命行迹的宝刀，如今静静地陈列在中国国家博物馆，供世人瞻仰。

东炮台大门石刻新考——

“表海风雄”当取自李鸿章来信

烟台东炮台石拱门上的四字石刻，究竟是读作“表海风雄”还是“雄风海表”，近年来相关文章时常见诸报端，各有其理，一直没有定论。作为烟台滨海路上的重要旅游窗口和省级文物保护单位，作为著名作家冰心童年活动的重要舞台，东炮台已成为烟台的一处重要文化符号。东炮台的这四字石刻，究竟该如何读，这四字又是谁题写的，已成为困扰烟台乡土文化爱好者多年的难题。近年来，随着相关文献的陆续出版，这一难题逐步得到了解答。

李鸿章力促烟台东炮台建设

众所周知，烟台东炮台是在李鸿章力促下建成的。为加强北洋防务，清光绪十七年（1891）四月，时为北洋大臣的李鸿章亲临视察选址后，认为烟台为渤海海峡入海必经要道，回京奏请筹建炮台。奏折指出：“唯岿岱山与崆峒、芝罘两岛鼎峙海门，天然关隘。岿岱背山面海，尤为轮船进口必经之路，亟应先在岿岱筑炮台一座。”

烟台东炮台

东炮台建成后，李鸿章曾数次前来视察，足见其对东炮台防务之重视。其中光绪二十年（1894），李鸿章视察海防奏折指出“该工程由汉中镇总兵孙金彪统带原驻海防嵩武四营承办炮台，现已竣工，并于岿岱山下建石码头一座，山顶建设学堂一所。臣等察看所修炮台，纯仿西式，曲折通灵。与威、大两处台工一律坚固”。甲午战争前夕，又添置小炮台及营房、弹药库等设施。《辛丑条约》签订后，日本胁迫清政府下令将中国沿海的炮台拆毁，该炮台亦被毁。

光绪二十九年（1903），李鸿章奏请重新修整恢复，并请德国技师督造，装置德国克虏伯大炮、增驻营房等。

四字当取自李鸿章给章高元的来信

据2008年出版、顾廷龙主编的《李鸿章全集》记载，光绪十三年（1887），李鸿章在给时任登州镇总兵章高元的信中，开头写道：“顷接惠函，具悉一是，即审迎春日丽，表海风雄为颂。”从这封信我们得知，“表海风雄”应该是与“迎春日丽”相对应、押韵的词语。用于信笺开头，表示吉祥如意之意。查《汉语大词典》，“表海”一词，有两个解释，一是“临海；滨海”，如《子华子·晏子问党》：“且齐之为国也，表海而负隅”，一为“为东海之表式”。李鸿章信中所言“表海风雄”，要与“迎春日丽”相对应的话，显然“表海风雄”中的“表”字，应该是“临海”之意。

李鸿章力促建设烟台东炮台之时，作为当时登州府军事长官的登州镇总兵章高元全程参与了这项工作。烟台东炮台作为当时北洋防务的重要组成，投入百万巨资，在最显眼的山门之处题字，当然要由当时的军事长官来斟酌决定了。

“表海风雄”刻石

东炮台远眺

为感谢李鸿章对炮台所做的贡献，也为表示对北洋重臣李鸿章的尊重，章高元把李鸿章给自己的信中所用的“表海风雄”四字镌刻于炮台大门之上，是最合适不过了。

这四个大字，把李鸿章对东炮台的印记永久镌刻于雄壮的炮台大门之上。这四个字，体现了烟台东炮台凭海高耸的雄风。试想当年李鸿章亲临视察烟台东炮台时，看到自己当年的言语被镌之于此，想想昔年秦始皇刻石于不远的芝罘岛上，自然欣慰不已。

1936年，《关声》杂志刊发张汉根所撰《烟台蠡测录》一文，云：“岿岱山炮台即东炮台，有石镌‘表海风雄’四字，劲挺有姿”，这是东炮台石刻“表海风雄”读法的有力证据。

题写者是金沟寨人曲凤翼

有学者认为，东炮台石拱门上的四字石刻，应为当时李鸿章的幕僚马建忠所题，并以马建忠是倡导汉字横排第一人，作为“雄风海表”读法的一个重要依据。

2011年，由冰心先生的女婿、北京外国语大学教授陈恕撰写的《冰心全传》出版发行。作为冰心的女婿，陈恕先生掌握了大量鲜为人知的一手资料和珍贵的历史照片，他以独特的视角，图文并茂的方式，全面地反映了冰心的一生和她生活的时代。《冰心全传》中《烟台金沟寨》一节，单独提到了冰心童年时期在烟台金沟寨的生活片段。其中一段道：“曲副榜写得一手好字，东炮台的正门上方，‘表海风雄’几个大字就出自他的手笔。‘表海风雄’确切地表达了建在24米高的岿岱山上凭临大海的东炮台的雄姿。”

文中的曲副榜，是金沟寨人曲凤翼。据民国版《牟平县志》载，“曲凤翼，字辅臣，金沟寨人。清光绪壬寅（光绪二十八年，即1902年）副贡，天资英敏，有才干，遇事敢言，里党咸倚重之”。

曲凤翼善书法。1912年，烟台人刘汉舫在丹东经营仙露芳果品店，曲凤翼为之题写字号。因曲凤翼在金沟寨的声望，当时村子在他家门口和祠堂前立了两对很高的旗杆，又在海边修建了一座魁星阁。曲凤翼与冰心的父亲谢葆璋关系甚笃。当时曲凤翼工作在外地，与谢葆璋常有书信往来。逢年过节，总相互拜望。演唱社戏时，曲凤翼常常邀请谢葆璋去看戏，年幼的冰心就跟着父亲一起去。

鉴于冰心一家与曲凤翼的至深关系，鉴于陈恕与冰心的亲属关系，曲凤翼题写“表海风雄”四字之说，应是当年冰心告诉陈恕的，当不是凭空捏造。因此，“表海风雄”四字，是金沟寨人曲凤翼所书，而不是马建忠。

奇山所轶事

众所周知，《申报》是中国近代历史最久、影响最大、规模最完善的一家报纸，经历了中国近代史的大部分和现代史的全部。开埠于1861年的烟台，作为国内较早的开放城市，《申报》给予烟台以极大关注。

烟台起源于奇山所城，奇山所城是烟台的根脉。清末民初间的《申报》，曾设立《烟海涛声》《烟台杂录》等有关烟台新闻的专版，报道烟台社会情况。其中，就包括了大量有关奇山所的记载。

遍地祠庙　庙会多多

清末民国间的奇山所城，民间信仰繁盛，各类祠庙遍布城中的大小角落。每逢众神诞辰纪念日，奇山所人便在祠庙附近召开庙会，期间善男信女进香朝拜，戏班子登台演出，商贩云集，人气很旺。奇山所城热闹的祠庙集会，引起了《申报》记者的极大关注。他们先后多次刊登奇山所城庙会的报道，为百年后的我们了解奇山所城的民俗信仰，提供了宝贵资料。据《申报》记载，奇山所城较著名的祠庙，有土地庙、观音堂、子孙娘娘庙、药王庙、二郎神庙等。其中，每逢二月二土地神诞辰，奇山所东庄演戏三天，“居民远客观看连日，红男信女此往彼来，极为热闹”；每逢二月十九日观音诞辰，观音堂有庙会；每逢三月二十日娘娘神诞辰，在奇山所南关，人们进庙祈祷，求神赐予儿女，并请戏班子

申報

《申报》书影

奇山所城

演戏庆祝。子孙娘娘庙，奇山所城不止一处，其他各处，有以三月二十五日为神诞辰日，也有以四月六日为神诞辰日的；每逢四月二十八日药王诞辰日，在奇山所北城的药王庙，演戏三天，远近男女进香顶礼者，络绎不绝。因为此庙建在城楼上，“人稠地窄，拥挤异常”；每逢六月二十六日，奇山所人俗传为二郎神诞辰日。当地人认为二郎神是玉皇大帝的外甥，掌管民间杂病。在春末秋初祭祀二郎神，如果能够获得神仙眷顾而看见神鹰灵犬的话，可使瘟神退避三舍。每到奇山所城祭祀二郎神的时候，“进香者不远数百里，络绎于途”，可谓人山人海，热闹非凡。

刘子琇登报寻故友

刘子琇是所城刘家刘怀奎的四子。刘怀奎在烟台创办洪泰商号，系烟台商界“八大家”之一。刘子琇自幼好学，光绪十九年（1893）捐纳为监生，参加乡试而中举。后受职于广东省，曾任地方知州、知府和士敏土道道员，创办粤东士敏土厂，为当时国内仅有的两家官办水泥厂之一。

1929 年 9 月到 10 月间，刘子琇曾多次在《申报》刊登寻人广告，寻找苏静菴、苏雨滋两位朋友。他在《申报》刊登的寻人启事的标题是《探访苏静菴、苏雨滋二君》，具体内容是：“前署常州县苏静菴谱弟，其令弟苏育仁，号雨滋，二位久未晤面，亦未悉住址，渴念之至。见报务望详示地址，以息远念。如江浙亲友有知其昆仲二位地址者，来信寄至烟台奇山所南门外刘子琇，亦必重重感谢。”从这则寻人启事里，我们可以大概知道，苏静菴曾任常州县县令，他和弟弟苏雨滋两人，与刘子琇是至交。因长期联系不上，刘子琇想念二人，是以不惜重金登报寻找二人。

作为全国知名报纸，上海《申报》的广告版面价格不菲，为寻故人消息，刘子琇在《申报》上不惜重金先后五六次刊登这则启事，可见其心之切切。

张焕垚与商会过招

1901 年，为发展烟台工商事业，烟台的商人们成立了烟台商会。商会不仅仅是工商界的领导者和保护者，而且作为地方势力的代表组织，参与城市治安、行政、教育等管理。光绪末年，有钱有势的大商人占据了烟台商会的显要位置，这些人借在商会的影响，在烟台为非作歹，欺软怕硬。1909 年腊月，奇山所一家商号因经营不善倒闭了，商号老板当时就跑路了。商号的房东张焕垚见老板跑了，房子内空无一物，就将门窗锁闭。不久，闻讯而来的债主到商会商量，打算将商号里剩余的货物拍卖抵债。当时烟台商会一吴姓商董批准了债主们的这一方案。

不久，衙门的差役就来了，噼里啪啦三下五除二把商号的门窗给强拆了。房东张焕垚听见声音，走了出来，问明情况后，张焕垚说：“你们想取房子里的东西，可以找我要钥匙啊，凭什么砸坏我的门窗呢？”差役们一听，没好气地说：“我们是奉吴商董的命令过来干的，少啰嗦，有本事去商会再说。”说着就把张焕垚扭送至烟台商会。

奇山所城大街

见面后，吴商董把张焕垚一顿训饬，并扬言要扭送官府治罪。张焕垚毫无惧色，冷笑着说：“我若怕你，就不是奇山所张氏的子孙了！”也难怪，奇山所张刘二姓，是烟台望族，在当地影响很大。吴商董一听这话，也觉得事情不妙，知道捅了娄子了，赶紧换上一副和气面孔，并匍匐在地赔礼道歉。张焕垚仰头冷笑，不肯罢休。在多

奇山所城

人劝说之下，张焕垚才离开了商会。不久，吴商董率领烟台商会要员，专门到张焕垚家拜访，这事才算了结了。

后来，吴董事手下有位协理，叫王子超。这年冬天，王子超想娶芝罘安氏的女子为妻。因为吴董事与张焕垚有过这么一段过节，安氏女子怕因这婚事得罪奇山所张氏，就对王子超说：你只有把头发割掉，以此表示对以前事情的愧疚，我才敢嫁给你啊。当时是清末，还没到辛亥革命时期，人们对头发极为重视，认为“受之父母，不可毁伤”。王子超一听，没有别的选择，于是把头发割掉了。两人这才定了婚期，把婚结了。

文 献 里 的 烟 台 故 事

第四章　历史人物

芝罘岛上孝子初才

百善孝为先，众多中华传统美德中，孝道无疑占有重要地位。元代时，芝罘山下便出了一位有名的孝子，名叫初才。

初才，字用之，芝罘区人。他年轻时身强力壮，又娴于文墨。当时，元朝廷刚刚统一全国，急需人才，但初才终日伺奉母亲，不愿出来做事，却因政府征召，不得不从军。离开家乡的时候，初才望着渐行渐远的芝罘山，仰天痛哭，叹道："天啊，老母需要我照料，我却参军从战，还不知能否活着回来，老母亲该多挂念与担心啊！但军事乃国家大事啊，国家有需，大丈夫又怎能不奋勇杀敌呢？"

初才从军后，跟着部队南下襄楚，渡江浮海。在战斗中，总能奋不顾身、冲锋在前。英勇加上运气不错，尽管战事残酷，初才总能化险为夷。不久，江南战事结束。初才因表现优异，被授予将侍郎，任沅州路总府经历官。想到自己数年来在外征战，不能陪伴老母，初才长叹道："我离开家乡，老母每天都倚门远望，一天不知要看几遍。可我又怎能因思念老母而耽误工作，又怎能因此过分悲伤而使老母更加担忧呢？"

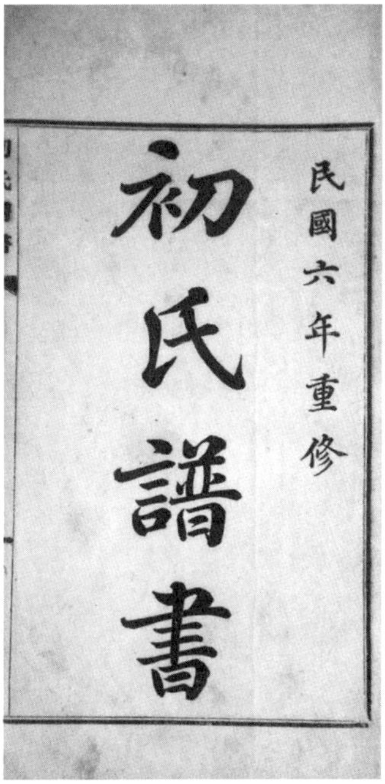

《初氏谱书》书影

至元年间，初才升任江淮等处行中书省左右司都事。当时政治腐败，权奸当道，初

年丁亥六月記
八神陽主廟記 初才
福山縣志 卷之十 文輯記 九

初才撰《八神阳主庙记》

才毅然辞职回家，供奉老母。从此，老母的一日三餐，都是他亲自做好并送到嘴边，至于冬天温被、夏天扇席、晚上侍候睡定、早晨前往请安，初才更是做得无微不至。在他的精心照料下，老母到了 88 岁时，尚“视听言动如五六十岁时”。每逢良辰佳节，初才与诸弟子侄等，前来向老母王氏祝寿，一家人“融融焉，洩洩焉，不知其乐之乐也”。初才的孝行声名远扬，地方官上报到朝廷，朝廷下诏旌表其门。当时的山东廉访掾史杜文卿，是初才的好朋友。为了纪念此事，就请文学家、山东章丘人刘敏中为之作序。刘敏中所作的《初孝子序》，见于其著《中菴集》。

初才热心参与乡邦文化，远近碑版，多出自他的手笔。元贞元年（1295），福山县乡绅重修芝罘阳主祠，立碑纪念此事，初才撰写了碑文《八神阳主庙记》。

据元代盛如梓《庶斋老学丛谈》记载，初才与盛如梓两人私交甚笃。初才致仕返乡后，两人“尝有音问往来”。后来，盛如梓听初才说芝罘岛上有处古墓，当地居民称之为康王坟。盛如梓翻阅典籍，考证此墓即为战国时的齐康公墓。于是，初才对古墓进行了一番修葺，春秋两季都来祭扫。

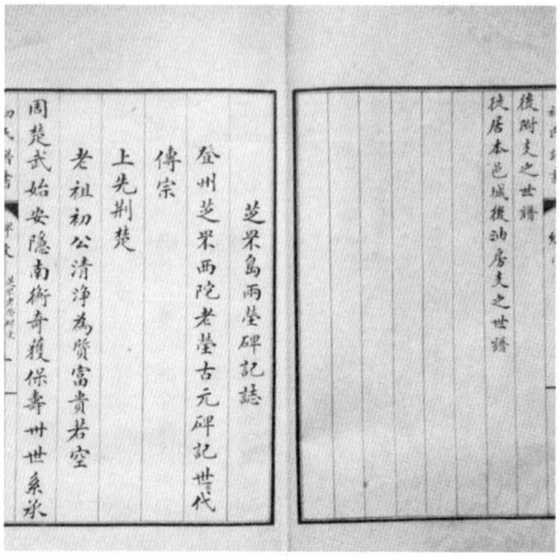
後附支之世譜
扶居本邑城後油房支之世譜
芝罘島兩塋碑記誌
登州芝罘西陀老塋古元碑記世代
傳宗
上先荆楚
老祖初公清淨為賢富貴若空
周楚武始安隱南衍奇獲保壽卅世系承

初才撰老茔碑文

据民国六年（1917）重修的《初氏谱书》记载，初氏出自周朝楚国，后唐时期，初氏的一支，由辽西锦州府杏山迁居登州芝罘山，并立家族坟茔于烟台芝罘西砣矶岛，这就是西砣老茔。至元年间，初才等立茔于宅后，是为宅后老茔。初才还撰有一篇《宅后老茔碑记》，为芝罘岛初氏一族留下了一份珍贵的家族历史记录。

阳主庙老照片

明代时，政府实行海禁，以渔捕为主的芝罘岛，居民生活受到严重影响。包括初氏在内的岛人为了生存，被迫外迁，外迁的初氏逐渐遍布胶东各地。芝罘山，因此成为胶东初氏的祖地。

明代守边名将张元祯

难得一见：张元祯事迹边镇志里有详载

明嘉靖年间，烟台出了一位守边名将——奇山守御千户所张元祯。

明洪武三十一年（1398），为防倭寇侵扰，明朝统治者于当时的福山县设奇山守御千户所，并建城池，是为奇山所城。同时，在“北山”设烟墩，亦称狼烟墩台。烟台之名，即源于此。

宣德六年（1431），密云卫中前所副千户张贵之子张升，调任奇山守御千户所，任副千户，子孙世袭其职。其后，张氏后裔历代繁衍，终成烟台望族，是为奇山张氏。

张元祯，即是奇山所城张氏之六世祖，他于嘉靖四年（1525）世袭奇山所副千户。张元祯的事迹，明万历刻本《四镇三关志》中记载较详。

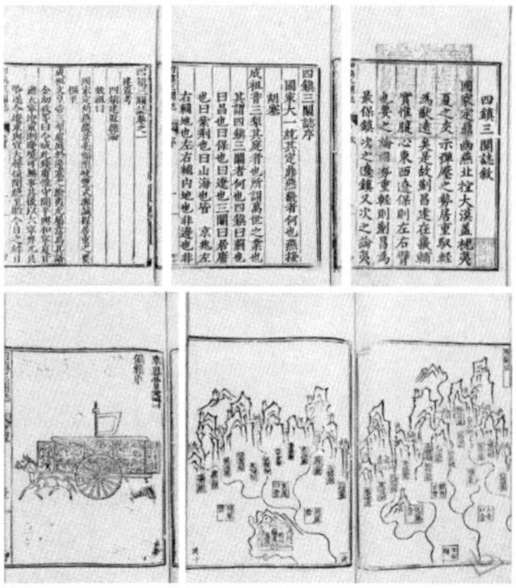

明万历刻本《四镇三关志》书影

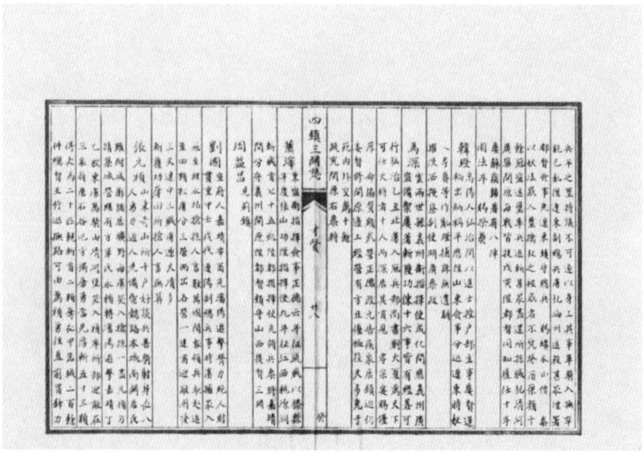

《四镇三关志》相关记载

因此书普通读者难得一见，故流传不广，知之者不多。如，此书所涉张元祯之事迹，宣统元年（1909）奇山所城张氏所纂《张氏谱书》中，并没有记载。此番发现，为丰富所城张氏的家族史乃至烟台的历史，添上重要一笔。

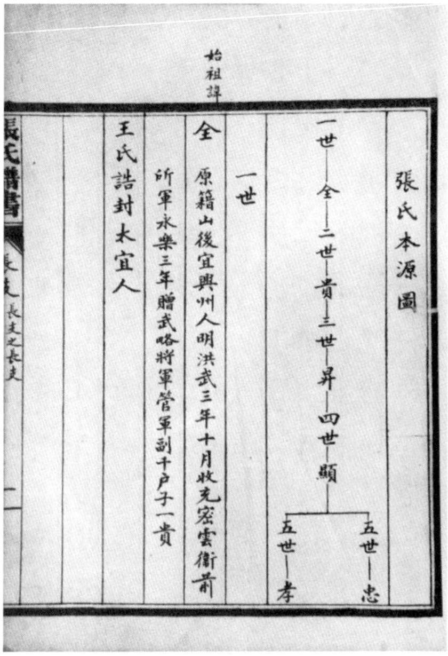
張氏本源圖

一世—全—二世—貴—三世—昇—四世—顯—五世—忠；五世—孝

一世

始祖諱全 原籍山後宜興州人明洪武三年十月收充密雲衛前所軍永樂三年贈武略將軍管軍副千户子一貴

王氏誥封太宜人

張氏譜書

長支 長支之長支

宣统元年石印本《张氏谱书》书影

边患日甚：奇山所副千户奉调辽东备御

《四镇三关志》是明嘉靖年间进士刘效祖编纂的一部北塞边镇志书，此书向来为研究明代兵制的学者所重。

四镇，指蓟州、辽东、保定、昌平四个北方边镇；三关，指居庸关、紫荆关、山海关三关。四镇三关拱卫首都，乃“心腹肘腋重地”，战略地位重要。是书分建置考、形胜考、军旅考、粮饷考、骑乘考、经略考、制疏考、职官考、才贤考、夷部考十篇。

明初，被推翻的元朝统治集团残余势力仍在西北、东北进行顽强反抗。为巩固统治地位，明政府在东北地区屯兵筑城。明中期以后，女真部族在东北地区崛起，明政府的辽东镇，面临蒙古、女真两大势力的威胁。嘉靖年间，长期以来困扰明廷的“北虏”（蒙古）、“东虏”（女真）问题在辽东地区日益猖獗，边防军事局势日益紧张。加之辽东地区为苦寒之地，条件艰苦，自嘉靖三十七年（1558）起至隆庆三年（1569）间，号称坐拥二十多万大军的辽东镇，士兵逃亡过半。

在这种情势下，政府被迫调集其他卫所的兵力前往辽东镇补充。时任奇山守御千户所副千户的张元祯，就是在此背景下，被调往辽东镇铁岭卫的懿路千户所备御的。

克职尽责：父子兵上阵杀敌威名远镇

懿路千户所，是当时铁岭卫的军事要地，当地居民长年屡受北方游牧部族的侵扰，苦不堪言。而在辽东艰苦的生存条件下，驻守的将士多是虚于应付，难以安心于守边作战。

但张元祯却没有像其他人那样得过且过，敷衍了事。他调到懿路后，修缮城池，加强军备，有效地保障了军民的安全。因御敌有功，不久就升任沈阳游击。

嘉靖三十六年（1557）秋，女真部族上万铁骑兵由清河堡突入，元祯率所部在三家岭、磨石谷等地与敌酣战。战斗中，元祯奋勇当先，大败敌人。嘉靖三十七年（1558）冬十月，蒙古部族速把亥、鬼麻等入侵，元祯等率部与之激战，再次大获全胜。

明代的军队，作战力普遍低下，自成化年间以后，能杀得三五个敌人的军队，便有资格向朝廷报功请赏。元祯参与的数次战役，斩获颇丰，渐成威名远镇的守边名将。在总督王忬、巡抚路可由等的举荐下，元祯升任锦义参将，世授指挥佥事。

另据宣统元年（1909）石印本《张氏谱书》记载，嘉靖三十七年（1558），元祯的两个儿子张镛、张照随父作战，在核桃峪与敌对阵，两个儿子各斩首一颗，俱升小旗。元祯去世后，因其子张镛的功绩，被加赠明威将军指挥佥事。

寻乐园里乐忘形

明代嘉靖间，以“毛阁老”之称而闻名的掖县（今莱州）人毛纪，致仕返乡后，在掖县城郊营造一处别墅，名为“寻乐园”。毛纪与同邑好友结成“五老忘形会”，在寻乐园中饮酒、品茗、赋诗、填词，倍享田园之乐。关于寻乐园，在毛纪所著《鳌峰类稿》、侯登岸所撰《掖乘》中，均有记载。

致仕返乡建园林　乐趣别在田园外

毛纪（1463—1545），字维之，号砺菴，又号鳌峰逸叟，晚号海翁，谥文简。明成化间山东乡试第一，中进士。正德、嘉靖时，由户部侍郎、礼部尚书直升到内阁首辅，担负宰相之责。他与杨一清等人限制明武宗的暴虐，诛灭奸臣，定策迎立嘉靖皇帝，对明朝中期的政治影响极大。《明史》称他“与杨廷和、蒋冕皆正色立朝，并为天下所倚赖”。一生著述颇丰，有《鳌峰类稿》二十六卷、《密勿稿》一卷、《海庙集》四卷、《归田杂识》二卷等。

毛纪像

古代的官宦士大夫，在科第发达或归隐返乡之后，多喜营造田园别墅，以享受恬怡自然的田园生活。此风气，

毛纪墓

毛纪墓石刻

在明代中期以后更是达到顶峰。当时的官僚士大夫，不论条件如何，总要建座园林以附庸风雅。当时的掖县，自然也受时风影响。清代侯登岸在《掖乘》一著中曾云："掖地园亭，前明甲于一郡。"

于是，当毛纪向嘉靖帝提出致仕归田的奏疏后，考虑到掖县旧居"素乏园林，无所于居"，便让儿子毛棻等筹划建造庄园之事。毛棻等经过反复考察，最终在掖县城西北处，购买张氏田地一宗。经过一年的修建，庄园建成，正好这时，毛纪的致仕请求也获得了皇帝的准许。

毛纪返乡后，对老家的这处庄园十分中意。从此，优游林泉，"日游于斯，独坐静观云山花鸟"，又或与亲朋好友，"觞咏壶奕"，尽享山水田园之乐。毛纪认为，仁人君子，应在山水园林之美中，提高修养，保持一种豁达淡然的心态，而不是借此玩物丧志、声色犬马。他还告诫子孙："俾知吾今日之乐，诚有出于山水田园之外者。冀以反之吾身，求其所谓真乐者，静以存之，而不堕于尘埃流俗之末。"或许正是基于这样的考虑，毛纪给这园子取名为"寻乐园"。

在毛纪言传身教下，掖县毛氏一门诗书传家，代有贤达，被誉为"东莱崇儒毛氏"。毛纪的孙子，五世的毛麋、毛渠兄弟，均中进士；十一世的毛霦、十二世的毛贡，分别著有《平叛记》《识小录》，为掖邑重要文献资料。

寻乐园里有十景　流连其中常忘归

寻乐园中，前为园宅，后有田地数百亩，绵延达一二里地。园子西北，为碧波渺茫的大海，东南则为翠峰林立的寒同山，周边景色极佳。毛纪致仕前身居高位，完全有条件修建一处雕饰恢弘、规模宏大的园林别墅。但寻乐园却只是疏朗朴质、袖珍小巧一路。这一点，从毛纪淡泊的性格及知足常乐的处世态度上，倒也不难理解。

尽管如此，园中亭台花木，却也幽静可爱。毛纪曾于闲暇之时，把园中景致厘为十景，并为每景赋诗一首。“万绿环亭”“白牡含香”“药栏雨霁”“碧桃浥露”“峰台夜月”“竹坞风清”“怪石横秋”“茅栋晚凉”“双流汇沼”“飞泉喷雪”，是为“寻乐园十景”，从中不难看出主人流连其中的喜爱之情。

寻乐园的核心景观为园宅西南角的万绿亭。此亭形制正方，顶为圆形。亭子前有池塘一方，上架木桥一座。亭子四周，广栽各种花卉及桃、杏、梨、枣、椿等各种树木百余株。进入夏天后，亭子四周“清香浓郁，绿荫丛匝，殆无隙地”，是以该亭被名之为“万绿亭”。

亭前有白牡丹两株，花瓣层叠，大者六寸左右，“可爱且香浓而清”。又植芍药数棵，与白牡丹相间设朱栏护之。春来夏初，芍药盛开于白牡丹之后，“宿雨初霁，色香百倍”。又有桃树数棵，其花最艳。

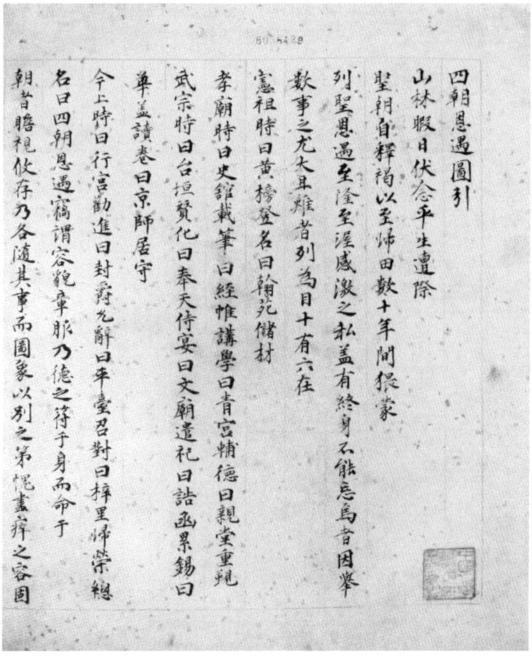
四朝恩遇圖引
山林暇日伏念平生遭際
聖朝自釋褐以至歸田數十年間猥蒙
列聖恩遇至隆至渥感激之私蓋有終身不能忘焉者因舉
數事之尤大且難者列為目十有六在
憲祖時曰黄榜登名曰翰苑儲材
孝廟時曰史館載筆曰經帷講學曰青宮輔德曰親堂重慶
武宗時曰台垣贊化曰奉天侍宴曰文廟遣祀曰誥函累錫曰
華蓋讀卷曰京師居守
今上時曰行宮勸進曰封爵允辭曰平臺召對曰梓里歸榮總
名曰四朝恩遇竊謂容貌章服乃德之符于身而命于
朝者瞻視攸存乃各隨其事而圖象以別之第愧畫痒之容固

毛纪稿本《四朝恩遇图》

万绿亭南，筑土为台，上置假山。峰台之下，植竹数杆，“二三年间，四散迸出，高者丈余”。峰台之北，木桥之南，有太湖石一块，“石高四尺，形颇奇怪。巉岩空洞，有斧凿之不可能者”。在园子东部，另建有茅亭一座。此亭四面虚敞，内置木板小床，“可坐可眠。夕照在地，清风徐来。移席于此，往往醉饮而忘其归矣”。

园内有两口池塘，池中“各植荷蒲，畜鱼龟”。东西两池相隔不远，井水可连接两池。西池之泉，从石龙口中喷出，喷洒在下边的石头上，“其声洒然，白如飞雪”。

香山洛社风雅事　五老忘形效古风

唐会昌二年（842），70岁的白居易以刑部尚书致仕，寓居洛阳香山，整日诗酒弹琴，遍览洛中名胜。后白居易发起成立“尚齿会”，其主要成员是一批致仕返乡的官僚士大夫。这种以怡老为目的的结社雅集，为士大夫退休后的社交和娱乐提供了一种风雅的范式，史称“香山洛社”。后人思慕这段风雅韵事，多有效仿。如宋代时，就有“至道九老”“睢阳五老”与“洛社耆英”等著名的雅集团体。

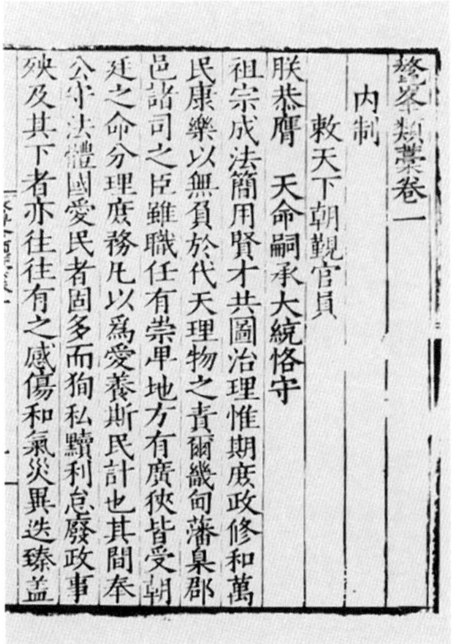
鼇峯類藁卷一
内制
敕天下朝覲官員
朕恭膺　天命嗣承大統恪守
祖宗成法簡用賢才共圖治理惟期庶政修和萬
民康樂以無負於代天理物之責爾畿甸藩臬郡
邑諸司之臣雖職任有崇卑地方有廣狹皆受朝
廷之命分理庶務凡以爲愛養斯民計也其間奉
公守法體國愛民者固多而狥私黷利怠廢政事
殃及其下者亦往往有之感傷和氣災異迭臻盖

毛纪代表作《鳌峰类稿》书影

明代雅集之风颇盛。身为内阁大学士的毛纪，对前朝名士自是极为崇拜，对雅集之事，向往不已。致仕还乡不久，毛纪就仿“香山洛社”故事，与同乡宿老如四川参政郭东山、副使滕谧、通判王岳、学博王邦等，结成“五老忘形会”。

至于为何取名“忘形”，毛纪在《忘形会约》解释说：“昔人‘四美’之说，而‘赏心’其尤关切者。初不拘拘于其迹也，因名之曰‘忘形会’。”古人所谓“四美”，有“良辰、美景、赏心、乐事”之说，“四美”中，“赏心”，即心情愉快，被认为是最重要的。毛纪认为，实现人生“四美”，应随意自然，不必拘泥于形式，是为“忘形”。“五老忘形会”的五位成员，都是致仕之人，多已五六十岁，也有逾七望八之人。为实现“怡情适兴”的目的，该会约定“酒不过三巡，蔬不逾五品”，拈题分韵，雅歌投壶，“如是者二十余年”。

在归隐田园、雅集唱酬的过程中，毛纪把自己致仕后的生活感受，用诗文来记录表达。后来，毛纪把这些文字整理、汇总为两卷，是为《归田杂识》。此书《四库全书总目》著录，云：“（毛纪）又辟寻乐轩，与二三故老立忘形会。轩有记。会有约，有启。与《恩遇图》并刊之。”宋代欧阳修曾有《归田录》二卷，却非归田后所作，而是为官时所作。名之为“归田”，是想表达一种归隐田园的理想而已。毛纪之《归田杂识》，则是致仕归田后的亲身体会，是一种对现实生活的理解与感悟。

福山郭氏“澡身”承家训

福山郭宗皋家族，是在福山历史上留下辉煌印记的一大家族。自明代迄至清代，几百年来，福山郭氏一族秉承“澡身”家训，诗书传家，人才辈出。

福山郭氏的“澡身”治家理念，在日益注重道德建设的今天，仍具有积极的现实意义。关于福山郭氏“澡身”家训，在郭宗皋《郭康介公遗集》及《福山县志》中，均有记载。

“澡身”成家训　自律不染浊

郭宗皋为福山郭氏家族的第五世。他在靖虏卫戍边时，家中儿辈思念宗皋，在郭家北园修建了一座草堂。宗皋戍边归来后，把这个草堂名之曰“澡训堂”，在堂前广种松、竹、柳等。而“澡训堂”之名，源自其父郭天锡所建的“澡身亭”。

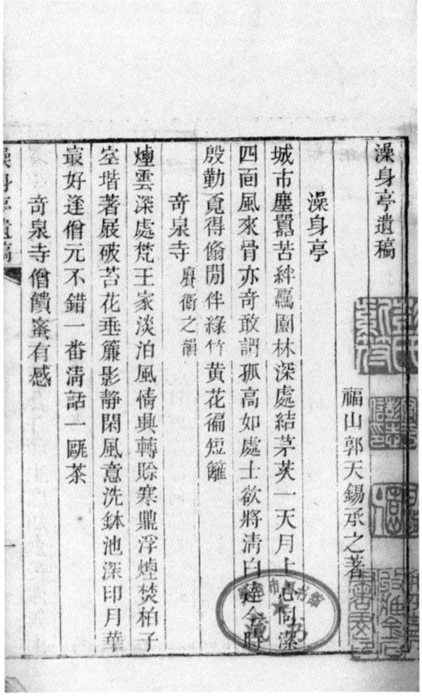
澡身亭遺稿
福山郭天錫承之著
澡身亭
城市塵囂苦絆纏圜林深處結茅茨一天月上
四面風來骨亦奇敢謂孤高如處士欲將清白
殷勤覓得儕朋伴綠竹黄花徧短籬
奇泉寺 賡衛之韻
煙雲深處梵王家淡泊風情興轉賒寒鼎浮煙焚柏子
空堦著屐破苔花垂簾影静閑風意洗鉢池深印月華
最好逢僧元不錯一番清話一甌茶
奇泉寺僧饋齏有感

清乾隆刻本福山郭氏文集《澡身亭遗稿》

郭天锡是明弘治十七年（1504）举人，字承之，号野航，授官直隶静海县知县，后转任徐州知州、兰州知府、河南陈州知州，最后在刑部郎中任上积劳成疾，以身殉职。郭天锡性格平淡，喜好读书，为官清廉。正德年间，郭天锡在家中郭北园修建一座亭子，亭上挂一牌匾，名曰“澡身”。“澡身”之语，出自《礼记·儒行》：“儒有澡身浴德”。唐代孔颖达《礼记正义》注：“澡身而浴德者，澡身谓能澡洁其身，不染浊也。”郭天锡以“澡身”之训严于律己，平时信古力行，除倾心于政务之外，平日只知孝亲、读书，绝无“世俗纷纷之念”。郭天锡不仅自己身体力行“澡身”之戒，还注重以此教育子孙后代。从此，“澡身”之戒，成为郭氏一家世代的家训。

郭宗皋秉“澡训”修德治家　致仕后勤耕读陶然忘机

郭宗皋深受父亲影响，秉承并发扬“澡身”家训，“兄友弟恭，天性孝友，文学谊行”，堪称一代楷模。

郭宗皋任山西按察司副使时，有同族者家里很穷，父母逝世20年都没能入土安葬。郭宗皋归家后听说了此事，先帮着埋葬了族人的父母，然后出资为其置备田宅妻室，使其“有家焉”。郭宗皋不仅仅厚待族人，对待朋友，他一样的古道热肠。

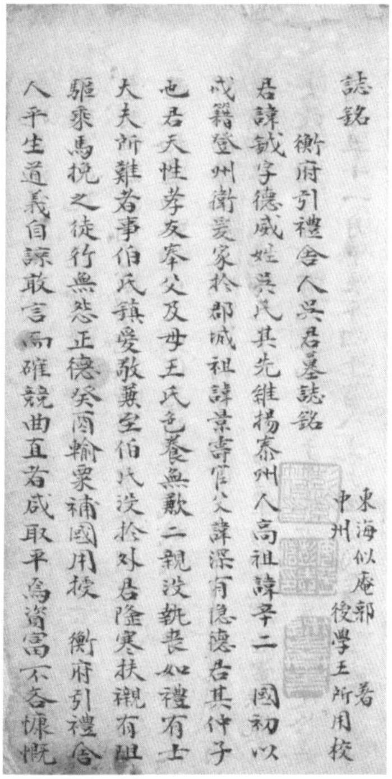
誌銘
衛府引禮舍人吳君墓誌銘
東海似庵郭　著
中州後學王所用　校
君諱鉞字德威姓吳氏其先維揚泰州人高祖諱孚二　國初以
戎籍登州衛爰家於郡城祖諱景壽官父諱深有隱德君其仲子
也君天性孝友奉父及母王氏色養無歉二親沒執喪如禮有士
大夫所難者事伯兄鎮愛敬兼至伯兄沒於外君隆寒扶櫬有
驅乘馬挽之徒行無怨正德癸酉輸粟補國用授　衛府引禮舍
人平生道義自許敢言而確兢曲直者咸取平焉資富不吝慷慨

郭宗皋手稿

郭宗皋的友人唐某，卒于广东教职任上，一时不能归葬。客死异乡已是凄惨之至，魂归故土不得，更令人扼腕。宗皋闻讯后，出手相助，设法联系到唐某的亲人，使友人顺利归葬。

因为官清廉，郭宗皋不仅没攒下什么家底，手头还拮据得很。致仕回家后，家里的房子“仅容旋焉”。为儿子分家析产后，除原先的田地之外，再无其他。从一件小事上，能看出这位郭大人的日子过得很是窘迫：自南京致仕后，宗皋狠狠心，买了两副比较好的棺材，以备自用。可运至淮安时，身上的

郭宗皋行乐图

盘缠已不够支付运费，他只得向朋友杨总兵借了二十两金子。回家后，郭宗皋每年都努力攒钱，以归还杨总兵这笔欠款。结果攒了十多年，仍无法凑够。郭宗皋实在不想欠朋友的人情，最后想出一个“馊主意”：托人把两副棺木中的一副，运送给杨总兵，算是偿还了这笔债务。

郭宗皋70岁才致仕，年逾古稀能“不杖而行”，身体很康健。他的二弟郭宗伊，当时亦辞官隐退。这对白发兄弟终日如影相随，常携琴弹唱于“澡训堂”，羡煞旁观者，被称之为“神仙中人”。

当时，宗皋等携带子侄辈六人，或诵读经书于“澡训堂”，或歌咏于松筠之下，或至奇泉古寺设帐读书，夜则下榻寺内，晨则读书朗朗，或行走田间，“后有小儿数十辈随之”，“人又以为一家中有浴沂之乐也”。这样的生活，的确是神仙日子。郭宗皋从小喜读书，即使耄耋之年，“亦终日惟图书典籍而已”。他曾亲书书房联曰：“卫武公九十耄年而懿戒有诗，无忝于淇澳之味；吕希哲三世膴仕而安贫苦节，其斯为伊洛之徒”，以“卫武公九十五岁自箴，赵清献岁贫而乐有琴鹤”而自勉。

宗皋年近八十时，总结一生经历，著有《四素录》一卷，“寓君子素位而行，富贵贫贱、夷狄患难无人而不自得之旨”。光绪元年（1875），日照丁守存有感于宗皋之人品、学问，刊刻有《郭康介公遗集》二卷。清代同邑进士、后学王善垲对其作品有“（郭康介公）文学启后代，有传人。短章、大篇宜炳炳到今夜”之评价。

隆庆六年（1572），郭宗皋作《澡训堂记》，阐发了修德治家的理念。文中云：“予思古之盛族，俱以世德延其祚，如汉之汝南袁氏，华阴杨氏，唐之京兆刘氏，宋之河南吕氏，俱以世德延其先祚。房玄龄、杜如晦岂非贤者，平生辛苦立门户，卒为李勣所笑，则以其家无龙凤而有虎豺而。

此皆门阀之兴替，由乎人事者也。”又言：“予徼福于先人之泽，实怀惕惕。顾堂之名，而思其义，庶几有惕吾之惕者乎。”由此见，宗皋实把“澡训堂”视为追忆先人、勉励自己与后人修德治家的处所。

福山郭氏自从始祖郭福辉从江西万安军户移民到福山后，与故乡甚少联系，“两地子孙不相闻者八九十年”。嘉靖三十八年（1559），江西万安宗亲、四世辈郭兰菴持谱牒，会晤郭天锡于京城。郭宗皋致仕后，五世辈郭石峰率侄孙辈，前来福山“续亲睦之义”。在欢叙宗族之亲时，宗皋感慨：“各雅饬忠信，皆良善之民，可保不罹于咎”，再次阐述了修德治家的理念。

“澡身”家训影响深远　后世郭氏人才辈出

福山郭氏一门，在“澡训”治家理念影响之下，诗书传家，人才辈出，终成福山望族。

万历四十六年（1618），在福山知县宋大奎的组织下，福山郭氏六世数人参与县志的编纂工作。其中，郭如泰任编次，郭如郊任校正，郭如巩任校录。他们以“前人手录县志残编为基，广访故老，参之见闻所及者”，历时两月，编纂成《福山县志》。这是福山历史上的首部县志，而主要纂修人员全由郭氏一家担纲，从一个侧面反映了当时郭氏在福山的显赫地位。

福山郭氏八世代表人物郭谏

郭氏后世中，较有影响的有八世的郭谏。郭谏，字怀尽，顺治十五年（1658）中进士，殿试二甲第十六名。引见上殿时，顺治皇上问及父母安在，当时，郭谏父母都已去世，郭谏一时伤感，“感泣伏地久不能答”，顺治皇帝赞曰：“真是个孝子！”于是格外开恩，改授其为翰林院庶吉士。康熙七年（1668），郭谏转任提刑按察使司佥事，督学广西，卒于任上。郭谏生平“真率和易，人与之交，如坐春风饮醇醪”。

郭谏之弟郭谐，字怀羹。顺治十八年（1661），于七在牙山起义反清，占据栖霞。福山距离牙山不足百里，一时兵祸骤起，全县骚动。在众乡绅推荐下，郭谐等四人被公举负责城守事宜。四人齐心协力，出谋划策，日夜组织兵民备御，福山县城得以保全。康熙间，福山乡绅重修《福山县志》，郭谐出任纂修并作序。郭谐的书房名为“寅澡堂”，可见郭氏的“澡身”家训代代传承，影响绵长。

光绪十五年（1889），福山王懿荣等发起重修《福山县志》，郭氏十四世郭学濂参与其中。光绪二十七年（1901），福山于宗潼发起续修《福山县志》，郭氏十五世郭友恒出任提调。

总之，福山郭氏一族秉承“澡身”家训，修身治家，代有才出。福山历史上五修县志，郭氏族人四次参与，郭氏一族在福山历史上留下了深深的印记。

姜埰至死不忘君命

在胶东文化史上，明末清初的莱阳，涌现了大批极重民族气节的志士仁人。这些先哲中，有流落江南的姜埰、姜垓兄弟，隐居崂山的张允抡，举家殉国的沈迅，东海高士董樵，“明末文天祥”左懋第，隐居不仕的宋继澄等。其中，姜埰以忠言直谏、不忘君命而著称。关于姜埰的事迹，在《明史》《莱阳县志》中均有记载。

直言极谏，引来牢狱之灾

姜埰，字如农，又字卿墅，崇祯四年（1631）进士。崇祯十四年（1641），擢礼科给事中，拜官不到半年，即上疏三十余次，以“敢言”称于朝。

姜埰画像

当时朝廷首辅周延儒不顾国家处在危难关头，权倾朝野，结党营私，贪婪至极。都御史刘宗周上疏弹劾，却被周延儒反咬一口，说这是有些人别有企图。对周延儒言听计从的崇祯皇帝，此时正被李自成、张献忠等农民起义军弄得焦头烂额，怀疑有人乘机捣乱以图不谋，于是下旨训斥言官，告诫以后不要再“比周结党，壅蔽耳目”。眼看如此黑白颠倒，心直口快的姜埰立即上疏，为言官们申辩。看到姜埰公然顶撞自己，崇祯皇帝火冒三丈，气急败坏地大喊锦衣卫将姜埰拿下，羁送北镇抚司审讯严办。

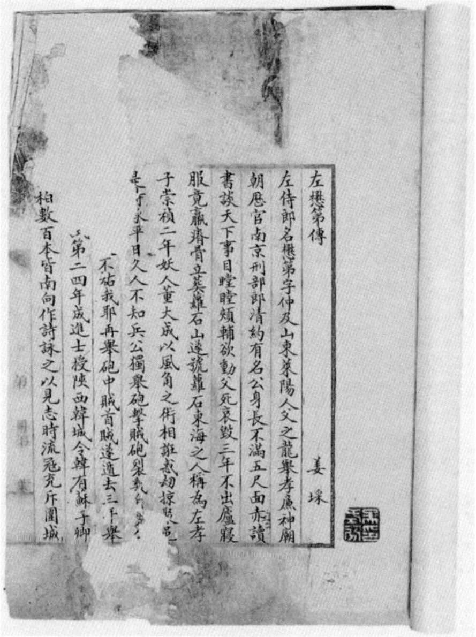
左懋第傳　姜埰
左侍郎名懋第字仲及山東萊陽人父之龍舉孝廉神廟
朝歷官南京刑部郎清約有名公身長不滿五尺面赤讀
書談天下事目瞠瞠煩輔欲動父死哀毀三年不出廬寢
服竟羸瘠骨立萊維石山遂號蘿石東海之人稱為左孝
子崇禎二年妖人董大成以風角之術相誑惑刼掠
平日久人不知兵公獨舉砲擊賊砲裂
不祐我耶再舉砲中賊首賊遂遁去
第二四年成進士授陕西韓城令韓有蘇子卿
柏數百本皆南向作詩詠之以見志時流寇充斥圍城

姜埰手稿

要知道，北镇抚司是锦衣卫专门审理皇帝钦定大案、要案的地方。但凡被送到这里来的人，很少有能活着出去的。当时正值严冬季节，冰雪交集，寒风刺骨，姜埰无铺无盖，无水无食。可与接下来的酷刑相比，这点苦哪叫苦啊。锦衣卫们把姜埰一番往死里打，然后又把他的颈、手、足用刑具枷上，伤口流出的鲜血把刑具都染红了。即便如此，姜埰仍咬牙不牵连别人。崇祯皇帝见他是块硬骨头，就叫来锦衣卫都督骆养性，让他严刑拷打，务必审出背后指使者。就这样，姜埰被折磨得死去活来，在气息将绝之时，颤抖着手指蘸着口中鲜血写了个“死”字，仍然不招认。崇祯皇帝见实在没法子撬开姜埰的嘴，就下密旨一道，让锦衣卫立即处死姜埰。骆养性接到密旨后，犯了愁。现在姜埰已誉满朝廷，如果自己处死他，那无异与全天下的人作对，自己也将承担残害忠良的恶名。骆养性主意已定，于是向崇祯上疏奏道：“如果姜埰当死，陛下就该明正典刑。如若由臣秘密处死，天下后世将谓陛下为何？”崇祯皇帝一听，也不想以后被人比作桀纣一样的昏君，加之满朝重臣也在为姜埰说情，于是收回密旨，把姜埰移送刑部待审。

当时的刑部尚书徐石麒，非常同情姜埰的遭遇，打算把姜埰充军边塞，让他赶紧离开京城这是非之地。崇祯得知要从轻处理后，勃然大怒，亲自改为廷杖一百。廷杖是明王朝一种重要的刑罚。当时，廷杖六十，当场被杖死者即不乏其人。廷杖一百，除非个人的运气极好，否则即意味着去鬼门关。施刑这天，崇祯皇帝让他信任的大太监曹化淳、王德化监刑，文武百官穿红色官服陪列午门外，左边太监、右边锦衣卫各 30 人，下边站着百名手执棍棒的旗校官。这架势，分明就是怕行刑时有人手下留情，非要把姜埰往死里整。还没行刑，围观的大臣都早已看得胆战心惊。就这样，姜埰被打得皮开肉绽、血肉横飞，当场昏死过去。在弟弟姜垓和名医吕邦相的抢救之下，烂肉割下一斗多，终于死里逃生。

崇祯十六年（1643），周延儒东窗事发，被赐死。有人向崇祯皇帝上奏，请求释放姜埰，崇祯皇帝说："我就是讨厌这块硬骨头，与他弹劾周延儒没什么关系啊。"最终在群臣压力之下，姜埰终获自由，但仍谪戍宣州卫。

不忘君命，至死情系敬亭山

就在姜埰前往宣州卫的路上，李自成攻破北京城，走投无路的崇祯皇帝在景山的一棵古槐上自缢殉国。姜埰闻听这一噩讯，痛哭不已。本想自杀陪君殉国，但家里还有老母需要照料，于是继续南行。

此时南明弘光皇帝即位，大赦姜埰并打算原官起用他，被姜埰婉拒。不久，权奸阮大铖在南明政权主政。阮大铖过去曾被姜埰弟弟姜垓上奏弹劾，一直怀恨在心。掌握大权后，小人得志，以莫须有的罪名，立即下令缉拿姜埰、姜垓兄弟。两兄弟被迫一路逃窜，后来躲到徽州。

到达宣州敬亭山后，姜埰对其情有独钟。敬亭山位于宣州城北的水阳江畔，原名昭亭山，晋初为避晋文帝司马昭名讳，改称敬亭山，属黄山的支脉。不久，姜埰断发为僧，并自号"敬亭山人"。姜埰常登此山，曾赋诗曰"先皇千滴泪，独在敬亭山"，以表达"不忘先帝不杀之恩"。为完成谪戍宣州卫的使命，姜埰曾打算在敬亭山结庐而居，结果一直未能如愿。

顺治五年（1648），姜埰陪老母返回山东莱阳老家探亲。消息传到山东，当时的山东巡抚对姜埰极为尊重，急忙派人去请姜埰，以当面拜见。姜埰身为明末遗臣，不愿与清廷官员打交道。但又不能直接拒绝，于是故意坠马，造成骨折。前来的使者只能扫兴而归，姜埰则趁机连夜返回苏州。从此，又自号"宣州老兵"，以表达自己对大明王朝矢志不渝的忠心。

王石谷绘《艺圃名胜之图》

康熙十二年（1673），姜埰病重。在弥留之际，姜埰吩咐两个儿子姜安节、姜实节说："吾奉先帝命戍宣州，死必葬我敬亭之麓。"不久去世，享年67岁。他的两个儿子按照他的遗愿，把他葬在敬亭山麓。下葬之日，远近前来凭吊者，络绎不绝。其门人感其气节，私谥"贞毅先生"。

寄情山水，修建草堂表情思

姜埰在晚年时候，幸运地得到一处园林，这就是后来的艺圃。艺圃在苏州城西北隅文衙弄内，占地约五亩。明嘉靖间学宪袁祖庚始建，初名"醉颍堂"。崇祯间，文徵明曾孙文震孟得之，更名"药圃"，后废圮。此院前两任的主人袁祖庚、文震孟，虽然都是达官显贵，资财颇丰，但由于两人性喜平淡，因此修建得颇为简陋，仅"地广十亩，屋宇绝少，荒烟废沼，疏柳杂木"而已。如此荒凉，"吴中士大夫往往不乐居此"。袁祖庚于嘉靖三十七年（1558）被朝廷罢官、削职为民后，在此园里与世无争，"耽情禽鱼"；文震孟从内阁被弹劾辞职后，归隐此园疗

艺圃"东莱草堂"

养身心，“杜门埽轨，屏居莳植”。这两人的人格、仕途上的不幸遭遇,与姜埰有相似之处。同病相怜，姜埰对袁祖庚、文震孟两位先贤久仰不已。清顺治十七年（1660），姜埰从文震孟后人手里购得此园，遂把此园的名字从“药圃”改为“颐圃”。“颐”，儒家经典《易经》云：“颐，贞吉。观颐，自求口实。”意思是平时要注重修养人格，淡泊宁静，才能自求多福。后其子姜实节，把“颐圃”又改名为“艺圃”。

今天的艺圃

因财力有限,姜埰只是简单修建了几处草堂,其中两座分别名之为“东莱草堂”“敬亭山房”。“东莱草堂”表示自己是山东莱阳人，虽客居苏州，仍心系故乡。“敬亭山房”则表达自己原应听命崇祯皇帝守戍宣州，但朝代更迭而无法履行使命的自责心情。起初艺圃很是荒凉，经过姜埰父子近十二年的苦心经营，艺圃初具雏形。

康熙年间，画圣王石谷应姜埰之子姜实节之邀，绘成手卷《姜贞毅艺圃图》，此后汪琬、刘统勋、沈德潜、嵇璜等十余人欣赏此画并作题跋，反映出姜埰的高风亮节对后世的巨大影响。今天，艺圃已成为世界文化遗产，每天前来观赏的游客络绎不绝。游人在欣赏艺圃园林艺术的同时，都叹服于姜埰的坚守气节、风骨卓绝。

栖霞牟庭“第一秀才”

提起栖霞牟氏，人们最为熟知的是“牟二黑子”牟墨林与牟氏庄园。这个家族给人的第一印象，或许是地主老财。其实，栖霞牟氏自明清以来，即是山东著名的科举世家。清朝三百年间，栖霞牟氏科第连绵，先后有十人进士及第。除仕途上的辉煌之外，牟氏族人“世代以儒显”，先后孕育出一批功力深厚的文学家、考据学家。这些人物中，牟墨林的堂兄牟庭，成就最为显著。

牟庭，初名廷相，字陌人，号默人，清乾隆六十年（1795）贡生。曾任观城县训导，任职不久，即以病去官返乡。自此牟庭闭门读书，著作等身，终成一代大师。

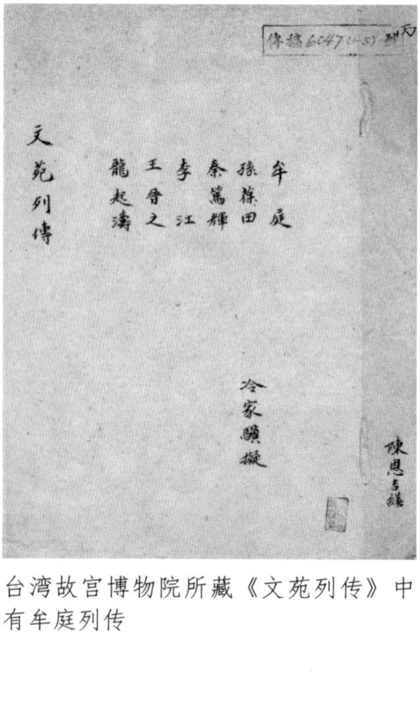

台湾故宫博物院所藏《文苑列传》中有牟庭列传

科第不顺　人称“南臧北牟”

牟庭博学好古，好为古文，所作文章，洒脱自由而又深远高雅，颇有汉魏时期文人风度。著名学者阮元在其《小沧浪笔谈》中评价牟庭云：“栖霞牟廷相，能以古文为时文，诗亦古雅可诵。”但当时科举考试以八股文为重，牟庭的文风并不占便宜。牟庭刚做诸生时，当时的山东学政对其文采很是欣赏，牟庭一时名声在外，以至于每次来山东主持

牟氏庄园

乡试的官员，都以一睹其真面目为快。

牟庭非凡的才学，也招致了某些人的嫉妒。有一次牟庭赴济南参加乡试，发挥不利，文章写得很不理想。恰巧当时的主考官是个心胸狭窄的人，听众人说起牟庭的才学，一股莫名的嫉妒涌上心头。考试完毕，主考官一看牟庭的试卷，大笑：“就这破文章，也好意思说是奇才！”这老先生特意把牟庭落榜的试卷带回北京展示，“意在暴扬其短”。而牟庭不愿意改变文风，这就注定了其科考无望。他一生参加乡试 18 次，却一直没能有什么突破，最终以贡生终老。

当时名闻全国的学者、江苏武进人臧在东，著述无数，然科举仕进之路，跟牟庭相似，以诸生终老。当世学者孙星衍对两人的学问都极为佩服，称此两人为“南臧北牟”。臧在东本来对牟庭惺惺相惜，听到“南臧北牟”的说法后，很是高兴，很得意与牟庭并称。

清乾隆五十一年（1786），牟庭到济南参加乡试。当时的山东学政是浙江仁和人赵佑先生。考试中，牟庭每作完一文，赵佑即大声赏叹，并称赞他是“第一秀才”。当时赵佑作为“海内名家”，“一时文士所共禀仰”，能得到他如此高的评价，众人对牟庭无不刮目相看。可牟庭深知“树大风必摧之”的道理，并不窃喜。牟庭一生科举不顺，也印证了他当时的清醒自知。

清乾隆六十年（1795），牟庭进京拜访恩师赵佑。当时的赵佑，已年老多病，目不能视。得知牟庭的坎坷遭遇，赵佑激动地抱着牟庭的胳膊说：“上苍对你不公啊！”又说：“你当年的试卷，我一直珍藏在箱子里。到现在，我还能流利地背诵出来呢。”说罢，当即背诵了一大段。

见恩师如此牵挂自己，牟庭感动得痛哭流涕。

四年之后，赵佑病重。在其去世十日之前，有栖霞的老乡到吏部应选，顺便前往赵佑家拜访慰问。当时赵佑的枕边正放着牟庭当年的试卷，赵佑对来访者遗憾地说：“我本来打算把牟庭这卷子刊刻行世，使得美文能得以传世，看来是不能如愿了。希望你回去转告牟庭，让他以后刻书的时候，一定要把这篇文稿加上。”后来，牟庭果遵恩师的嘱托，在编纂《雪泥书屋稿》时，把此文加入其中，并题记一则，详述经过。

专注经学　著作命运多舛

牟庭酷爱读书，家里藏书甚多，可与李文藻、周永年、陈介祺、刘喜海等藏书家相比。藏书之处有“雪泥书屋”“横经精舍”等。眼见科举仕途无望，牟庭遂把一门心思用在了做学问上。牟庭读书“学无不窥”，读书时总不忘随时批校。这位闭门埋头苦读的书生，可算是“资深宅男”，“家居非应试不出，邑人罕识其面者”。牟庭一生著书近五十余种，但因家境困难，刊刻行世的并不多。牟庭去世后，其子牟房纂集遗书，编为《雪泥书屋遗书目录》。牟庭在经学颇有成就，很多学者都与其来往甚密。如“一代文宗”阮元与牟庭相交，为其书室“横经书舍”题写匾额。

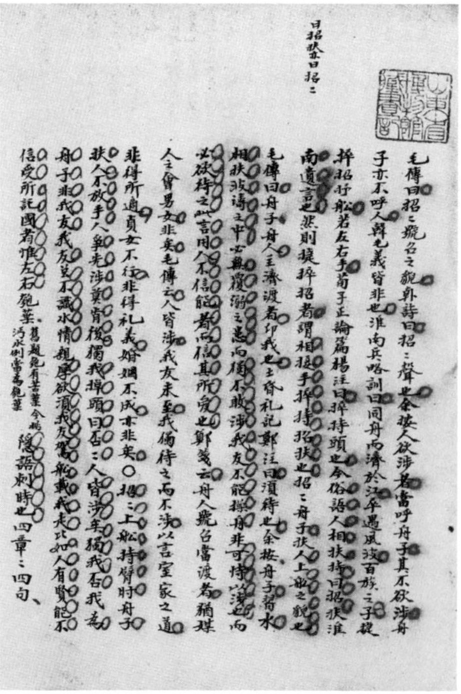

牟庭稿本《诗切》

牟庭专注经学考据，与栖霞籍的经学大师郝懿行成为至交，时有切磋。这两人平素都是沉默寡言，却常常为研讨某个问题，争得面红耳赤。除共同研究学术外，两人还经常一起游学各地。郝懿行每有著述，便与牟庭商讨推敲。郝懿行批注《礼记》《汉书》，书中很多观点即参考自牟庭。其《晒书堂文集》中，所引牟庭评语甚多。而牟庭在经学考据上的很多观点，亦参考了郝懿行的意见。

清嘉道年间的胶东小城栖霞，同时涌现了郝懿行、牟庭两位名震全国的经学考据大家，这与两人的勤奋砥砺是分不开的。

牟庭在学术上最大的成就就是对今文尚书的研究，其代表作为《同文尚书》。这部心血之作，牟庭从30岁左右开始编纂，到其74岁辞世时，尚未定稿。其子牟房整理书稿后，携带至浙江刻版，不巧太平军进攻浙江，牟房只得将书稿带回山东。

几十年后，福山王懿荣得到书稿，亦想校刻，却因八国联军入京，懿荣以身殉国，书稿亡佚。其后，国学大师栾调甫先生得到书稿，经其校勘之后，正准备出版之时，却为"七七事变"所阻。又过了几十年，著名学者、时任山东省图书馆馆长的王献唐重加整理，想出版此书，结果却因各种原因，终未能如愿。

王献唐先生去世20年后，1982年，齐鲁书社影印王献唐抄本《同文尚书》。一部命运多舛的传世经典，终于得以与世人相见。

孙熹圣："电影"是他起的名

2005年，中华民族文化促进会主办了一项名为"20世纪华人摄影经典作品"的评选活动，选出的160幅作品中，有两张照片出自同一个家庭，分别由母子二人拍摄。这个家庭，就是中国的著名影像世家——掖县（今莱州市）孙熹圣家族。孙熹圣是中国首次将"cinema"的英文名称翻译为"电影"一词的人。其子孙明经，则是中国电影高等教育的开山宗师。

登州文会馆的洋玩意儿

第二次鸦片战争前后，美国北部长老会派遣传教士到登州传教。1864年9月，美国北部长老会著名传教士狄考文夫妇开办了小学性质的蒙养学堂。1876年，狄考文将蒙养学堂改为登州文会馆，由一般小学升格为书院。1881年，又扩建为大学。

孙熹圣

晚清时来华的传教士，大多在国内接受过良好的教育，因此他们所创办的学校便较多地体现着西方近代教育体制的特点，这与当时中国尚存的封建教育体制大相径庭，国人对其认知和接受程度低，教会学校因而蒙受偏见，办学困难重重。当时只有求学无望的穷苦人家的孩子，万般无奈之下才会到传教士办的学校读书。登州文会馆为招揽学生，为学生提供食宿、衣物、书籍和学习用品，负责为孩子治病，但生源仍是不足。

1918 年的孙熹圣与儿子孙明经

为吸引更多的中国年轻人入学，狄考文苦思冥想，终于想出了一个妙招：他让招生的老师跑到集市上，在面前摆上三件洋玩意儿：一是一张招生老师本人的大幅照片，二是一架船用单筒高倍望远镜，三是一台显微镜。“今天来看这三样东西当然不是什么稀奇，可在 1882 年，特别是在地处山东海边的小城登州，就大不同了”。靠着这三件洋玩意的广告效果，登州文会馆吸引了众多年轻人的眼球，也招来了众多的优秀学生。

1886 年，掖县夏邱堡槐树里头村的孙熹圣，就被登州文会馆的三件洋物件吸引了。不久，孙熹圣向父亲提出，想去登州文会馆学习。孙熹圣家家境不错，父亲孙世兴当时在村子里办了一所崇德小学，供本村孩子上学，在当地也算是有身份的人物。依孙家当时的条件，想读书没问题，至于去只有穷人家孩子才考虑去的教会学校吗？好在孙世兴见多识广，比较开明，支持孙熹圣去登州文会馆。这一年，孙熹圣成了登州文会馆的大学生。孙熹圣入学后，乡邻对其母亲说，登州文会馆用免费招生做幌子，是想以后拿学生做人体试验，以后要挖心剖肝的，孙熹圣的母亲听后惴惴不安。及至孙熹圣到家后，母亲看见儿子变得更健康强壮，才不在意乡邻的流言蜚语了。

后来，在孙熹圣影响下，他的三个弟弟一个姐姐也先后做了登州文会馆的学生。一家五姐弟同校就读，这也成了登州文会馆大学部的独一份。

给“西尼马”起个中国名儿

孙熹圣的勤奋好学，渐渐得到登州文会馆校长狄考文的赞赏，后来成为狄考文的得力助手。

登州文会馆是中国较早开展照相术教育的大学。在登州文会馆的教学安排中，照相术被排列在“格致”这门课中。当时学校以《格物入门》《光学揭要》等书做教材。其中的《光学揭要》一书，出版于1894年，是由登州文会馆第二任校长美国人赫士与登州文会馆早期毕业生朱葆琛合作成书，是我国较早的一部系统传播光学与摄影术的中文专著与教科书。孙熹圣在登州文会馆所受到的系统大学教育，使他可以自如地运用中英文教材学习照相术，也使其成为“最早得到科学技术与教育结合给予教育带来变革的实惠”的那批中华学子中的一员。

为便于传教，1899年，美国的教会组织把一架电影机和若干影片节目以及胶片运送到登州文会馆。“它还没有中文名字，它的法文名字是cinema，英文叫film，因为上面的影像来自‘菲林’（胶片）。当时的这些电影机一机三用，可以拍摄，可以洗片，可以放映。但这台电影机并没有留下拍摄过什么电影的记录”。登州文会馆的美国传教士也是第一次接触电影机，完全不知道这是什么东西，更不知道如何放映。为此，他们叫来了对照相术颇有心得的得意门生孙熹圣帮忙研究。孙熹圣摆弄半天，当终于把电影照在白墙上时，传教士和他的学生都惊呆了！因为这是他们第一次看到cinema。就这样，孙熹圣成了中国电影史上第一位放映助理。

登州文会馆编纂的《光学揭要》

当时，登州文会馆除国文一科部分使用中文讲课外，其他课程全部用英语授课，除白天课外，每日还有早课晚课，周日全体师生还必须在教堂做礼拜。学生学习压力较大，可用来娱乐的时间只有周末的晚上。学校就把这架电影机交给学生，作为课外的一种娱乐游戏用具。有些登州文会馆的师生按照cinema一词发音，把这电影机叫做“西尼马”。随着观看电影机的人越来越多，慢慢的，"周末西尼马"便成了登州文会馆一项每周必有的娱乐。在一次放映活动中，有个同学问："这个东西叫什么？"放电影的传教士犯了难，"西尼马"，跟马一点关系都没有，为何也叫"马"？为了让中国老百姓容易理解，传教士便和他的学生助手孙熹圣商量，必须给"西尼马"起一个中国名字，让中国民众一听就能明白。

中国人对舶来品的命名，习惯在前面加个"洋"字，如洋火、洋柿子、洋枪等。为此，曾有人把 cinema 称为"西洋影戏"。当时正好有一个演滦州皮影戏的班子在当地演出，孙熹圣联想到 cinema 和皮影戏都是让人看影子，而 cinema 是把影子照射到墙上，于是提议叫"墙影戏"。传教士听了孙熹圣的解说，连连摇头，说："我们看到的影的确是在墙上，可并没有戏呀，这不是戏，一切都是真的东西，真的教堂，真的牧师，真的教民，真的屋，真的马车，真的人，它和皮影戏完全不同，皮影戏是在演戏，而 cinema 是科学。你看，这些机器用的原理是机械学，而光源的产生用的是电学。这里，是把机械能转变成电能再转变成光能，然后，再把 film 上的像，通过镜头变成影像投射到墙上。你说，我们在墙上看到的是什么？完全没有戏，你能不能用两个或三个，最多四五个中国字，来描述我们在墙上看到了什么？"孙熹圣想了又想，最后脱口而出："叫'电能造活动影'！我们在墙上看到的是电能造成的活动的影像呀！"传教士想了想，说："有没有办法保留这个意思，而又让字数减少一些呢？"就这样，从"电能造活动影"减成了"电活动影""电造活影"，进一步又减成了"电造影""电活影"。传教士考虑到词语要音节更简单、更好说、更好记，就提出只用两个字。

最后，孙熹圣把这两个三字词的中间字去掉，于是"电影"一词就诞生了。

与黄兴偶结一段缘

1903 年，热爱摄影的孙熹圣从山东登州文会馆来到金陵大学任教。为调解课堂气氛，孙熹圣将电影搬进了教室，每次上课前放映几分钟。

孙熹圣拍摄的植树节上的黄兴（前者）与张謇（戴礼帽者）

他可算是最早在中国大学课堂中放映电影的中国教师。

尽管孙熹圣多年前已把 cinema 翻译为“电影”，但直到辛亥革命时期，当时的国人大多不知该如何称呼电影机。“电影”一词在中国的推广与应用，辛亥革命领导人黄兴功不可没。

众所周知，黄兴是辛亥革命元勋，与孙中山常被时人以“孙黄”并称。1913 年，有人放 film 给黄兴等人看。看片毕，黄兴问：“film 中文名叫什么？”在场有人回答说：“上海、北京、南京的许多新闻纸（报纸）上多叫影戏，南京有位学者叫孙熹圣的，把它叫‘电影’。”黄兴听后说：“film 应该有一个中国名字，‘电影’两个字是中国人自己叫的，我觉得合适，我建议从今以后别再叫 film，就叫电影，大家说好不好！”

为更好地在全国推动植树造林，1915 年，在黄兴支持下，由当时的国民政府实业总长张謇批准并发布了设清明节为“全国植树节”，这是中国“植树节”的由来。

次年的清明节，黄兴和张謇在南京紫金山麓主持了中国第一个植树节。作为南京金陵大学教师的孙熹圣，应邀参加活动并负责摄影。他在活动现场拍下了大量照片，其中包括黄兴、张謇主持植树节开植以及参加植树节的全体中外人士在紫金山麓植树现场的留影等珍贵画面。

乱世书生护人文

胶东这片土地，素来文人辈出，著述如林；古迹浩瀚，星罗棋布，人文沉淀相当深厚。在外敌入侵的战乱年代，为了保护胶东的人文资源，传承胶东文化的根脉，众多热爱这片故土的人们为之英勇奋斗乃至壮烈牺牲。这其中，“王景宋”是一个值得后人铭记的名字。

曾经是商人

王景宋（1906—1955），原名王信廉，黄县城关东张家沟村人，中学毕业后随父到哈尔滨经商。父亲的生意做得风生云起，他当有一份功劳。

彼时，日寇觊觎东北已久，不断在东北挑起事端，战争阴云迫近。王景宋看清时势，已无心经商，于1930年冬回到家乡。他深知，在国家面临外敌侵略之际，加强对普通民众的教育，唤醒民众的民族意识，是当务之急。正好当时县里的有识之士一度动议筹建图书馆，与王景宋的想法不谋而合。王景宋在黄县商界颇有声名，于是，众人公推他来筹办此事。王景宋东跑西奔，四处募集建馆经费，经过一年的努力，黄县公立图书馆终于在1931年正式成立，王景宋被委任为馆长。

1932年的王景宋

当时的山东省政府正在依托各地原有的公立图书馆，大力发展民众教育事业，鉴于黄

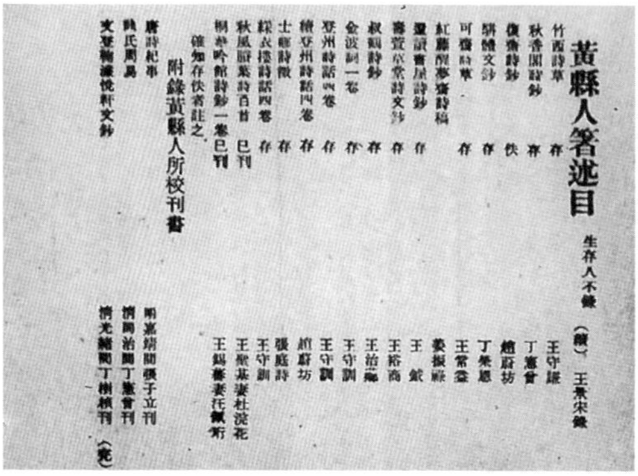

黃縣人著述目（續） 生存人不錄 王景宋錄

竹西詩草 存 王守謙
秋香閣詩鈔 存 丁憲曾
復齋詩鈔 佚 趙蔚坊
駢體文鈔 存 丁榮恩
可齋詩草 存 王常鎣
紅藤館夢齋詩稿 婁振灝
[illegible]讀書屋詩鈔 存 王鍼
壽萱草堂詩文鈔 存 王裕商
淑嫻詩鈔 存 王治薌
金波詞一卷 存 王守訓
登州詩話四卷 存 王守訓
續登州詩話四卷 存 趙蔚坊
士鄉詩徵 存 張庭詩
綵衣樓詩話四卷 存 王守訓
秋風賸葉詩百首 已刊 王鼎基妻杜浣花
桐華吟館詩鈔一卷 已刊 王錫蕃妻[illegible]
確知存佚者註之

附錄黃縣人所校刊書

唐詩紀事 明嘉靖間張子立刊
賈氏周易 清同治間丁憲曾刊
文選[illegible]軒文鈔 清光緒間丁樹楨刊（完）

王景宋著述

县公立图书馆优良的设施条件，1932年，遂将黄县公立图书馆改为“山东省民众教育第五试验区黄县民众教育馆”。此举的目的，是想通过把黄县民众教育馆设为山东省民众教育试验区，抓个典型，在全省推而广之。王景宋果然不负众望，黄县民众教育馆获得了充足的资金，建设了条件一流的图书馆、博物馆、篮球场、网球场等设施，还配备了电影放映机、巡回书车等。曾经是商人的王景宋，深谙宣传之道，在他带领下，黄县民众教育馆特别擅长“吆喝”，凡举办活动，必吸引大量群众踊跃参与。他们还有自己的喉舌：所刊发的《黄县民友》等刊物，广为人知。因民众教育事业成绩斐然，黄县民众教育馆成为山东省乃至全国的典范，曾受到国民党南京政府教育部的表彰。

王景宋对家乡故土十分热爱，平时用心搜求黄县的文物，积极挖掘黄县的人文资源。在其努力下，汉代归国故城文物、北魏鞠彦云墓志、明代大慈悲寺铜佛等，都被黄县民众教育馆征集并有效保护。《黄县民友》周刊以挖掘黄县人文资源为己任，先后整理并连载了黄县著名学者王守训、王常师、张鹏程、杜明甫、张梯青等人的著述，使得这些作品得以传世。

乱世有担当

1937年11月，国民党黄县县长谢宝桢听闻日本即将侵略龙口，吓得携带巨款逃至烟台。虽然后来日寇只是路过龙口一两天，但黄县国民党政府却因此一时群龙无首。王景宋因主持黄县民众教育馆成绩斐然，加之一向主张抗日，有良好的群众基础。1938年，黄县地方实力派游说王景宋出任黄县县长。王景宋心中忐忑，他知道自己不过一介书生，乱世中哪有能力主政一方？但国难当头之际，正是大丈夫报国之时，为了家乡不致陷于更大的混乱，王景宋挺身而出，在黄县城墙上挂起了青天白日的国旗，毅然出任黄县县长。

不久，王景宋领取平度张金铭部第九纵队番号，被任命为国民党第五战区直属十六支队第九纵队司令。这年 2 月下旬，王景宋与刚成立的中国共产党领导的山东人民抗日救国军第三军第三大队达成协议，联合抗日。尽管双方磕磕绊绊，但合作一度较好。4 月，战斗在寿光、昌邑、潍县一带的八路军鲁东游击七、八支队东上胶东，下旬抵达黄县。见对方不打招呼，突然兵临城下，王景宋十分恐慌，担心共产党游击队吞并了自己所部，就多方阻止对方进城。因此，双方的合作事实上已经破裂。在这种情况下，鲁东游击七、八支队被迫发动突袭。4 月 27 日拂晓，鲁东游击七、八支队在山东人民抗日救国军第三军第三大队的配合下，突袭黄县城，武装整编了王景宋所部人员。

之后，王景宋消失在了大多数人的视野中。关于这段时期王景宋的经历，《龙口市志》《烟台市文化志》等，都说“王景宋回乡赋闲”。据近几年所出版的文献资料来看，事实并非如此。原来，当时胶县人姜黎川在胶州、平度、即墨三县边界拉队伍抗战，号称“山东民众抗日救国军游击队”，队伍规模一度达到 7000 多人。姜黎川曾任《青岛时报》的编辑，与王景宋关系不错。一时落魄的王景宋，仍然怀抱抗日救国之志，就跑到胶县，投奔了姜黎川。姜黎川很赏识王景宋，就让他做了秘书。王景宋因组织办事能力较强，当时部队里的不少黄县老乡都聚集在他周围，素有“黄县帮”之称。

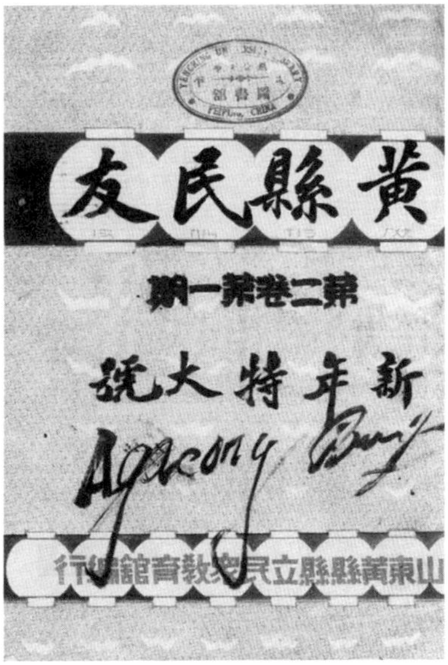

王景宋创办的《黄县民友》书影

因当年在黄县被整编的遭遇，王景

宋对八路军很有情绪。老共产党员崔介的《拾遗集》，曾描述了当时在胶县与王景宋交往情况。崔介说：“有一次，我谈到我党的统一战线，王景宋听了后说‘统一战线就是把力量统到自己手里来’。”显然对我党的政策成见很大。尽管如此，我党一直没有放弃对王景宋的统战工作。有一年，王景宋在黄县张家沟的家属遭到土匪抢劫。区政府闻讯后，立即派人到他家安慰、看望，并把其家属从敌占区秘密送到了根据地。最终王景宋被我党的统战政策打动，先是在姜黎川部积极主张联共抗日，后来毅然脱离该部，加入共产党部队。

重新回到人民怀抱的王景宋，如枯木逢春，投入到忘我的工作中。在1942年6月召开的胶东区临时参议会上，王景宋被选举为胶东区行政主任公署候补监察委员；在1943年8月召开的胶东区第一届临时参议会第二次会议及1945年10月召开的胶东区第二届临时参议会第一次会议上，王景宋均被选举为行政委员。随着时间的推移，王景宋在政治上日渐成熟起来，在抗战胜利前夕，他终于成长为一名合格的共产党员。

奔走揽珍藏

1943年10月，中共胶东区党委、胶东区行政公署成立胶东图书馆，着手收集根据地内的古籍和金石古物，王景宋被委任为馆长。胶东图书馆的设立，是以抢救文化为己任，而不是像现在的公共图书馆那样，以提供服务为责任。王景宋一直以来就重视保护胶东文化遗产，现在专门负责干这个了，更觉得担子之重。

他第一个想到的，就是抢救黄县的古籍。但那时的黄县，已经是日寇的天下。如何把这批古籍征集上来并平安运到解放区？王景宋思虑再三，找到一条可行之路：他做通了崇实中学负责人王季生、王玉生和张家沟圣泉小学校长张雪楼的工作，委托他们把图书征集起来，捆绑成件，然后约定时间，由黄县独立营掩护，最终安全运抵解放区。

1945年日本投降后，胶东行署派高兢生等同志到东北地区巩固地方政权。在大连远东炼油厂接收敌产时，意外发现罗振玉所藏甲骨1234

片，此箱文物是日本人战败后未来得及运走的。在王景宋等努力下，这批国宝后运抵栖霞，先由胶东图书馆保管，1951 年后运至山东省文管会，后来成为山东省博物馆的镇馆之宝。

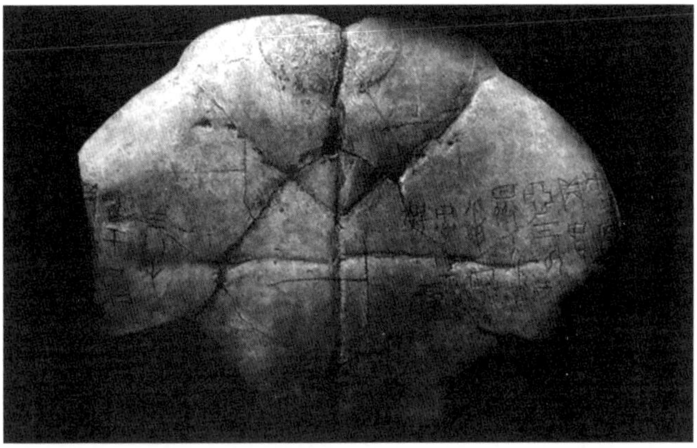

山东省博物馆藏罗振玉甲骨藏品

经王景宋恳切呼吁，1947 年 3 月，胶东行署发出《征集图书启事》，凡土地改革中所得及民间收藏的古今图书都在征集之列，并规定奖励办法。同年春天，胶东图书馆在黄县设立“北海书库”，收藏“土改”中清查出来的图书、古物。黄县丁氏家族所藏大量国宝级青铜器，就在这一时期，逃过国民党还乡团的劫掠，被胶东图书馆征集并有效保护。

在王景宋呕心沥血的努力之下，大量的古籍、文物被收集到胶东图书馆。到 1947 年，该馆藏书已达 14 万册之多。胶东图书馆的古籍、文物存量，在国内小有名气。1947 年 6 月，时任中共华东局文委书记的作家阿英来到胶东，曾慕名专程徒步 50 余里，前往时在海阳西鲁家夼村的胶东图书馆。在一个多月的时间里，阿英泡在胶东图书馆里，遍览珍藏，馆中藏书之珍稀令其深受震撼，最后以饱满的热情撰写了《胶东访书记》一文。

其后，王景宋曾任青岛市文管会副主任委员、山东省古代文物管理委员会副主任委员等职。随着岁月的流逝，这位书生于乱世中抢救乡邦文化的热忱与贡献，已经少有人知了，只有那些经他之手得以躲过战乱的古籍、文物，如今静静地躺在图书馆、博物馆里，向来者诉说着不平凡的往昔。

民初报人郑千里

1915 年，福建人郑千里从上海来到烟台，一住十年之久。郑千里是福建闽侯人，生年不详，卒于 1944 年。客居烟台期间，作为一名活跃的报人，他积极参与各种社会活动，主持胶东新报社，著书立说，在烟台文化史上写下了浓墨重彩的篇章。现将《烟台要览》等文献中有关郑千里先生的零星记载汇总如下，以期纪念这位对烟台文化做出过贡献的知识分子。

繁忙的社会活动家

郑千里旅居烟台数年，早把这个城市视为自己的第二故乡。加之强烈的社会责任感，是以他满怀热情、不知疲倦地参与了众多社会活动。

民国初年，随着启蒙运动的深入以及国事危难，民众对外交的关注更加密切，大大小小的外交事件都能听到民众的声音。在这种思潮下，20 世纪 20 年代，各种国民外交团体如雨后春笋般在各地成立，“烟台国民联合会”就是在这种背景下成立的。

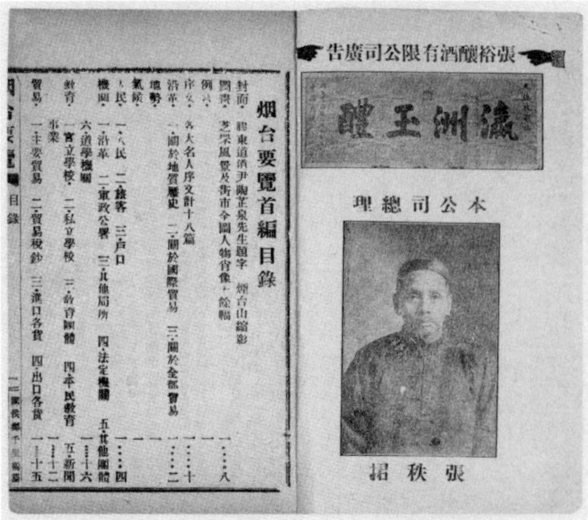

《烟台要览》书影

所谓国民联合会，为联合烟台商界、国货界、教育界、学生界、报界、农界、绅界、律师会、青年会、基督徒及天主教各界代表人士所组成的群众性政治团体。该组织设会长、评议、干事、演讲团、防卫团、学生团等机构。郑千里出任讲演团团员，经常参与该会的演讲活动，常受好评。

民国时期，提倡社会教育，以“巩固社教防闲，尊崇公众道德，鼓励国家观念，阐扬共和原理，灌输实业知识，注重体育卫生，提倡家庭教育，解释现行法令”，为此很多地方都设立了“通俗演讲所”等机构。

在徐宗民、郑千里等人发起与组织下，烟台成立了“私立通俗演讲所”。该所选出演讲演员，轮流宣讲。每周开讲一次或两次，内容以劝善、除毒害、除迷信陋习等为主，兼及生计、卫生、时事等方面，颇得社会欢迎。

为促进烟台教育事业的发展，民国五年（1916），在万坤山、澹台玉田、陈季安、郑千里等倡议下，成立了“烟台镇教育会”。郑千里调研国内及烟台的教育情况，起草了该会会章，并报部立案。该会除了主持全市的教育事务外，还附设有平民夜学校，以加强对普通市民的业余教育。

1920年，直隶、河南、山东等北方三省大旱，三省几乎一半地区遭遇旱灾，受灾人口共计达到2800万人。为实行赈灾，烟台的商人们成立了筹赈协会，后演变为“胶东赈灾公会”。该会“因当地绅商对于恤灾救邻之事业素具热心，历次办理赈务均卓有成效……其办赈情形，以施本省灾区为主，外省之灾情较重者为辅”。郑千里在该会任总干事，积极参与赈灾工作。

身为福建籍人士，郑千里很乐于参与在烟福建商人的公共事务。

烟台开埠前后，福建商帮是烟台的一支重要商业力量。该商帮先后在烟台倡建了天后宫（大庙）及福建会馆。尤其是福建会馆，历时二十余年，耗资巨大，建筑美轮美奂，时称“鲁东第一工程”。除此之外，烟台其他沿海城市，如蓬莱、牟平、海阳等地，亦建有妈祖庙，这些足以说明当时福建商帮在烟台经商的繁盛。

因福建商帮在烟台人员众多、影响力巨大，为加强同乡间的交流与合作，福建商帮在福建会馆内成立了“旅烟福建同乡会”。20世纪20年代，该会名誉会长林伯蔚、谢莘岩、江炳星，正会长林子忱。郑千里因在烟台新闻媒体、社会活动领域的巨大影响，被福建同乡推举为副会长。

活跃的办报人

民国三年（1914），原先与日本人桑名贞治郎共同合办《芝罘日报》的王子雍、李循芳等人，因日本向中国提出“二十一条”苛约，市民对该报有排阅情绪，遂与日人拆股，独立刊行《芝罘商报》。1915年，该报聘请郑千里为主笔。在郑千里的主持下，该报“风行甚畅”。

民国初年，中国的社会环境险恶，“外交紧急，内讧时兴”，法制、实业、财政各方面均危机重重。社会责任感极强的郑千里，日渐不满在《芝罘商报》工作时的受制于人。

为充分展现自己的抱负与理念，1917年，郑千里在烟台棋盘街瑞成巷（即现在的胜利路北首）创办《新芝罘报》。该报以“开淪民智、发育民生、伸张民权、淬励民德”为宗旨，希望通过创办报纸“监督政府、改良社会、振兴工商、提倡教育”。该报在“复辟安福之战”等报道中，因“消息独灵”“力持正议”，深受烟台人民欢迎。“初创时未满一周，声誉鹊起”。《新芝罘报》后来因内部改组，更名为《胶东新报》。该报所聘编辑有牟铭三、林半山、郑桐衣等。在“奉直之战”（张作霖、吴佩孚间的军阀混战）中，该报因载有直军不利战讯，被山东戒严司令所勒封。后来因该项消息，上海《申报》《新闻报》，天津《益世》《太晤士》等各报纸，“皆有同一之纪载，当局以其非臆造事实故散谣言者比，准予启封”。

民国十二年（1923）一月，该报与美国人韦维廉合办，以韦为经理，郑千里自任总编辑。在此之前，郑千里一直担任该报经理。

勤奋的著书者

作为一名长期活跃于烟台的新闻工作者，郑千里对烟台的文物、礼教、商务乃至内政、外交等，十分熟稔。在实际工作中，郑千里感慨有关烟台的文献资料过于匮乏，于是立志撰写一部有关烟台的权威文献。

自民国六年（1917）起，郑千里在编辑工作之暇，开始搜集资料。历时六年，“期间费时数千百日，改订二三十次，所事可谓难矣”，至十二年（1923），终于脱稿。是年，郑千里终于遂愿，这就是由胶东新报社出版的《烟台要览》。编纂者严谨求实的史学态度、翔实丰富的资料和朴实无华的文笔，使《烟台要览》在烟台文化史上占有一席之地。书中的资料，大多来自作者亲身调查或官方报告，因此具有较高的文献价值。

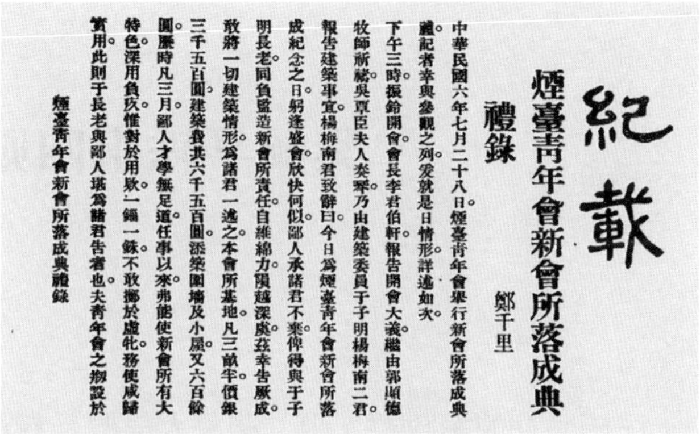
紀載

煙臺青年會新會所落成典禮錄

鄭千里

中華民國六年七月二十八日。煙臺青年會舉行新會所落成典禮。記者幸與參觀之列。爰就是日情形。詳述如次。

下午三時。振鈴開會。會長李君伯軒報告開會大義。繼由郭顯德牧師祈禱。吳覃臣夫人奏琴。乃由建築委員于子明楊梅南二君。報告建築事宜。楊梅南君致辭曰。今日爲煙臺青年會新會所落成紀念之日。躬逢盛會。欣快何似。鄙人承諸君不棄。俾得與于子明長老。同負監造新會所責任。自維綿力。隕越深虞。茲幸告厥成。敢將一切建築情形。爲諸君一述之。本會所基地。凡三畝半。價銀三千五百圓。建築費共六千五百圓。添築圍墻及小屋。又六百餘圓。歷時凡三月。鄙人才學無足道。任事以來。弗能使新會所有大特色。深用負疚。惟對於用款。一錙一銖。不敢擲於虛牝。務使咸歸實用。此則于長老與鄙人堪爲諸君告者也。夫青年會之剏設於

煙臺青年會新會所落成典禮錄

1917 年郑千里在《青年进步》杂志撰文

民国时期，烟台相继出版了有关烟台城市概览性质的四部图书，《烟台要览》是其中出版最早、文献价值最高的一部。除此之外，该书还刊登了民国时期大量知名烟台企业的广告，如张裕、醴泉啤酒、瑞丰面粉、政记轮船公司等，这些都是研究烟台现代工业的重要资料。《烟台要览》出版后，在诚文信书局、胶东新报社、世界书局支店及本埠各大客栈销售发行下，畅销一时。受此鼓舞，郑千里又紧锣密鼓计划出版此书的续编。此书分福山志、格言、礼制、文件、尺牍、商务、家事、饮食、器具、医药、游戏等 26 篇，因“专为供给普通社会实用起见”，“故渐趋于日用常识”。郑千里还著有《千里文存》，又编《中华世说》四卷。但《烟台要览·续编》《千里文存》《中华世说》各书因各种原因，终未刊行。

吴佩孚轶事四则

民国时期的军政要人中，蓬莱人吴佩孚赫赫有名。他一生的主要行迹，近几年报端屡有披露，人们对他了解得已经比较多了。值得一提的是，早在民国时期，有关吴佩孚的传记就多达几十种，如《吴佩孚将军生平传》《吴佩孚历史》《吴佩孚正传》《吴佩孚将军传》等。这些传记中，记载了吴佩孚的不少轶事，这为我们全面了解吴佩孚这个历史人物，提供了更加丰富的资料。

真正的嗜好

在那个军阀割据的年代，军队里大凡有点权力的人物，都有形形色色的嗜好。师长、旅长们有的金屋藏娇，有的不惜到苏杭去买笑。这些军队长官挥霍的花销，自然来自他们对部队军饷的克扣。吴佩孚对部队中的这些不良现象深恶痛绝。他所管辖的军队，军饷全额支付，杜绝虚报冒领军饷的现象。吴佩孚在军饷方面的严格管理，被誉为楷模。

《时代》封面上的吴佩孚

对于女色，吴佩孚自始至终只与结发妻子张佩兰相伴，从不拈花惹草。吴佩孚未参军之前，一度喜好饮酒。每当抑郁无聊的时候，总喜欢借酒浇愁。参军后，当时军中禁酒，吴佩孚从此果断戒酒。偶尔遇亲朋宴会的时候，有朋友知道吴佩孚过去喜欢饮酒，就打算与他猜谜行令，吴佩孚见状，必定会逃离宴席。对此，吴佩孚说：“古人云，酒能误事。军情瞬息万变。当兵的欢呼畅饮，酒醉如泥。万一有敌情，又如何杀敌卫国呢？我并不是不喜欢喝酒，是因为我身为军人不得已啊！”有人问：“吴将军难道就一点爱好也没有吗？”吴佩孚说：“爱好是人的天性，我怎么能免除呢！只是我这个人，以无一嗜好为嗜好。除了我军人的天职之外，没有什么事能打动我。这才是我的真嗜好啊！”

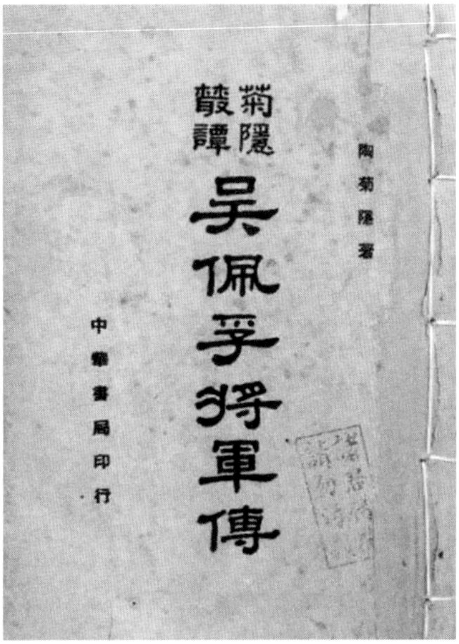

1941 年出版的《吴佩孚将军传》书影

搅黄了督军的寿庆

民国时期，吏治腐败之风愈演愈烈，大有超过晚清之势。就祝寿来说，清末时，下属为上级集资祝寿，一般只是在六十、七十岁以上的才大庆；祝寿礼金，从一二百元到五六百元，视交情深厚有别。到了民国时期，则不管岁数，只要上级生日，下属需一年一祝，且寿礼十倍于晚清。

1919 年，时任湖南督军的张敬尧正逢四十岁生日。张敬尧是个贪财好色之人，自然不会放过这借祝寿揽财的好时机。而下属们为了讨好张敬尧，也各显神通。有的忙着撰寿文、征寿诗，有的从北京请来名伶演唱，有的到苏浙一带购买绸缎、采办瓷器或古玩等，简直忙作一团。当时吴佩孚正驻兵湖南衡阳，听说张敬尧在长沙大做其寿，肆意搜刮，闹得乌烟瘴气，就给张敬尧写了几封信，忠言相劝。但张敬尧我行我素，置之不理。吴佩孚气愤地对部下说：“张敬尧做湖南督军，搜刮的民脂民膏已不可胜数。现在借祝寿的名义，大肆敛财。我们既然驻扎在湖南，就不能坐视有此败类！”吴佩孚随即给张敬尧发去电报，说：“今闻大

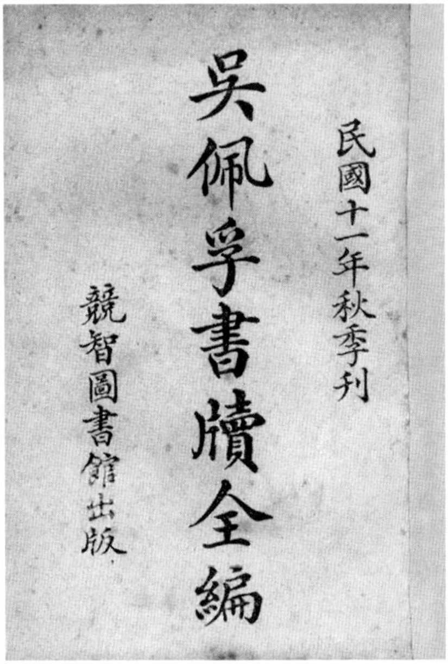

《吴佩孚书牍全编》书影

帅四十大寿，佩孚当率领全师，晋省庆祝。”当时的吴佩孚在湖北、湖南战场上所向披靡，是张敬尧一直忌惮、提防的人物。张敬尧接到电报后，十分惊愕，生怕吴佩孚率部前来，只得紧急下令停止筹办寿庆。

一个痛快的梦

1921 年 11 月，在美英日主导的华盛顿会议上，在顾维钧等中国代表强烈要求下，会议将收回山东主权和废除“二十一条”等议题纳入议程。在中国代表寄希望通过外交途径挽回国家权益之时，却传来北京政府亲日派总理梁士诒接见日本驻华公使，以图向日本政府借款赎回胶济铁路的传闻。此消息一经报道，国内骂声一片。

当时，吴佩孚的兵力已发展到十万之众，是影响中国的重要军事力量。但吴佩孚被奉系军阀张作霖等压制，被迫隅居湖南，求战不得，欲归不能。当吴佩孚听说了北京政府的卖国勾当后，义愤填膺。正所谓日有所思、夜有所梦，有一次在乘火车前往北京途中，因连日劳累，吴佩孚不久就进入了梦乡。在梦中，他偶与五六个穿着光鲜的人同坐火车，这几个人闲聊时，谋划的正是“以路权矿产做抵押，向日本借款，买枪购炮，灭掉直系的曹锟、吴佩孚”这样的话题。一旁的吴佩孚听得怒火中烧，猛地站起，一把扯起其中一个西装客的衣领，愤愤说：“你们这些卖国求荣的败类！国难如此，你们竟然还恬不知耻，如此祸国殃民，居心何在？”说罢抽出腰刀，将对方一一结果。梦醒后，回想梦境，依然在目，吴佩孚拍着巴掌，意犹未尽地说：“手刃卖国贼，解了心头恨！快哉快哉！”

帮助湖南灾民垦荒

1918年2月，吴佩孚领兵南下，血战湖南长岳，所向披靡。其后各军事派系划界停兵、商谈议和。吴佩孚每日除领兵训练外，经常出营，或到附近百姓家，或与群众闲聊，察访民间疾苦。湖南作为当时的战略要地，屡经战争，各地十室九空、田地荒芜，很多百姓流离失所。吴佩孚看着这一切，颇为心痛。有一次，他在难民集会上发表演讲，说："天降凶难，殃及湖南。百姓有什么错啊，你看看现在，妻离子散，哀鸿遍野，生灵涂炭。我们作为军人，有责任来帮帮你们。现在春天就要来了，正是耕种的好时节。与其看着那么多人饿死荒野，咱们不如把这荒地耕种。这样人人丰衣足食，咱们再也不用挨饿流浪了。"

这时不少难民嚷着："种地没问题，可我们买锄头、种子的钱都没有啊！"吴佩孚听后，大声说："如果没有钱来耕种，可以向衡阳直军司令部领取。本师长在那里备足铜元等候各位，绝不食言！希望父老乡亲们不要怀疑观望了。俗话说'一年之季在于春'，错过这耕种的好季节，这一年就没有收成，就继续挨饿吧！"

湖南的难民听后，欢呼雀跃，前往直军司令部领款购买农具、种子的，络绎不绝。吴佩孚此举，帮助了湖南数十万灾民，在湖南一时口碑载道。

张伯苓烟台往事

著名教育家张伯苓先生因其创立的南开系列私立学校而闻名于世。民国时期，张伯苓因演讲、学生入学、战事调停等原因，与烟台多次交集。

三天演讲十余次　差点误了回程火车

1923 年春，平民教育专家晏阳初应烟台基督教青年会之邀，来烟主持平民教育工作。在其努力下，烟台的平民教育工作成绩显赫，成为全国典范。

作为勇于创新、勇于探索的教育家，张伯苓不仅注重学校教育，同样重视社会教育。他积极推进当时的中国平民教育运动，参与发起创立了中华平民教育促进总会并担任董事。为支持好友晏阳初的平民教育运动，当时南开大学规定，每位学生在四年级毕业前，必须在河北省定县实习一个学期，参与晏阳初创办的平民教育计划，以便使学生获得农村生活的实际经验。

张伯苓

1925 年秋，烟台青年会响应上海全国青年协会的决议，于“双十”日发起全国公民教育大运动，计划于学校公民教育外，并扩及社会。烟台青年会为此召开干事会，认为开展此项运动最好的方式是讲演。通过邀请名家，围绕大众关注的社会问题展开讲演，如“对内如戒吸鸦片，禁止赌博”，“对外如不平等条约”等，可以增强公众的社会责任感，培养高尚人格。为此，烟台青年会决定邀请南开大学教授张伯苓在“双十”节期间来烟台演讲。

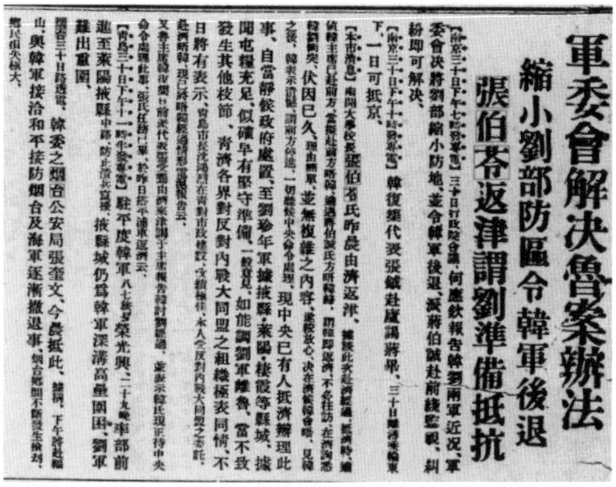
軍委會解決魯案辦法
縮小劉部防區令韓軍後退
張伯苓返津謂劉準備抵抗

《大公报》相关报道

孙中山先生去世后，张伯苓与汪精卫、余日章并称“当年全国可数三位最知名的演说家”。张伯苓接到烟台的邀请电报后，当即慷慨应允，“谓至期必当前来”。一起受邀的名家，还有不久前曾参加日内瓦会议，并游历英法美各国的中华基督教青年会副总干事顾子仁。

10 月 10 日，张伯苓应约在烟台就“教育救国”这一话题进行演讲。张伯苓抵达烟台时，烟台中华基督教组织教友及学生到烟台码头迎接。据曲拯民先生《遥想我父亲那个时代》记载，张伯苓下船时，迎接的人们全体高呼：欢迎，欢迎！欢迎博士张伯苓！

在演讲中，张伯苓主张德智体三育并进，强调重视体育、提倡科学、进行道德训练、培养救国力量，注重人格教育和道德教育。张伯苓的演讲，在烟台很受欢迎。在烟台青年会一再要求下，张伯苓在烟台的三天时间里，竟然演讲十余次。这次烟台之行，也坚定了张伯苓教育救国的信心。回忆起这次烟台之行，张伯苓后来说：“看见他们一般的青年男女学生，很有爱国的观念，所以我回来之后，有一种感想，还是要办教育。因为教育能够使得他们这样儿。”因烟台公众的热情，张伯苓一直到演讲结束才直奔车站，赶到车站的时候，火车正要开行，他差点因此耽误了次日在北京协和医学校的演讲。

“允公允能”严办学　烟台青年得其恩惠

张伯苓创办的南开学校蜚声国内，当时不少达官富人的子弟都想进南开这样的学校，社会上更有“得入南开，便可放心”之说。因此，动脑筋、想法子想进南开的大有人在。对此，张伯苓坚持原则，绝不因各种关系让学生违规入校；又秉持“允公允能”教育理念，积极推荐优秀学生入读南开。

1928 年 2 月，烟台青年会向张伯苓推荐一名叫王鸿远的学生入读南开中学。当时南开中学春季不招新生，张伯苓于 2 月 3 日立即给烟台青年会回信，建议王鸿远参加南开中学 2 月 6 日开考的插班考试。因时间紧迫，怕耽误王鸿远的学业，在信中，张伯苓一再谆谆告诫：“为时已迫，请见信后即转告该生，作速起程来津，勿稍延缓，方不致误。”

1928 年 9 月，烟台中华基督教奇山教堂高绍周的儿子高福生，参加南开中学三年级入学考试时，成绩很不理想。高绍周给张伯苓先生写信，希望能为孩子网开一面。张伯苓婉拒了高绍周的求情，他在给高绍周的回信中说，令郎的成绩太差，别说是三年级，就是入读二年级已属勉强。如果如您所说入读三年级，必然“听讲茫然”，“耽误令郎之进步”。

1925 年 10 月张伯苓应邀到烟台演讲时，烟台青年会有位打字员叫谷源田，“因家境贫寒，中途辍学谋生，但很想能有机会再进学校继续深造”。经烟台青年会总干事的介绍，谷源田有幸同张校长作了两次谈话。张伯苓为谷源田的学习精神感动，鼓励他到南开中学去，并且说可以在课余找点工作，以解决经济问题。1927 年秋，谷源田辞去了烟台青年会的工作，如愿考入南开中学高中二年级商科。张伯苓对谷源田的学习生活十分关注，经常找谷源田谈话，鼓励他要用功读书。考虑到谷源田的家境，南开中学安排他为借费生（南开学校为鼓励经济困难学生刻苦学习而采取的措施，实质就是免费）。就这样，谷源田通过半工半读的办法，最终以文理科同为第一名的优异成绩被保送入南开大学。忆起老校长对自己的恩情，谷源田曾深情地说：“张校长对一个素不相识、家境寒微的青年给予借费的待遇，并鼓励他采用半工半读的办法去完成学业，对青年人多么关心，多么爱护！”

为“韩刘之战”调停 教育家勇担国难

“九一八”事变后，“停止内战，一致抗日”成为全国人民的共同心声。张伯苓在《大公报》对外界表示：“废止内战为全国人民之公意，四万万人团结起来，试问谁敢内战，自成独夫？”在张伯苓等工商界、教育界有识之士努力下，1932 年 8 月，“废止内战大同盟”在上海正式成立。

1930 年前后，军阀刘珍年盘踞烟台。其地方割据势力的不断扩展，与山东省主席韩复榘的利益产生矛盾并日益加深，终在 1932 年 9 月 17 日于掖县（今莱州市）、莱阳酿成“韩刘之战”。

9 月 21 日，“废止内战大同盟”除给韩复榘急发电报全力劝阻外，立即在上海开会，公推张伯苓赴山东进行调解。张伯苓临行前，对《大公报》记者说：“国难当前，国人皆应矢志对外，决不容再有内战发生。不幸胶东战事竞（竟）于外患迫切之中发动，本人承废战大同盟之命，决赴济一行，恳请即时停止军事行动。”

22 日下午，张伯苓搭乘火车抵达济南，会晤山东省民政厅厅长李树春，“陈述代表废战大同盟及华北各界来鲁劝请韩刘两军停战、以政治公理解决胶东问题”，并打算亲赴莱州沙河劝说韩复榘。

23 日，韩复榘从沙河给“废止内战大同盟”发电，表示欢迎张伯苓前来协调。24 日，韩复榘从沙河返回济南，接见张伯苓并陈述战事原由。25 日，韩复榘复电“废止内战大同盟”，谓：“张伯苓到济，晤谈甚洽。胶东军事行动，内本良心主张，外应人民呼吁，出于万不得已。既奉中央明令，遵当立时停止。”

至此，张伯苓的调停、规劝任务圆满结束。

尽管“韩刘之战”当时并未立即划上句号，战争持续了一个多月才告停止，但不可否认的是，张伯苓作为一名教育家，勇担国难，挺身而出，利用其个人威望，深入风暴核心，对“韩刘之战”的调停的确起到了积极作用。

季羡林恩师王崑玉

一代学问大家季羡林因学问渊博、著作等身而享誉海内外，可这位大师少年时，也是个贪玩的顽童。“千里马常有之，而伯乐不常有”，季羡林这匹千里良驹，一生遇到多位伯乐，而最让其念念不忘的，是莱阳人王崑玉。

谦君子气节为先

王崑玉（1890—1970），名士瑨，字崑玉，以字行，莱阳人。1917年毕业于北京大学文科。早年曾参加同盟会。他曾先后在菏泽省立六中、山东省立第一女子师范、山东大学附设高中、聊城省立三师、烟台省立八中、青岛山东大学、莱阳灵湖中学、莱阳十一联中和胶东公学等学校任教。可以说，齐鲁大地，遍流芳泽，桃李满园。就这样，前后近三十年，王崑玉把一生最美好的时光，都贡献给了教育事业。

王崑玉

王崑玉为文，崇尚桐城派。他的父亲王西川，是清末民初莱阳有名的文士，也写古文，所以可称家学渊源。

王崑玉为人谦虚。1933年，莱阳县奉山东省政府之令纂修县志。王崑玉被聘为县志分纂，主持审编校阅组稿，“付出甚巨”。县志出版时，当时的总纂王丕煦、于汝舟都在书后写了五六百字的跋语，而分纂王崑玉

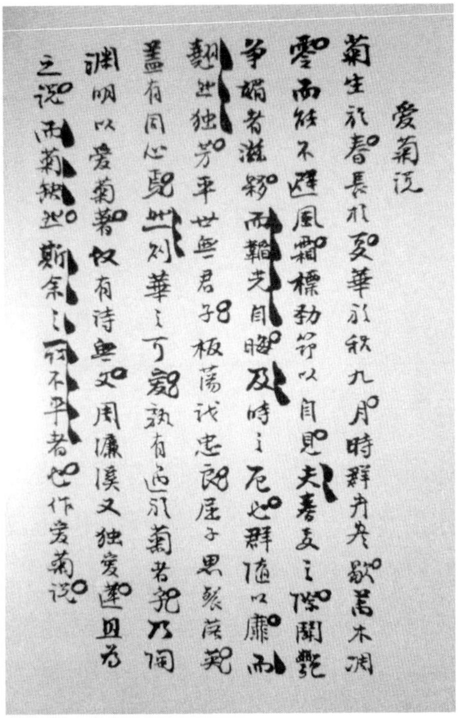
爱菊说
菊生於春長於夏華於秋九月時群卉歇葛木凋
零而能不避風霜標勁節以自見夫春夏之際開豔
爭媚者滋多而韜光自晦及時之厄也群隨以靡而
翹然獨芳乎世無君子板蕩誰忠屈子思[illegible]
蓋有同心焉然則華之可愛孰有過於菊者乎乃陶
淵明以愛菊著似有詩無文周濂溪又獨愛蓮且爲
之說而菊獨無斯余之所不平者也作愛菊說

王崑玉手迹

却只写了百余字，并一再强调“余以不学亦从滥竽”“兹届杀青，徒深愧悔”，谦虚态度可见一斑。作为莱阳文学魁首，莱阳学界无不称赞他的文采。而他总是谦虚地说：“咱那就叫篇文章就是了。”为此朋友们戏称他为“王文谦公”。

王崑玉抱持正义，坚守气节。1937年春，他在青岛礼贤中学执教，在日本侵占青岛前夕，“他声明不做亡国奴，谢绝同仁的挽留，坚决辞职回家”。每当谈及汉奸，王崑玉即深恶痛绝，说这些人卖国求荣，无耻之徒，天理不容，必受惩罚；并对学生们说，抗战救国，匹夫有责，我等应铭记在心。汉奸赵保原驻扎莱阳时，为非作歹，鱼肉百姓，人人恨之入骨。当时王崑玉写了篇《喜雨亭记》，在莱阳传颂一时。此文刻碑之前，赵保原的得力干将张启鲁卖弄学问，私自给改动了几个字。王崑玉闻讯后，立即声明《喜雨亭记》不是他写的。“不但无丝毫巴结、逢迎之意，而且表明了他的凛然不可欺”。

具慧眼启智少年

季羡林是在1926年进入山东大学附设高中学习的。“在进入山东大学附设中学以前，乐于钓鱼摸虾的季羡林先生的学习成绩虽然也居上游，却称不上出类拔萃”。当时季羡林的国文教员，正是王崑玉。季羡林在山东大学附中的两年时间里，王崑玉慧眼识珠，用心调教这个农村来的顽皮少年，使其才能逐步显现。有一次，王崑玉讲完明代袁中郎的《徐文长传》后，出了一个作文题目——读《徐文长传》书后。少年季羡林古文底子好，一挥而就，自觉写得没什么特别，却例外得到王崑玉的青睐，被定为全班的压卷之作，评语是“亦简劲，亦畅达”。

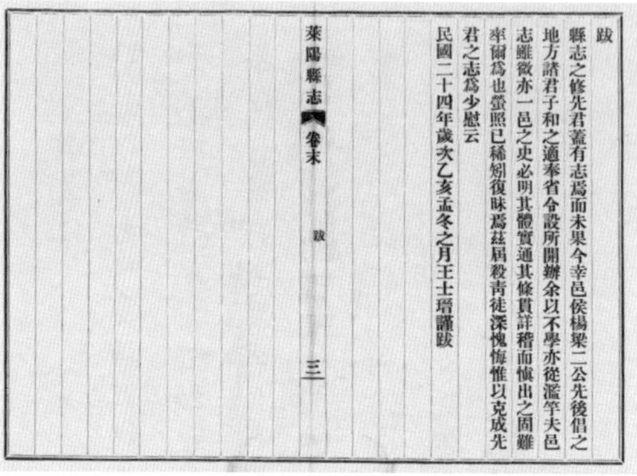
跋
縣志之修先君蓋有志焉而未果今幸邑侯楊梁二公先後倡之地方諸君子和之適奉省令設所開辦余以不學亦從濫竽夫邑志雖微亦一邑之史必明其體實通其條貫詳稽而慎出之固難率爾爲也螢照已稀矧復昧焉茲屆殺青徒深愧悔惟以克成先君之志爲少慰云
民國二十四年歲次乙亥孟冬之月王士璠謹跋
萊陽縣志 卷末 跋 三

王崑玉《莱阳县志》跋语

那时，“春秋佳日”，早晨上课之前，季羡林常常“一个人到校舍南面和西面的小溪旁去散步，看小溪中碧水潺潺，绿藻飘动，顾而乐之，往往看上很久”。别人都觉得季羡林心思不在学习上，连上课前这点时间还在玩。但王崑玉却不这么认为，他“大概也是常在这样的时候出来散步的”。有一次，根据眼前农民捕蟹的情景，王崑玉“抓住这个机会，出了一个作文题目——《夜课后闲步校前溪观捕蟹记》”。季羡林长于观察，“王老师这个作文题目正合吾意，因此写起来很顺畅，很惬意。我的作文又一次成为全班压卷之作”。

季羡林很兴奋，求知欲一下子被激发起来。他找来韩、柳、欧、苏的文集，“背诵了大量的古文作品，打下了很雄厚的古文基础”。在王崑玉的精心教导下，季羡林的人生逐步发生转折，“这种影响是关键性的，扩大一点说是一种质变”，季羡林的兴趣爱好又扩展到外国文学，努力学习英语及德语，一发而不可收。季羡林后来谈及这些巨变，说：“这个启发不是来自英文教员，而是来自国文教员（即指王崑玉）。”

季羡林忆念师恩

从山东大学附设高中毕业后，季羡林再也没见到过王崑玉老师。后来季羡林听说王崑玉老师到了位于青岛的山东大学中文系执教，却只给了一个讲师的头衔，季羡林“心中愤愤不平”。后来他在《我的高中》一文里说，“像王老师那样的学问和人品，比某一些教授要高得多，现在有什么人真懂而且又能欣赏桐城派的古文呢？如果是在今天的话，他早已成了什么特级教师，并会有许多论文发表，还结成了多少集子。他的大名会出现在什么《剑桥名人录》上，还有花钱买来的《名人录》上，堂而皇之地印在名片上，成为‘名人’。然而这种事情他决不干。王老师郁郁不得志，也在情理之中，但是，在我的心中，王老师的形象却始终是高大的，学问是非常好的，是一个真正的读书人，王老师将永远活在我的心中”。

2001年，季羡林在家乡临清庆祝自己九十高寿，他就读的清华大学、执教的北京大学还有山东大学纷纷派人前来祝寿，当时的山东大学校长展涛亲自到场。季羡林很高兴，说：“母校的人都来了。”季羡林并没在山东大学读过书，何来“母校”之说呢？正是因为王崑玉的缘故。为了表示自己不是牵强，季羡林还非常认真地表示自己不是“冒牌山大校友”。

1991年，王崑玉侄孙王钧林整理其诗文稿。王钧林写信给季羡林，求证王崑玉、季羡林师生往事。季羡林在回信中，饱满深情地说：“王老师的道德文章给我留下了深刻的印象，毕生难忘”，“我们师生的关系是非常好的，他曾把他的文集稿本拿给我看，他是桐城派的拥护者，文章非常有功力，像他这样的古文大家，当时已如凤毛麟角，而今天已杳如黄鹤了”。

捐藏书大家受益

王崑玉喜爱读书，更爱藏书聚书。其藏书习惯，始于其父王西川。作为民国时期莱阳的著名学者，王西川曾在《杂书》诗中云：“吾少好读书，苦无书在目。今日购书多，又苦不能读。”王崑玉继承其父传统，也喜藏书。王崑玉认为，一个人不可追求享受，有衣能遮体、饭能果腹即可，书却是无价之宝。他工作之后，有了薪水，就大量买书，不惜重金，到20世纪20年代末，家里藏书已达万余卷。

1946年5月，王崑玉由胶东公学国文教员调任到胶东图书馆工作。为充实馆藏，他毅然把所有藏书捐献给图书馆。他说：“书放在家里，只能一家受益，送国家，大家受益。”

置身书海，王崑玉安心整理胶东图书馆的藏书。1946 年，他听说莱阳南乡有一些民间藏书（约四箱三柜）被遗弃，无人管理，已经散失了一些，有些古籍甚至被当地村民捡去当卷烟纸用。王崑玉一时心急如焚，立即向上级部门汇报，最终这批图书被胶东图书馆及时收藏，免遭散毁之命运。

胶东图书馆是 1943 年 10 月由中共胶东区党委、胶东区行政公署成立的，以收集根据地内的古籍和金石古物为己任。到 1947 年，该馆藏书已达 14 万册之多。胶东图书馆的古籍、文物存量，在国内小有名气。1947 年 6 月，时任中共华东局文委书记的阿英来到胶东，曾慕名专程前往时在海阳西鲁家夼村的胶东图书馆访书。1947 年 6 月 1 日，阿英到达胶东图书馆时，王崑玉正在埋头整理藏书。阿英在日记中云："王馆长外出，现由一倪同志（女）代理职务，又一参议员王先生在整理旧书。"经过几天的交往，两人成为好友。阿英在 5 日的日记中记到："午后，至第一室找王老先生，借《自警编》作笔记"，"晚，王老先生来谈，将《茶经》先交其带回"。作为知名学者的阿英，对王崑玉的称呼由"先生"改为"老先生"，可见其对王崑玉学识人品的敬重。

1948 年，王崑玉调至胶东文管会，1952 年任山东省文管会图书组组长。1953 年 8 月，被聘为山东省文史馆馆员，后到省博物馆工作。

“还读盦”里茹古诵今

黄县（今龙口市）丁氏作为烟台的一大名门望族，藏书大家辈出，民国时期的丁菊甦，堪称其中代表。丁菊甦，生于宣统二年（1910），名绍溯，字心佛，号菊甦、悔庵等，别署黄山山长、黄山诗衲、还读盦主。其人“好聚书，精鉴别”，20世纪30年代，在黄县丁氏旧居修建“还读盦”书斋，此后长达十年，他在此藏书、读书、著书，书写了烟台文化史上的一段佳话。丁菊甦的藏书后多归山东省图书馆，烟台图书馆亦收藏一部分。“还读盦”书斋，在丁菊甦的《还读盦唱酬集》《还读盦丁丑日记》中，都有记载。

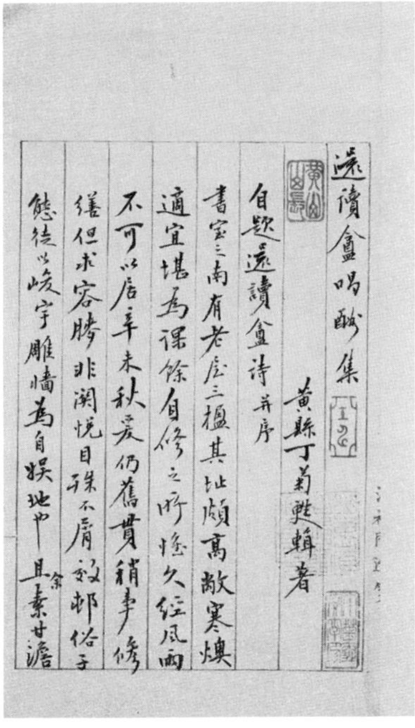

稿本《还读盦唱酬集》

世家子嗜书喜收藏　修缮老屋作书房

丁菊甦生于有名的黄县丁氏家族。此家族发迹于清乾隆年间，以经商致富，主要经营当铺等。后生意遍及山东、东北、京津等11省，堪称山东首富，被世人称为“丁百万”。丁氏家族重视文物收藏，精于此道者有“泰来”的丁树桢、“文来”的丁葆筠、“西悦来”的丁鲁臣及“光裕堂”的丁佛言。其中，丁鲁臣便是丁菊甦的父亲。

丁鲁臣（1884—1947），名寿侨，号铁生（另号宗周），附贡生，候选同知，丁氏家族第十五世孙，嗜收藏。丁菊甦自幼受家庭熏陶，精金石，亦喜收藏。

丁菊甦喜好藏书、读书。随着步入中年，总以“年事加长，问学日荒芜”为憾事。为弥补此遗憾，丁菊甦便想开辟一处新的书室，以便能时常于其中“茹古诵今，潜心典籍”。正巧原先书室之南，有老屋三间。此处地势稍高，视线较好，适宜作为“课余自修之所”。但由于这三间老房子长期无人居住，久经风雨，已破敝不堪。民国二十年（1931）秋，丁菊甦出资对三间老屋重新修缮，以圆多年心愿。

丁菊甦向来对晋代陶渊明淡泊名利、隐于山林的人生向往不已。为表达自己的人生理想，便取陶渊明《读山海经》诗“既耕亦已种，时还读我书”之意，把这书房名之曰“还读盦”。他希望以此为寄托，在精神上能“从此学得渊明隐，聊与琴书结古欢”。后丁菊甦自号“还读盦主”，其所著之书，多以“还读盦”命名，可见其对此书斋所赋予的精神寄托。

丁菊甦作为黄县丁氏的一员，虽然完全有能力建一所相对好点的房子，但因其“素甘淡泊”，所以这次修缮，“但求容膝，非关悦目”，更不屑于像凡夫俗子般建得“峻宇雕墙”。因此，这次工程，只是在老房子的基础上进行了简单的修缮装饰。书房修缮完毕后，丁菊甦便在此“茹古诵今，潜心典籍，庶不忝为名教中人”。对于这种向往已久的文人雅士生活，丁菊甦曾感慨云：“一生至乐，宁有更逾于斯者乎？”

书斋藏书满架琳琅　好友唱和雅兴浓

“还读盦”书斋屋前有石榴一株，为丁氏故宅数十年前故物。每年春天到来的时候，榴花似火，浓荫蔽日，堪称一景。红花绿树、诗书典籍，这些历代文人所乐于吟咏的对象，一时汇集于眼前，难怪丁菊甦对此书斋情有独钟。

丁菊甦藏书颇多，这些藏书，大半为清代大藏书家方功惠“碧琳琅馆”藏书。因此，丁家藏书，不乏稀世珍品。“还读盦”建成后，丁菊甦把所藏善本典籍尽搬于此，使得藏书“满架琳琅”。从此，丁菊甦每日流连于此，遍翻所藏典籍。

黄县丁氏故宅

为表达自己新建书斋的欣喜之情，书斋建成次年，即1932年，丁菊甦以“还读盦”书斋为题，撰写绝句六首，其中一首云：“向阳筑起屋三间，一树榴花对笑颜。管领春风长作主，此生莫负好黄山。”

为把自己的快乐与好友分享，丁菊甦把自己写的六首绝句寄赠与好友，并索要唱和诗作。所寄好友中，有江宁管鹤、昆山胡蕴、皖江李作宾、姚江孙绮芬、桐城王鸿猷、黄县王道新、长沙陈朝爵等人。而这些好友，也与丁菊甦同乐，不时以“还读盦”为题相唱和。如李作宾写道：“小屋筑三楹，奇书列万卷。有盦曰还读，中心常眷眷。徜徉于其中，适我山林愿。”显然，这位朋友对丁菊甦的喜悦之情颇有共鸣。后来，丁菊甦把好友唱和的诗文，汇集成册，是为《还读盦唱酬集》。

“还读盦”里埋头著述　逢乱世被迫徙居

丁菊甦除喜藏书、读书外，又喜著书。“还读盦”书斋建成后，丁菊甦以极大的热情投入到学术创作中。在“还读盦”的这段生活，他迎来学术创作的顶峰时期。

集平时歌咏之作，有《还读盦诗集》一卷、《还读盦诗钞》一卷；整理所藏善本典籍并撰写书目提要，成《还读盦读书题记》。该书著录其所藏元明善本典籍，不乏元刻本《河南程氏遗书》、明刻本《海内奇

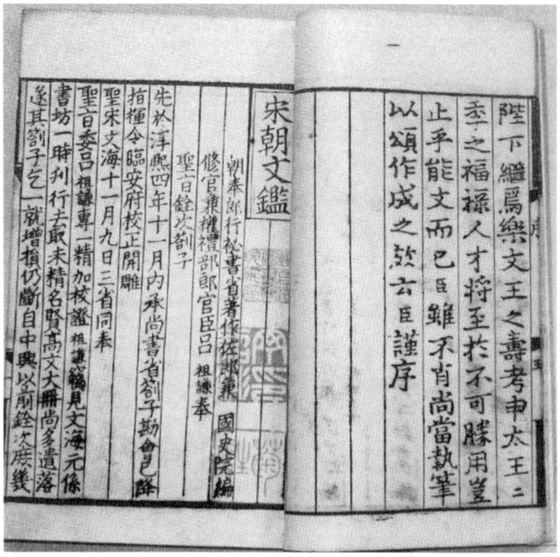
陛下繼焉樂文王之壽考申太王二季之福祿人才將至於不可勝用豈止乎能文而已臣雖不肖尚當執筆以頌作成之效云臣謹序

宋朝文鑑

朝奉郎行祕書省著作佐郎兼國史院編修官兼權禮部郎官臣呂祖謙奉

聖旨銓次劄子

先於淳熙四年十一月内承尚書省劄子勘會已降

指揮令臨安府校正開雕

聖宋文海十一月九日三省同奉

聖旨委呂祖謙專一精加校讎祖謙竊見文海元係書坊一時刋行去取未精名賢高文大冊尚多遺落遂其劄子乞一就增損仍斷自中興以前銓次庶幾

丁菊甦藏书

观》、明晋藩刻本《唐文粹》、明刻本《程氏墨苑》等如今难得一见的国宝典籍。如，烟台图书馆所藏丁氏几种藏书，目前都已入选《山东省珍贵古籍名录》；丁丑年（1937），记平时生活点滴，成《还读盦丁丑日记》一卷；平时读书中有所得、有所记，成《藜青室札记》一卷、《悔庵丛纂》二卷。这些著述，均未刊行，稿本目前均存于山东省博物馆。

1939年秋，因土匪作乱，“乡居不靖”，丁菊甦被迫徙居城中，暂时寄住在亲戚家中，从此离开了相伴近十年的“还读盦”。

从归隐山林般的理想生活到被迫离家出走，丁菊甦的落魄心情可想而知。从现有资料看，这次离别后，丁菊甦再也没能返回昔日的精神乐土“还读盦”，烟台历史上的一段文化佳话，就此终结。

小渔村走出的大医家

民国年间，牟平养马岛西端有一个叫杨家庄的小渔村，走出了一位蜚声国内的医药学大家，他就是著作等身，被当时管理与研究中医的最高机构——中央国医馆聘任为理事及编审委员会委员，跻身国内一流医药学家行列的杨华亭。

能用毒药，方为良医

杨华亭自幼丧父，母亲一人含辛茹苦把他养大。为学一技之长来养家糊口，年幼的杨华亭便投师学医。聪敏好学、勤于钻研的他，很快就入了中医治学的门径。出师后，他先后在牟平、芝罘、青岛等地挂牌行医，悬壶济世。

在实践中，杨华亭注意总结，用心整理，在医学期刊上发表了大量专业文章，撰写了《药物图考》《针灸图考》等代表著作，大量医案被医学界奉为经典。就这样，杨华亭从牟平小渔村，一步步走向烟台，走向青岛，走向全国。1934 年，因其卓越的医药学成就，被中央国医馆聘为理事及编审委员。1935 年，杨华亭请假回乡探亲，当时著名医学杂志所刊登的中央国医馆新闻，曾专门就此消息给予报道，这足以证明杨华亭在国内医学界的影响。

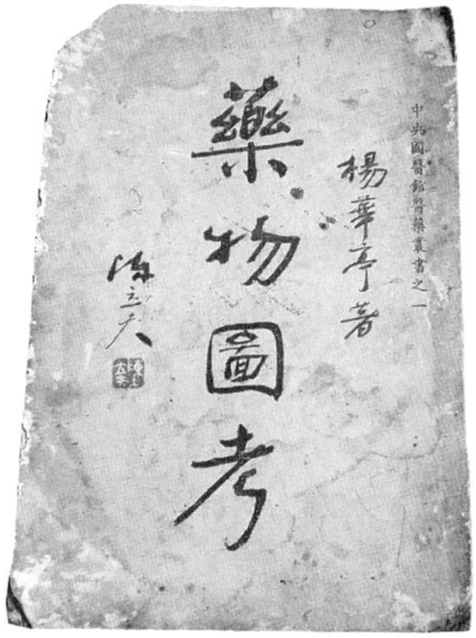

《药物图考》书影

楊華亭編成藥物圖考
國醫館通令各醫校採用
特別通融一律照預約價

籌賑會游藝
各負責人

1935 年《青岛时报》报道

在长期的医学实践中，杨华亭形成了自己独特的医药学思想。当时，关于中药制剂，世人都遵循雷公炮制之法。那就是，如果某一药物含有一定毒性，必须经炮制去除毒性才能入药。杨华亭反对这种做法，他认为，药物的本性在于毒性，无毒则不成药。很多药物经炮制后，成了残渣糟粕，何有药性之说。中药之功用在于它所含有的元素，如果中药像西药一样提出元素服用，以为免去煎剂之劳与服汤药之苦，纯服元素，则断然不及天然原质。因为用天然药材治疗，有天然之功效。如果经过强热蒸发来获取元素结晶，则药物里的蛋白质、脂肪等营养被破坏掉，如，甘草虽含葡萄糖、淀粉、天门冬素等，但不能提出各种物质而分别服用。

为此，杨华亭提出了著名的“能用毒药，方为良医”的论断。当然，有毒药物，并不是野蛮的服用。杨华亭主张国医汤方，不能模仿针对西药成分之说而提取相应成分，要用天然中草药物整体。在有毒性药物的使用上，杨华亭认为，在于慎重其剂量。他主张对症下药，药剂根据需要分小、中、足量、过分、毒分剂等。

不辨药性，无以立方

自明代李时珍《本草纲目》书成后，古今以本草为题材的医书，不下几十家。尽管各家医书都包罗万象，但大多博而不精，不求实效，以讹传讹、错误百出、张冠李戴现象很多。在古代，凡是医生都要通过亲自采药来认识药物的药性。后来医生大多闭门读书，甚至不读书，纸上谈兵，不能亲尝实验。如关于“人参”的论述，《本草经》中说古产上党，为轮生五叶本立植物。传到后来，竟误为蔓生植物。这些医书，如果碰上良医来学读的话，或许能有选择或摒弃；如果碰上庸医，单纯照猫画虎，不仅不能救死扶伤，说不定还能致人伤亡。“真伪不辨，后学不考，以致药物黯淡无光，临症立方，安得效果”。杨华亭痛心于中医学的现状，暗下决心要改变这一问题。

杨华亭自小痴迷医学，中外药书，无不苦心研究。关于中药，杨华亭认为“不辨药性，无以立方；不能立方，无以疗病”。为了研究药物的效能，他一有时间就钻入深山采药，并像神农氏尝百草一样，即使是毒药，也要亲尝验证。例如，有种药物叫十八反，俗传不小心吃了就会毙命。为了解这种药物的性质功用，杨华亭不顾危险亲尝验证，终于得到了与前人不一样的见解。就是砒霜这种剧毒药物，杨华亭也亲自尝试，不敢蹈前人之说。凡是能移植的药材，杨华亭总要耐心培育，以进一步研究其形态生性。就这样，几十种毒药，在杨华亭验证之下，其功效一一得到了正确认识，千百年来延续的谬误及观点，得以矫正。他还参照西医的方法，化验药物成分，改良了重要的炮制技术。就这样，杨华亭在伺候老母、日常工作之余，用毕生心血，编纂完成《药物图考》六卷，共五十来万字。此书学说新颖，1935 年，中央国医馆理事长陈立夫阅读此书书稿后，赞叹不已，认为是弘扬国医的重要著述，并促成中央国医馆尽快筹款出版。1935 年 8 月，中央国医馆馆长、著名医学家焦易堂为这书作序，中央国医馆出版了此书。此书从“产地”“形态”“主治”“考证”“修治”“分剂”“验案”等方面，条分缕析，注重科学研究，在一定程度上，打下了中药学现代化的基础。书中所收药品，分动物、植物、矿物三类，以植物为多。各种药物的主治考证，一字一句，多是杨华亭根据体验心得而来，是其他医书里没提及的。

杨华亭的医药学代表作除《药物图考》外，还有一部《针灸图考》。我们知道，诊脉、处方、针灸，作为中医的重要组成，缺一不可。民国时期，受西药等冲击，很多中医师多不得师承，忽视针灸学习，导致很多医师只能单纯的照单抓药，不能针灸的怪现象。杨华亭刚学医的时候，就重视针灸学习。三十年来，在日常工作中时时研究，稍有心得，就整理下来；

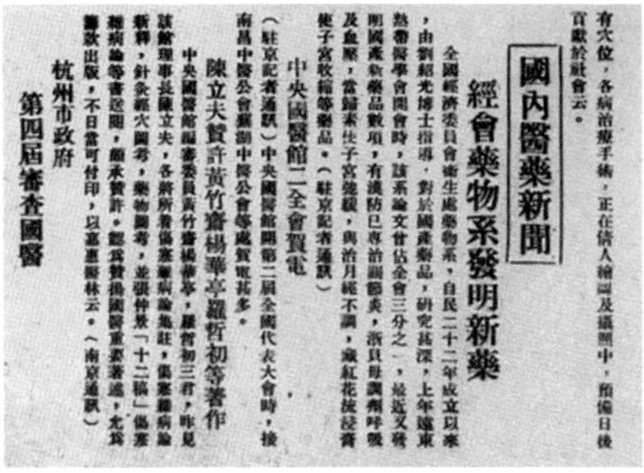
有穴位，各病治療手術，正在倩人繪圖及攝照中，擔備日後貢獻於社會云。

國內醫藥新聞

經會藥物系發明新藥

全國經濟委員會衛生處藥物系，自民二十二年成立以來，由劉紹光博士指導，對於國產藥品，研究甚深，上年遠東熱帶醫學會開會時，該系論文曾佔全會三分之一，最近又發明國產新藥品數項，有撲防已專治副傷寒，浙貝母調劑呼吸及血壓，當歸素仕子宮弛緩，與治月經不調，藏紅花流浸膏使子宮收縮等藥品。（駐京記者通訊）

中央國醫館二全會賀電

（駐京記者通訊）中央國醫館開第二屆全國代表大會時，接南昌中醫公會暨湖中醫公會等處賀電甚多。

陳立夫贊許黃竹齋楊華亭羅哲初等著作

中央國醫館編審委員黃竹齋楊華亭，羅哲初三君，昨見該館理事長陳立夫，各將所著傷寒雜病論集註，傷寒雜病論新釋，針灸經穴圖考，藥物圖考，並張仲景「十二稿」傷寒雜病論等書送閱，頗承贊許，認爲贊揚國醫重要著述，尤爲籌款出版，不日當可付印，以惠醫林云。（南京通訊）

杭州市政府

第四屆審查國醫

有关杨华亭的新闻报道

发现医学典籍记载有误的，就用心考订修正过来。又根据自己的从医经验，融汇西医生理解剖学，参考古代医学典籍中的图说，绘制精确穴位图。无论是绘图还是文字，杨华亭的要求是，务必一目了然，不留遗憾。此书考订严谨，图文并茂，有助于学医的人按图索骥、事半功倍。

针药并施，医治霍乱

霍乱于 1821 年传入山东，1930 至 1932 年前后，在胶东爆发了大规模的霍乱流行，死亡甚众。

1932 年入秋以来，胶东一带霍乱流行，到处猖獗。1932 年 7 月下旬，杨华亭由芝罘回牟平。村中霍乱发生数起，已死亡 4 人，邻村死 1 人。杨华亭看在眼里，急在心里。连忙筹划医治方案，抓紧医救。在其努力下，周围乡邻共百余人得以救活。治活的这些人中，很多都已经是声音嘶哑濒临死亡的人。

在当时霍乱盛行、难以救治的情况下，杨华亭根据几十年从医经验，创新性的采用了一种“针药并施”的方法，具体就是先服用一种叫做复方氯仿酊的药物缓解咳嗽症状，然后针灸。如果病人处在发病初期，一般针灸完了就能痊愈。如果病人症状严重，针灸完毕后，再服用扶阳祛阴的四逆汤。

作为一代名医，在当时国内中西医抗争不断的背景下能创新性采用中西医结合方法治疗霍乱，这与杨华亭学贯中西、尊崇科学的态度不无关系。

画家王子正与烟台

民国时期，有位山东画家在莱州、烟台长期授艺，积极宣传抗日救国思想，影响了一大批青年学子。为总结自己的艺术生涯，他在烟台出版了自己的画集。画集中，不乏西南河、玉皇庙、小蓬莱等烟台景观。这位艺术家，就是曾为“山东三友”的王子正先生。

掖县育人才

王子正（1895—1978），原名王恒新，字子正，今莱芜市莱城区寨里镇滂坡村人。王子正多才多艺，在绘画方面有较高的天赋。高中时已被大画家吴昌硕（浙江美院教授）收为弟子，后到刘海粟任院长的上海美术专科学校学习，深得刘海粟器重。

王子正毕业后长期在山东济南、莱州、聊城、烟台等地担任美术老师。他勤于绘画，取得了较高的艺术成就，民国时期曾与山东大画家关友声、李苦禅（后任天津美院院长）齐名，号称“山东三友”。

他一腔热血，心怀抗日救国的宏大抱负。抗战初期与黎玉、赵笃生、赵杰等共产党员有交往，曾登台上演进步戏剧，为八路军徐向前部筹资，由上海购军毯经水陆运至青岛再转入沂蒙，供给四支队廖容标部。在学校任教时，积极向学生宣扬抗日救国思想，影响了一批批青年学子。20 世纪 20 年代末，王子正到山东

王子正

水彩画《烟台码头》

省立第九中学任教。山东省立第九中学，原称掖县中学堂，建立于民国初年，1928 年改称山东省立第九中学。省立九中在辛亥革命、五四运动影响下，传播革命思想，培养了不少优秀人才。其中，较突出的有掖县第一位共产党员王鼎臣和中共掖县县委第一任书记郑耀南。这两位掖县党史上的代表人物，都受王子正影响较大。

王鼎臣在 1926 年 8 月考入山东省第九中学。王鼎臣勤于学习，工于书画。王子正作为该校的美术老师，对王鼎臣比较关注。正是在王子正等进步老师的影响下，王鼎臣多次组织同学发动抵制日货等斗争。1928 年春，王鼎臣加入中国共产党，成为掖县第一位共产党员。从九中毕业后，王鼎臣前往济南投考第一师范落榜，便考入了东昌（今聊城）第三师范。当时国民党反动派对第三师范统治很严，进步学生常常被特务盯梢监视。这种情况下，王鼎臣被迫离开该校。王子正当时在东昌第三师范任教，他介绍王鼎臣到济南私立爱美中学高中部艺术师范科二年级插班学习，继续深造。在济南读书，近水楼台，方便了王鼎臣与中共山东省委的联系。1930 年秋，王鼎臣受中共山东省委指派回到掖县，建立了掖县第一个党组织——中共掖县县委。应该说，在王鼎臣的成长路上，王子正起到了重要作用。

中共掖县第一任书记郑耀南，与王鼎臣是山东省立第九中学的同学，更是好友。王鼎臣在加入中国共产党不久后，就介绍郑耀南入了党。郑耀南喜欢赋诗作画，与当时的美术老师王子正关系很好。郑耀南擅画枇杷，据说这是师从王子正先生的结果。郑耀南的儿子在忆及王子正时，曾说：

“王子正是一位美术教员，对先父的思想产生过重大影响。诗画言志。先父的书画表现出一个革命者高洁的情操和达观的性格。”

烟台领学潮

20世纪30年代，王子正应好友、时任烟台八中校长张默生的邀请，来到烟台八中执教。烟台八中富有革命传统，早在1930年，烟台八中就建立了有党员20余人的党小组。烟台八中的进步学生，在党的领导下，积极组织救亡活动，进行抗日宣传。“九一八”事变爆发后，在国难当头之际，烟台八中进步学生的革命活动更为频繁。为了控制和镇压学生的进步活动，1935年秋，反动当局把原烟台八中的外语教员、反动派的忠实走卒许憾山提拔为训育主任。为了压制进步学生的革命斗争，许憾山下令不准学生参与任何政治活动，指使亲信监视进步学生的活动，并随便开除进步学生的学籍。许憾山的倒行逆施，激起了烟台八中师生的愤慨。

一天，在（孙中山）总理纪念周上，当着烟台八中全体师生的面，许憾山大放厥词，威胁学生，压制学生的抗日宣传运动，激怒了富有正义感的教师和学生。在台下的美术教师王子正义愤填膺，当即登上讲台予以反驳。许憾山恼羞成怒，凶相毕露，威胁王子正，说他们之间的矛盾“可以法律解决，也可武力解决（据说许有手枪）”！学生们忍无可忍，哄堂大笑，高喊：“打倒许憾山！许憾山滚出八中去！”就这样，这件事引爆了烟台八中的学潮。烟台八中的学生们，为了把许憾山彻底赶走，坚持罢课两个多月。最终，反动当局被迫妥协，许憾山灰溜溜地离开了烟台八中。这次学潮，极大鼓舞了烟台八中进步师生的革命斗志。

油画《小蓬莱》

丹青绘烟台

1935 年春，王子正在烟台出版了自己的画集。这册《王子正画集》的出版，缘于好友隋洛文的劝说。在两三年之前，两人相交为好友。一开始，隋洛文并不知道王子正善画。后来偶然的机会，隋洛文看到王子正的绘画作品，大为惊讶。隋洛文认为，王子正的作品，“在趣味上，给我以许多沉挚的印象。尤其他对于各地风光的摹写，更能诱发着我们对于美的理解”。于是便建议王子正，“把自己的作品出版一册画集，使爱好艺术的人，都能有欣赏的机会”。隋洛文的倡议，正合王子正心意。王子正便用一年时间来用心创作，耐心整理自己的作品。终于在 1935 年 4 月，位于烟台永隆街的烟台德隆印刷出版店出版了他的画集。

此画集由国画、油画两部分组成，集中收录了王子正花鸟、山水、风景、静物等代表性作品。在油画作品中，对烟台的风景关注较多，如《烟台西南河》《码头》《烟台玉皇庙》《小蓬莱》等。这些作品中，西南河小桥流水、烟台码头帆船林立、玉皇顶小蓬莱牌坊前王传炯石像等，现在都已消失，成为永久的历史。

油画《烟台西南河》

画集前有刘海粟题词“超以象外，得其环中”。王子正曾在上海艺术专科学校求学，校长刘海粟对其格外欣赏。刘海粟的题词，也是对王子正艺术造诣的充分肯定。书前有烟台八中校长张默生、好友隋洛文所作的序言。在谈及王子正的艺术成就时，张默生说：“多才多艺，精音律，娴雕刻，工摄影，尤善丹青”，“观其取材之精，着笔之妙，无一不见其才思。布局敷采，类能匠心独运，蔚成奇观。中画而参以西法，西画而超于矩镬，其将汇通中外古今之艺法而别有所创造者乎？”说到王子正的为人，张默生说：“至洁至纯，广交游，富情趣，烂漫天真，滑稽可爱。乃天生之艺术家也。”对于这册画集，本身也善绘画的张默生评论说：“举凡名山大川，苍松翠竹，健马翔禽，无不收；都市村落，古刹圣宇，断壁颓垣，无不写；以及骚客登临，士女游览，异地风光，毕罗于是。至于亭亭荷盖，或静物写生，或意象虚构，又其余事焉。”可以说，张默生的评论，对王子正的为人处世、艺术成就、艺术风格，做了一个较为公允的评价。

文 献 里 的 烟 台 故 事

第五章　人文风物

崎路上那些乘坐苫子的特殊身影

苫子，又称軜子、搧子、骡轿等，是用两头牲口前后驮行、上搭穹形席棚的交通用具。早在明代时期，烟台就已有这种交通工具。明代朝鲜使臣李民宬在天启年间出使明朝，在返回朝鲜过程中路过莱州朱桥驿，曾写过一首描绘乘坐骡轿场景的诗《早发朱桥驿》：“伴月明星出未高，路长犹觉坐轿劳。昏昏困睡惊骡背，无数铃声过石桥。”

苫子颇适合当时烟台崎岖不平的道路，因而是清末民初烟台最流行的交通工具。当时烟台官方方志中，对此记载较多。民国版《牟平县志》云：“卷覆席蓬之代驮轿，曰‘軜子’”“本县山岭崎岖，车路不通，行人多以骑代步，富有或用軜子驮轿”。民国版《莱阳县志》云：“形如驮轿，而曲竹作弓，上覆以席，曰軜子。”徐珂《清稗类钞》在谈及胶东交通时说：“山东沿海多淤沙，不通舟楫，故遵陆者必骑，骑以驴或马，或乘骡轿，或乘小车”“即墨以北，嶝陆崎岖，海滩宁滓，跋涉稍难，非骑驴乘轿不可”。

老明信片里的苫子

坐在“大蚕茧”里，比晕海还难受

在众多前往烟台传教的外国人中，英国伦敦布道会教士韦廉臣是最早的一位。1855 年 9 月 24 日，韦廉臣偕夫人伊莎贝尔在通伸村设教会布道。伊莎贝尔曾写过一部游记，名为《中国古老的大道》，书中介绍了他们夫妇一行于 19 世纪 80 年代在山东烟台乃至整个山东半岛的旅行。

对苫子这种遍布胶东地区的交通设施，韦廉臣夫人印象深刻，她形象地称之为“大蚕茧”。一来是苫子的形象很像个蚕茧，二来可能是因为苫子肚大能容，可以容纳很多东西。在旅行中，韦廉臣夫妇常常把鸭绒被、食品等塞到苫子下面。道路崎岖不平，苫子行走其上，难免东摇西晃。“在有的地方就如同在摇篮中一样，摇来摆去；在另外的地方又勉勉强强地以之字形前进，有时如同荡秋千一般；有时又于此颠沛，于彼跳动”。晃来晃去，乘坐的人难免要头大。韦廉臣夫人感慨，“如果说晕海令人非常难受，那么晕苫就更为严重”。

坐苫子，最难的是保持平衡。“只要坐在其中的行人不幸做出某种笨拙的举动，就很容易滚落出来”，所以韦廉臣夫人乘坐苫子时总是提心吊胆、小心翼翼。她还观察到一个现象：“一个优秀的骡夫必须时刻保持警惕，当苫子出现倾覆迹象时，必须抓牢木棍以保持苫子不倒。骡夫要根据道路情况，及时提醒车内行人做出向左向右的动作。”

路难行，每点钟行不了十里

在烟台传教的外国人中，美国北长老会传教士郭显德对烟台的影响可谓深远。他于 1864 年来到烟台，创办学校、医院、博物馆，赈灾济贫，为烟台公益事业做出了杰出贡献，有“郭善人”之称。《清末民初老图画》一书的作者何季民先生收藏有一份清末老画报，上面有一幅《郭显德布道乘舆苫子出行》漫画，同时刊出的，还有一幅《郭牧（郭显德）与老友大卫和阿保罗欲下乡巡礼》的清末老照片。

阿保罗刚来华时，即跟随郭显德传教，两人亦师亦友。当时郭显德已七十四岁，而阿保罗不过二十五岁。郭显德“不以幼稚而鄙弃之”，每次下乡巡回布道，必然携带阿保罗同往。这幅老漫画与老照片，就是郭显德与阿保罗下乡布道时，他的朋友对胶东苫子感到好奇而所画所拍。

郭显德乘苫子出行漫画

郭显德平时下乡传教，乘坐的交通工具主要是苫子。每到乡间人多之处，即卸下苫子与人讲道。路难行，“每点钟行不了十里”，“坐久则卧，左右摇晃，不久便昏迷晕厥，大吐不止”。即便乘坐体验如此糟糕，在烟台当时的交通条件下，苫子尚属“应用便利，走路舒服”，被认为是“世间少有之运输器”。

除非下来步行，否则无法摆脱这颠簸之苦

美国北方长老会的狄考文博士，1864 年到烟台、登州传教，创办了中国近代第一所大学——登州文会馆。他把一生都奉献给了在中国的事业，一生无儿无女，生活俭朴。

狄考文博士于 1864 年 1 月乘船抵达芝罘，第二天启程前往登州时，乘坐的交通工具就是苫子。时值寒冬，北风呼呼吹着，狄考文便把苫子翻转过来，把顶棚开口的一面背对着风。初次相遇，便让狄考文对苫子的颠簸之剧有了刻骨的体会。他后来写道：“在苫子中的运动是各种各样和稀奇古怪的。有时两头骡子的步调是一致的，而有时则不然。你感觉一会儿像是摇晃胡椒瓶似地上下运动，一会儿又像是晃动筛子似地水平摇摆，接着像是在摇篮中来回滚动，然后又是几种运动的混合形式，就这样交替往复，无休无止。”这滋味可不是闹着玩的，“假如你是坐着的，心里会想躺下可能舒服一些。那么当你躺下时，你又会觉得还是坐起来更好一点。除了下来步行，否则是无法摆脱这种持续不断的颠簸之苦的”。

狄考文与夫人在蓬莱下乡传教，主要交通工具也是苫子。有一段时间，他们乘坐了由两头喜欢捉弄人的骡子驮载的苫子，其中一头骡子眼睛瞎了，它经常会恶作剧般地突然躺下来休息，偶尔也会跌入污水坑中，或者将乘客颠翻在陡坡上，害狄考文夫妇吃尽苦头。

时人对外国传教士普遍有敌对情绪，狄考文慢慢摸索出一个经验，那就是见庄下马，过镇问安。当地人认为，外国人路过他们村镇，将会影响他们的风水，因此外国人必须下马以示敬意。即使不下马，也必须拱手告罪。若遇到无赖，苫子被掀下来，一个人是无法把轿厢抬上骡背的。再则，如果不礼敬请安，被地头蛇拘留数日，也无可奈何。

一年六次往返，坐苫子走完 70 英里路

来烟的传教士中，浦其维家族在烟生活、传教几十年之久，对这里有着深厚的兴趣和感情。浦其维是美国南部浸信会牧师，1882 年来到中国，先是在蓬莱传教，1888 年在黄县定居下来。浦其维妻子、女儿对在烟台的经历念念不忘，后来撰写了大量的回忆文章，为我们了解当时烟台的社会生活，提供了宝贵的资料。

《往日琐事》书影

浦其维妻子安娜在回忆胶东传教生涯的回忆录《往日琐事》中，提到了烟台苫子：“来自南方的旅行者对我们仅有的交通工具轴子（Shentze）或称骡轿，总是有些非议。有一点他们并不惊奇，即我们虽然在北方，气候也很好，却不如他们南方人经折腾，尽管南方的闷热和疟疾让人难以忍受。这种原

始的乘坐方式对女人来说尤其辛苦。”

浦其维的女儿浦爱德女士，1888 年生于黄县。“一位中国保姆把她带大，她从小就和中国孩子玩，山东话讲得就和当地人一样好”。她在中国生活了 50 年，对中国感情极深，总是称中国为她的“母国”，而美国是她的“父国”。浦爱德曾在老舍的帮助下，完成了《四世同堂》的英译工作。浦爱德一岁的时候，就与苫子天天相伴。她后来在其回忆录《在中国的童年》一书中，曾深情记录其人生中最早的记忆——胶东苫子。年幼活泼的浦爱德对苫子兴致较高，一有时间，要不就倚在一动不动的骡轿的横梁上，要不就围着苫子摸这摸那，“她的手沿那横梁往回拉。横梁面上很粗，扎了她的手指，弄痛了她。她瞅瞅那横梁，又去摸摸粗糙硬邦的表面。她瞧了下手指和划破的地方，又看了下划破她的那根横梁。它显得又硬又令她奇怪”。后来，浦爱德在芝罘学校读书，一年中，浦爱德在学校和家之间要往返六次，每次往返要用两天时间，坐苫子走完 70 英里路。坐在苫子上，她总想坐那辆有赶骡人在前骡缰绳上系着红绒球的轿子前。这样一则视线好，可以看到四周的风景；二则可以看到她喜爱的骡子。但由于她当时的汉语口语一般，不能陪赶骡人唠嗑，所以这位置就被汉语较好的弟弟约翰占有了。在旅途中住客栈时，浦爱德总想睡在外面轿里，“我喜欢睡觉时有骡子咔嚓咔嚓嚼食物的声响，有时半夜醒来，听到夜里喂骡子时，赶骡人用根棍子将饲料在骡槽子里‘砰、砰’搅拌的声。有时我会听到又长又沉的铡刀把一捆捆的谷秸割碎喂骡子时发出的拉长的吱嘎吱嘎声”。

从“嚣嚣山房”窥民初百态

民国年间，福山人权模山等组建了春雨诗社。闲暇之时，春雨诗社往来唱和不断，留下了大量的诗篇。在春雨诗社同仁努力之下，1927 年夏，权模山所撰《嚣嚣山房诗集》由诚文信书局出版发行。此诗集的出版，为我们研究民国初年烟台的政治、经济、文化等，留下了珍贵的资料。

教书先生好吟诗

权模山是福山县朱丛社权家村（今福山区张格庄镇权家村）人，晚清庠生，乡荐二次。其雅好诗酒，言语简朴，性情和平，文章古老，诗词尤工。平生好吟诗，凡读书观景、心目之所感触、所经过有足以动人情处，无不随口吟之。时人评价他的诗歌成就云：“诗宗李杜，饶有唐音。”民国三年（1914），来烟台桥上村（今烟台新桥社区）集成学校任教，课余吟诗以自遣。民国十三年（1924），同邑王辅臣先生来到集成学校任教。王辅臣亦善诗，两个爱好诗作的文人从此相交，亦师亦友，唱和往来。民国十六年（1927）春，权模山、王辅臣与同事尹文焕、于春浦、于明斋等共立春雨诗社，公推权模山为社长。

嚣嚣自得付诗集

春雨诗社成立后，权模山的创作激情大增，半年内创作了大量的诗稿。对于这些高质量的诗作，诗社同仁无不赞羡。但由于这些作品未整理出版，传观极为不便。春雨诗社王辅臣、尹文焕两位先生认为这些诗作，“以先生平生之精神，半注此中。如不付梓，深恐淹没同人等一唱众和是举”，于是倡议由春雨诗社帮助权模山整理出版诗集。后来在牟君山、牟和民两位先生经费资助下，春雨诗社于1927年夏，合力帮权模山整理出版了《嚣嚣山房诗集》。

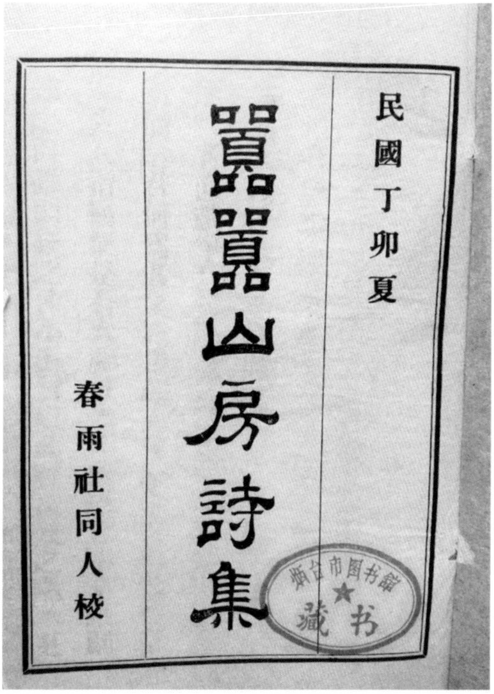

《嚣嚣山房诗集》书影

诗集取名《嚣嚣山房诗集》，因权模山书房名曰“嚣嚣山房”。“嚣嚣”二字，典出《孟子》一书。《孟子》云：“人知之，亦嚣嚣；人不知，亦嚣嚣。”东汉赵岐注云：“嚣嚣，自得无欲之貌。”嚣嚣，即安详自得之意，反映了中国传统文人无为、恬淡的精神追求。

在科举时代，权模山曾幼习举，希望能有一番成就。后来虽未遂人意，但权模山仍“嚣嚣自得”；清亡民兴，学制变更，诗风堕地，同人之好诗者组春雨诗社，推模山为社长，仍“嚣嚣自得”；诗集中的作品，“详观集中所载者，于山巅水涯则直描其景，于友朋酬酢则实为其情，而于风云草木鸟兽虫鱼各状类尤揣摩搜索，曲尽其妙要，皆有嚣嚣自得之旨趣存于中，非有忧思感愤辄兴于怨刺者可比”，亦体现“嚣嚣自得”之意。因此，用其书房“嚣嚣山房”名其诗集，无疑是权模山思想、精神的最直接体现。

诗记百态鉴往来

作为诗人，权模山善于观察生活。凡生活中有所感触者，即有感而发。诗集中的大量作品，对于我们了解权模山的个人生活乃至当时的烟台社会，具有极大的文献价值。

权模山一生从事教育工作，与学生间建立了浓浓的师生情谊。《学生又为余拈出一巨蝎》《学生牟广兴赠插花》《学生游海滩得一瓷瓶供余插花》《学生涉海滩捉蟹数十，煮之为予下酒》《咏送糕学生之气度》等诗，体现了学生对权模山的体贴照顾；《假期忆诸生》《怅学生出校》《喜学生隆冬苦学》《别送行学生》《两生犯规取消其修身成绩潸然泪下》《喜学生多喜自爱》等诗，则体现了权模山对学生的关怀备至。

在来桥上村集成学校任教前，权模山已在家乡权家村任教多年。在本村任教，无来回跋涉之苦，在教学之余，还能兼顾得上家庭，“家庭之乐，相得甚欢”。到桥上村任教后，由于离家近百里，交通不便，是以时常惦记家里，思家心切。《来校泥泞不堪幸人马平安》《行至只楚村满街水流成河，靴坠几为涂去》等诗，反映了当时两地的交通不便；《家中寄衣》《天气乍冷家中寄衣》《接大女手书》等，反映了因交通不使，诗人与家人的联络，只能通过邮寄等方式；《归家行》云“一肩行李到家，累得遍体酥麻”，则反映了当时步行回家的艰难。

从诗集中，还可以看出诸多当时烟台存在的社会问题。如《赴烟观直鲁豫三省流民图》，反映了民国九年（1920）八月，直皖战争爆发，战区难民荡析离居，四出逃亡，部分流浪到烟台的情景；《宫家岛村东作》云“四顾汪洋不见边，行人踏破水中天”，记载了民国十一年（1922）七月十三日大沽河大水，河水出岸致使宫家岛一带泛滥的事实；《骡子上舢板》一诗，记载了民国十五年（1926）腊八日，作者早晨回家，上下涂桥，行至小沙埠，河水势甚大，人畜被迫从舢板渡过的事实；《初夏同人游沙旺》《辅臣约同到沙旺看荷花》，反映了当时沙旺荒滩改造的成果。沙旺，即现在烟台幸福一带，

停泊在烟台港的洋轮

这里原是一块荒无人烟的海边沙滩，土壤非常瘠薄，地势又甚低洼。约在1910年前后，开始由各地迁来的贫苦农民垦荒耕种。经十余载开垦，沙旺一带已经是沙滩变良田，面貌大变。

权模山来自农村，关注农村的民俗。《小儿吵年》《送灯归途咏》《祀灶》《元宵节上灯》《二月二撒灰》，生动描绘了当时福山农村的节日习俗；《珠玑看戏》《晚间到烟看戏归途作》《烟台毓璜顶观戏》，则反映了当时烟台民间戏曲的繁盛状况。这些资料，对于我们研究百年前老烟台的民风民俗，极具价值。

作为才思敏捷的诗人，权模山对新生事物极为敏感。诗集中那些咏叹当时新生事物的作品，为我们了解当时烟台社会的发展，提供了宝贵资料。如《东南车路晚眺》《晚偕文焕游汽车路》《游车路见群儿摘山枣有感》，描写了烟潍汽车路的情景。1920至1921年间修建的烟潍汽车路，是当时山东质量最好、等级最高的公路之一。从这些诗作中，可见烟潍汽车路当时是被民众作为游玩景点来看待的。《夜间偕伯皋、景周诣东山看兵舰电灯》《填太平湾》《与文焕适通伸巷看电灯》，则分别反映了东山海军基地、太平湾建设、通伸巷公共事业建设等侧面。

八十年前的只楚庙会

1933 年：《只楚庙会》入围上海杂志主题征文

庙会，又称“庙市”或“节场”，是指在寺庙附近聚会，进行祭神、娱乐和购物等活动，是中华文化传统的节日习俗。旧时的庙会，承担着交易场所、娱乐场所及迷信寄托者等多种职能，是人们过年时不可缺少的文化活动。山东作为礼仪之邦，齐鲁文化源远流长，其民俗传统在国内具有一定的代表性。民国时期，上海大中国图书局主办的《民众周刊》杂志，为弘扬传统文化，于 1933 年向山东省广大读者举办了一次庙会征文。优秀者入选《山东民俗》专辑，刊载在 1933 年第 20 期的《民众周刊》上。此次入选者，计有 28 人。

《民众周刊》书影

福山李景苏先生所撰《只楚庙会》，因内容详实而得以入围，李先生因此获得该杂志社赠书券一元的奖励。

以今日的目光看来，李景苏先生的文章，于细微处反映了 80 年前烟台的政治、经济、文化等各个方面，其价值远不止于庙会文化。

只楚，为烟台民国之前的一个老村。该村于唐圣历年间建村，因古时村后多枳，枳又名“枳橘”，故名“枳楚”（楚，意为灌木丛生），后演音为“只楚”。

拜神：老庙会上那些渴盼赐福的人们

李景苏先生写到，当时的福山县境内，很有名的庙会是指太平顶、玉皇顶等“四大顶”办的庙会，而他之所以要写写不那么有名的只楚庙会，只因为“这几年来胶东多事，把这有名的庙会，无形中停止了。近来因为有些乡民许戏还愿，和乡绅提倡的缘故，邻村只楚把沉寂六七年的庙会，又重新兴办起来。这庙会虽没有四大顶的热闹，但大概一切情形，也很能代表出福山庙会的概况”。

只楚庙会既是境内庙会的缩影，情形勾勒一二，便可知全体风貌。

只楚村的庙，庙产彼时（20 世纪 30 年代）已“完全归该村”，产出作为小学经费。庙既无产业，自然养不住人，所以道士们都走了。

关于这座庙，李景苏先生在文中有详细的描述：“在该村西头，庙前一些空房，都开为学校教室。再前是一片广场，庙后就是烟潍汽车路。四周的空地，都满植着杨柳，在空旷广场的中间，还横着衣带似的小河，看来是很好的风景。”

这庙应该是有些年头了，规模似乎也不小。“相传庙是在明末建筑的，现在虽有倒塌的地方，但还能看出这庙从前的壮丽。庙内有菩萨、把门将军、老母、马王，以及送子娘娘等神”。

关于庙内供奉的神灵，在李景苏先生的记忆里，值得记上一笔的事情，是他们“受过一次重刑”：县府曾“强迫各村，把庙神拉去，改作校舍。那一时神威消灭，毁庙兴学的声浪，一天高起一天。这庙也受了影响，把神的头也砍去了……（后来）又重新给神换上了新脑袋，依然的恢复了旧观。在我们去逛庙的时候，看见一些穿着衣的神像，都是黄金色的新面孔，这一定是那些受断头罪的神了”。

如今恢复起来并已连续举办几年的毓璜顶庙会上，很多市民连夜排队抢烧头香祈福，这一幕已成每年正月初九毓璜顶上的奇特景观。而80年前的只楚庙会，拜神祈福，同样是很多人心心念念的主题活动：“各殿神的前面，都置有香炉、蜡台、供器，以及一些什么碗菜、馒头，摆列了满满当当一桌子。在桌旁还有一人，执着木棒，有来拜神的人，他便敲一下磬。地下置小锣一个，进香的人，都往里丢一二枚铜元。那些进香的人，除了拿着香纸以外，还有拿一个纸人的……这纸人叫替身，是来替病人伺奉神的。”

不光是拜神的花样多，因一众神灵各有所长，而香客们所求不同，自然会有选择地重点“关照”，那祈求神灵赐福的心，也就格外的强烈。

比如求子：“在送子娘娘殿的旁边，有一个抱着小孩的神。听说是送子娘娘的差人，专管送男孩到人间。若是没有儿子的人，得了这神抱的小孩的鸡鸡吃，便能拾得（生）儿子。所以这殿的妇女特别的多，都是来求儿子的。一个粉白的小鸡鸡一会（儿）就都满露着裹面的草和泥土了。有的甚至把露出的泥土掐一块吃，好求神给她儿子。”

和送子之神并列的，“还有一位没有手脚的神，叫做十不全姥爷。听说这神是一位外科专家，专管医治皮肤、疮疖等症。他的身上满挂着红布、线和麻，这都是被治好的病人，来谢神的敬物”。

(1)

寫在前面

第十期徵文揭曉

庙会专号征文情况

逛会：好一幅热闹的民俗世相图

李景苏先生在文中还不厌其烦地细细描摹了只楚庙会上的种种光景，为今天的读者还原了一幅斑驳陆离、热闹非凡的民俗世相图——“村内大街，建一舞台。台中间悬着上写‘募化先驱’和‘热心救国’的两个匾额，四周贴着红红绿绿的标语。标语是‘打倒日本帝国主义’‘援助东北抗日将士’……台前便是一群观众，真是人山人海，大概在三千多人。妇女都在两边，不准混杂”。

庙会历来有很浓的集市色彩，商品五花八门，交易活跃，是商家看重的舞台。到庙会上走走逛逛，大人们乐此不疲，小孩子更是乐事一桩。只是不知，“庙会的商业与文化如何平衡”这个被今人反复探讨的话题，想当年是否也被人拿来讨论过。

只楚庙会上，“离台较远的地方，是一些买卖铺子，有酒馆、饭馆、茶社、糖果等业。关于农民用的东西，有提篮、粪叉、铁耙木锨、粪斗等物。也有卖小孩玩具的，小汽车、胶皮人、小洋号、小铜鼓……大半都是日本货。还有一种买卖，是做棉花糖的。用机器把糖制成棉花形状。很小的一点原料，便能做一大块糖，他的买卖有点应接不暇的样子”。

相信看到做棉花糖这一幕，多数读者会禁不住会心一笑：彼时情形，与今日如出一辙。80 年过去，时光在这里仿佛停滞了。

找乐儿：有些演出如今已难得一见

庙会，自然是找乐儿的地方，这也是庙会活动的魅力所在。李景苏先生写道：“在正山的日子，戏是一天到晚不停演的。这庙会的娱乐，除了看戏以外，就是庙会。所以福山县的庙会，俗说叫赶山，或赶会，意思就是指着‘看会’说。这个‘会’，在乡民，尤其是妇女，是特别欢迎的。”

“会”的节目颇为丰富，通常是“七八个人连台”，“每一段总有锣鼓、旗帜、行伞、高跷、抬阁等玩意”。演出时间相对固定，场面也颇为可观：“在下午一点钟时，钟声大作，锣声喧天。一时看戏的人，都四处分散，各择了较高的地方站住，以便看会。远远地看去，在大街上的屋角处，都是飘摇着红红绿绿的旗帜。旗上的字被风吹得不甚清楚，有的写着‘泰山进香’四字。前面有四人，胸前各悬一大鼓，用白布缠绕到肩上。个个体格魁伟，精神充足，各执木棒一齐击鼓，作各种姿势。远远听去，如隆隆的雷声。”至于高跷，是“用木制成圆轴，上置横板，人将脚绑于横板上，高出观众三四尺。踏高跷的人，穿着各色衣服，装扮各样戏剧”，有“猪八戒戏老婆”“瞎子观灯”“姜太公钓鱼”“骑驴上寿”等剧。“每到观众多的地方，（演员们）就舞起刀枪，跳跃起来，使得观众喝彩”。

此外，值得一提的节目，是抬阁。李景苏先生不吝笔墨，详细描述道：“……（抬阁）以细铁柱做成种种样式，外面纸糊成花木，或假山，显出玲珑的样子：高有两丈余，用八九人抬着，以小孩扮戏。小孩都是在四五岁左右，有的还在吃乳的时期。大概这些小孩，都是小时候害病，许下为神进香的，所以不按（管）小孩害不害怕，就点胭抹粉，化妆起来，绑在这二丈高抬阁上，看来飘飘摇摇，好像是半空悬着的神仙。”当时抬阁所扮的戏，有“红儿关”，底下置旗一枝，写着“替天执仇”四字。“上面两枪交叉，枪下各悬一人，看起来很是危险”，还有“洞宾戏牡丹”“黄鹤楼”“哪吒出世”共四抬。

用人造机关制造飘飘欲仙的特效，这大概就是抬阁的主要特色吧。只是那被绑在抬阁顶端的小演员，如此稚龄，肯定会有哭鼻子的吧？文中隐约能读出作者的怜悯之意。

春晓画社

1937 年，由烟台特区专员公署编纂的《烟台概览》出版发行。该书与民国时期烟台的其他同类百科类文献相比，如《烟台要览》《图说烟台》《烟台大观》等，对文化事业方面关注较多，为后人保留了大量有关烟台的文化资料。在这些资料中，对春晓画社的记述颇具代表性。

春晓画社，是烟台历史上第一家艺术研究机构。该机构成立后，为宣传、推广烟台艺术事业，做出了突出贡献，在烟台乃至山东的文化史上，谱下了辉煌的篇章。

缘起三位文艺青年结社

春晓画社的前身是“三友画社”。三友画社，是由张经艺、徐晓霞、许召南三个志同道合的爱好艺术的青年创设的。三友画社创立伊始，只是限于三个朋友间交流艺术，结合松散，最初也没有什么组织，跟外界接触不多，所以很少为外人所知。

随着三人影响渐大，烟台有很多艺术爱好者逐渐与之接触，小圈子扩大，已经不止三人。“三友”这个名称显然

青年时期的许召南

青年时期的张经艺

不太相衬了，于是，他们又改为“春晓绘画研究所”，社员增至十余人。但这时，它的知名度还仅仅局限在圈内。烟台普通民众知道“春晓绘画”这个名字，始自一次展览。

民国二十二年（1933），春晓画社在烟台举行了一次《画家联艺展览》，展品被争购一空。春晓画社的声誉迅速传遍整个烟台，域内众多艺术爱好者闻风聚拢来，一时间，社员人数骤增。为利长远发展，主事者将春晓绘画研究所更名为“春晓画社”，同时呈准当时的福山县党部备案，依当时的《团体组织法》组织成立。

春晓画社，对社员入社资格有严格的规定。能踏入门槛者，多数是受高等教育或专门美术训练的。一般的画盲或浅尝者，很难跻身其中。画社研究的科目，“不纯在绘画一方面，凡是属于艺术范围内的，如篆刻、木刻以及文学等，均与绘画设为同等研究的对象”。

坚持艺术为社会服务

1934 年，春晓画社又举办了一次画展。自此，办画展就固定为一年一度的例会。

这些展览多安排在暑假期间，因为社员多散居在胶东各地，惟有在暑假期间，才有集会的机会。除此之外，春晓画社还会根据社会形势需要，择机举行画展。

春晓画社的宗旨之一，即是艺术为社会服务，而不是脱离社会闭门搞所谓的艺术。为此，他们所举办的展览活动，多是围绕当时社会关心的问题而进行，高擎人文关怀的旗帜，并因此而获得了良好的社会效果。

许召南画作

如，1935 年黄河决口，山东沦为主要灾区，灾区面积达 7700 余平方公里，波及鲁西 15 个县，淹没耕地 810 万亩，淹没村庄

8700 余个，运出和外逃灾民 48 万余人。面对这一空前的自然灾害，山东境内各地纷纷开展赈灾救济工作。春晓画社的艺术家们也行动起来，在烟台、威海等地分别举行两次义赈画展，将售画所得，全部捐赠灾民。

在日寇入侵、国难当头之际，春晓画社表现出了极高的民族使命感与历史责任感。如，1934 年，春晓画社在烟台举办了《国货商标展览会》，1935 年又在威海商会举办了《国货展览》。艺术家们通过这些展览，提倡商家卖国货、号召人们买国货，并为民族工业摇旗呐喊，其爱国热忱令人动容。

春晓画社的丹青高手

在春晓画社旗下，聚集了一批丹青高手。后人提及烟台这个时期的画家，春晓画社成为一个绕不开的名字。画社的主要成员有张经艺、许召南、徐晓霞、张慕渔、张伯儒、张继衡、丛香斋、宋健昌、李挺然、李冠九、薛秋厂、乔耀世、马怀智、陆宏光、孙和轩等人，其中不乏可圈可点者。

张经艺，名焕文，又署晓庐，烟台奇山所人，曾任烟台市博物馆馆长。张经艺幼时即善画，后入北京华北学院国学系国画专业学习。为了写生，他曾经北上南下，后期作品日臻佳妙。张经艺善画梅，其论画梅技法，认为“画梅布局宜紧凑，散漫则无致，笔力宜圆健，松疏则减神”。

许召南，名荫棠，别署晓天，乳山人。早年在张经艺、徐晓霞资助下，到北京华北学院求学。毕业后曾在青岛、烟台

许召南画作

许召南画作

等地任美术、国文教师，曾任海阳县立中学校长，《东海日报》社主编。许召南博学能文，兼攻书画，师从国画大师胡佩衡、于非闇、萧谦中等人。他擅画山水，上追沈石田、龚半千、兰田叔、萧谦中等人。他的绘画，能融合众家之长而不露其迹，能食而化之，融而通之。他的艺术观，代表性言论是“绘画不解文字，即为缺乏性灵，纵技术纯熟，不过一画匠而已”。

孙和轩，名鼐，又字晓峰，福山人。以兰竹著称，师法二郑（所南，板桥）。其作画，奔腾驰骋，旁若无人。在平津时获“神品”之称。最难能可贵的是，善用逆笔，又善治印。

张慕渔，名敬，别署云芗，烟台奇山所人。工诗善书，尤擅篆刻。书法得力于石鼓，兼取法与钟鼎古籀，遒劲峻秀。所治印章，“苍润古茂，天趣流动”，殊有汉印风味，为当时艺林所推重，有“赵悲庵后，一人而已”之誉。著有《云香山馆吟草》。

李挺然，名志挺，别字晓雁，海阳人。工花卉、翎毛。师金冬心、高其佩诸人，有“出蓝”之誉。李挺然秉性聪颖，博稽群书，经史子集无不贯通，且致力于伦理哲学。

徐晓霞，名云，又字晓沧，山东昌乐人。徐晓霞初学花卉，师从陈师曾先生，成绩颇著。陈师曾曾发过这样的感慨：“此人个性坚强，非终于是者。”后来，徐晓霞果然以“国画不合于科学标准”为由，改习西画。同时为研究便利起见，又埋头攻读外语。因为精通外语，徐晓霞便充当起文化交流的桥梁，将其所获知的西洋艺术界的消息，多多介绍给国内的读者。后期又致力于木刻，亦有成绩。

老烟台的女性生活

开埠后的烟台，经过几十年的发展，到民国时期，城市已具相当规模，并深受外来文化的影响，保守与开放不时交锋，落后与先进一时并存。而当时妇女的生活状况同样打着深深的时代烙印，同时也带有浓厚的地域特色。民国时期的报刊上，有关烟台妇女的文章为数不少。

着装打扮 偏爱雪青色 一身整洁示人

说到女性，总离不开衣着打扮。对烟台女性的着装，孟津先生1933年发表在《妇女共鸣》杂志上的《烟台妇女生活概况》一文有详细描绘。

该文写道：“短身过脐，紧扎腰的上衣，袖口是喇叭形的，裤长扫地，两条裤管十分宽大，一望似长裙，走起路来姗姗然，臀部刻出十分显明的曲线，这就是烟台妇女的装束。”看到这样的描述，谙熟时尚的读者大约会莞尔一笑：这一身的复古范儿，如今又流行回来了。

《妇女共鸣》杂志书影

发型也是亮点。孟津先生在文中说：“（发髻）几乎一律是圆宝形式，黄色的叉发针，总要露出髻外五分长，这也许是表示阔绰的意思。刘海剪得很厚，往两旁分梳着，是十几年前的上海时髦妇女刘海的样式。他（她）们的脚除去少数的知识阶级，仍然用布束缚得尖尖的，似乎在欲放未放之间，这便是烟台妇女的典型。”当时的烟台街头，大约也有一季的流行色。瞧，这位孟津先生就注意到烟台女性对雪青色的偏爱：“雪青色（浅紫）便是烟台妇女色了，只要你站在街上能看到有妇女们往来，你至少也可以看见有一两个穿长雪青色裤子的少女或少妇，等工厂放工的汽笛尖锐高叫起来时，更可以看见成群的女工穿着雪青的衣服。”

在这位作者的观察中，烟台的妇女出门时，总会收拾得利利索索，很少以不修边幅的形象示人。对此，作者由衷感叹道：“烟台妇女的装束普通（但）很标致整洁，很少或者几乎可以说没有蓬头垢面拖着鞋站在街上的。在北平每天早晨八九点钟时妇女们头不梳，脸不洗，嘴里衔着一只（支）香烟站在门口买菜，这是很普遍的现象。烟台妇女的优点，便是没有这种懒散的样子，而有洁净的习惯。”

干净整洁，这就是80年前的烟台女性留在文献里的形象。

知识女性　多出自教会学校　难免遭世俗误解

烟台开埠后，外国传教士纷至沓来。据统计，20世纪30年代末，烟台接受基督教和天主教洗礼的信徒人数已达6000多人，而当时烟台市人口不过15万左右。信徒中，又以女子为多。

宗教的影响，首先反映到教育上。烟台的女子学校，如“真光”“培真”等校，皆为教会学校。当时烟台的知识女性，大都是这些教会学校出身。她们毕业后，要么嫁作人妇，要么到教会里工作。

在当时的社会风气下，这些知识女性难免遭受世俗的误解，有些保守人士甚至口诛笔伐，大加贬斥。

如，倚重先生1935年发表在《人言周刊》杂志上的《烟台的妇女》一文，便给这些出身教会学校的知识女性扣上了“不爱国”的大帽子，说“她们受了基督教的洗礼，虽然知道自己是中国人，自己所住的烟台是中国的属地……但是，她们却并不想为国家服务……”。

而另一位作者孟津先生则在批评教会学校之余，公开声称：“我们并不诽谤某一种宗教，不过今日世界，绝不是神话中的世界了！”

老烟台女性照片

职业女性 “工女”辛苦劳作所得却很少

自开埠以来，绣花、发网、花边等，历来是烟台主要出口产品。这些劳动密集型产业，自然是半边天们的天下。从事这些工作的妇女，多是年轻妇女，她们被称为“工女”。

倚重先生对此描述道：“（这类工厂）在东马路一带很多。大工厂中，每有数百工人，而小工厂中也有数十人。”女工们付出血汗，得到的报酬却很低廉：“她们的工作，一天要十二小时，但所得的报酬，每天不过一角到三角。学徒时期，照例是没有工钱的。”在当时农村破产、城市不景气的环境下，谋生艰难，工厂老板从来不担心招不到廉价工人的。

从事此种工作的妇女，多半在烟台住家，也有些是附近村庄上的，几乎没有远来者。因为这种工厂，都是小作坊式，不提供工人宿舍。除了到工厂做工外，还有部分较远村镇的妇女，在家制发网、花边等产品，由厂里派人去收货，然后转运到烟台出口。

至于“工女”们的生活，励华先生 1937 年发表在《妇女生活》杂志的《烟台妇女生活剪影》一文中描写道：“当早上五六点钟的时候，（工女们）在家吃过早饭后，就到工厂去。一直到下午六七点钟，才跑回家去用晚饭。上午是不能回家的，因为当中休息时间很短，没多大工夫。她们早上带出去的几片黄拉拉的‘片片’和厂里的一杯白开水，就是她们充饥的资料。”

传统婚俗　新娘端坐炕头任人参观

民国时期，烟台的妇女在婚姻问题上，仍沿循传统的“父母之命，媒妁之言”。当时，童养媳制度依然存在，而守节之风特盛。

作为一名外地人，孟津先生对烟台妇女结婚时的风俗，觉得很是新奇，因此饶有兴致地做了描述：“在他（她）们结婚时，有一种特异的风习，便是新娘一下轿整装之后，可以任人参观，不论男女老幼，识与不识，都是来者不却。并且还有人招待，指示给新娘的住室，和他（她）的妆奁。在我们没有这种习惯的人，乍然走进不相识的门中，总有些踌躇不前，而在本地人习以为常倒处之自然。”而对那定力超常的新娘子，孟津先生更觉新奇：“新娘端坐在铺着新被的炕上，并不低垂粉头，只是木偶一样丝毫不动，除了有时眨一眨眼，这种风习是怎样养成的不可得知，但是夸耀富有总占原因之一部吧？”

时光流转 80 年后，老烟台的这些结婚风俗，在山东某些农村，仍然可见些许影子。

呀，姑娘，真好哇！

时间退回到 90 年前，在福山农村，女性身上仍然贴满“文盲”“缠足”“大门不出二门不迈”这些旧时代的标签，外面的世界似乎与她们无关，即使有人嗅到了中国妇女解放运动的气息，但新时代的劲风，一时半会儿还刮不到这里。

转机悄悄来临。1923 年，中华基督教女青年会在上海成立。这是一个专门为妇女群体服务的宗教团体。1928 年，这个组织把目光由城市转向农村，重点开展乡村服务事业。是年春，应福山人栾极家、赖诚久的邀请，他们派员来福山乡村调研考察。但所到之处，并不受欢迎，那些村庄吃不准这些外地客的用意，对他们宣称要做的事，将信将疑。走到泊子村时，又是一番游说，终于，当地村民被说动了。泊子村的尝新举动，很快引起连锁反应，“其他各村才群起踊跃欢迎，不到两个月工夫，已延到六村了”，原先持观望怀疑态度的村庄也跟进了。

此后十余年间，“福山女青年会乡村服务区”（初定名，后正式成立福山女青年会）深耕乡间，办学校，倡天足，促联谊，为当地农村女性带来了福祉。同时也因为其出色的工作成绩，在女青年会的全国大会上被奉为“福山模式”，大加讨论并推广。

念了书，好像开了窗户一样

教育是女青年会的工作重心。一开始，女青年会就创设了民众学校，分设于乐家村、西牟村、东留公等 19 个村内，学员平均年龄在 19 到 20 岁之间。民众学校分初级班、高级班、师资训练班、自修班等。初级班

福山女青年会平民千字课上的学生

以扫盲为主；高级班主要训练骨干；师资训练班专为训练一般师资人才而设，训练时间为四个月，半为实习；自修班，“为欲深究某种学识而设立”，除每天自修外，每星期共同讨论一次。到 1931 年，福山民众学校已举办四期，共计十三校，学生总数为：初级班计 340 人，高级班计 65 人，训练班计 25 人，自修班计 33 人。

当时的福山县，“教育很缺乏，村立男子小学尚恐二村难得其一”。况时人重男轻女，乡村妇女多目不识丁，“妇女的意见是无关重要的”，女性社会地位普遍低下。但是，新风徐吹，农村女性尤其是年轻女性的思想，并非潭死水。此时，距烟台开埠已有六十余年，国内的妇女解放运动日渐深入，福山乡村妇女正在逐步觉醒。比如，青年会到乡村调研时，就听到了这样的心声：“不准我们念书，单准男孩子念书，是什么道理？怕我们明白事么？现在我不是从前了，不论怎样，书是要念的，我也是人，就不该懂得点事吗？”，“投生个女人，真是苦极！一辈子做奴才不得翻身，这总怪女子没有知识啊！”，“念了书，好像开了窗户一样，这真是做梦也梦不到的事啊！”女青年会“教妇女读书识字，不啻给她们提高了地位，至少她们的意见在家庭里有人理会了”。福山民众学校除了教识字，还教授地理历史、算数、书信，进行苹果种植技术和家庭养殖业、手工技术的训练，还组织妇女到烟台工厂参观学习编织技术。

解放，就从天足始

妇女缠足是中国独有的文化怪象，“牌坊要大，金莲要小”，扭曲、畸形的审美观念下，正常健康的大脚女孩不仅难以嫁人，而且“母以为耻，夫以为辱”。自清末以来，山东各地政府屡次发起不缠足运动，但收效甚微。民国初期，山东各地缠足风气兴盛，而又以胶东地区为甚。福山县也不例外，“缠足陋俗、泥古不化”。1928 年，曾有人这样描述烟台发网厂的女工：“她们都有从一个模型里脱出的三寸金莲小脚，穿着绿的红花鞋子，真叫我吃了一惊”。已开埠几十年的烟台缠足风气尚且如此，福山农村就可想而知了，“当时（福山）女生尚多缠足，皆穿内塞棉花的圆头鞋”。据女青年会 1927 年对福山县 8 个村庄妇女天足情况的调查，没有缠足的妇女人数仅为 165 人，只占这些村妇女总人数的不到一成。女青年会福山乡村服务区一成立，就力倡放足。她们从民众学校做起，“厉行鼓吹学生放足，以作运动之模范先锋”。同时，举行演讲会、家庭访谈会对村民进行动员。几年后，这 8 个村天足人数增加至 383 人。天足运动不仅在身体上解放了妇女，思想上带来的冲击也是极大。

来，来，我们结成姐妹团

为破除乡间女子闭居深闺之俗，女青年会鼓励女性走出家门，交友联谊。他们先是设立了“交谊会”，联络各村同学互相交往，随后又成立了正式组织——同学会。该会每月开一次全体会，一切会务均由会员自己主理，会旨是“对内则专心自修，对外则尽力从事服务”。后来推而广之，“凡妇女有志于服务，皆可入会”。女青年会的联谊组织，还有华光团，是专为少女服务的团体，1929 年秋成立了五团，团员仅几十人，1930 年秋又重组十团，共计百余人。

在古松下联谊的福山女青年会会员

福山女青年会在组织联谊活动时，很善于“蹭热度”，借助节日造势，比如梨花会。“（福山）地势多山，遍山果树。每至三月梨花盛开时，远近士女都来观赏，

福山女青年会在活动中

这就是所谓梨花会了”。“最令人欣慰的是每年春季的梨花大会因有许多烟台女青年会同志下乡赏花，届时适遇乡村部的周年纪念日。假以大开典礼，颇饶一时兴味这些联谊活动，不仅让参与者感受到莫大的快乐，她们自身也发生了深刻的变化。有的成员在讨论时感慨地说：从前没有走过这么多的路，没有跑到的村去开会，也没有会到这么多的朋友。四年前（1928 年）怕见生人，怕说话，精神和态度也都是不自然的”。

女青年会忙活的这些事，老百姓看在眼里，与其日渐亲近。福山女青年会干事何耀坤曾在《一年来的回顾》一文中写道：“荷锄的老农，谦恭地表示诚意的欢迎说：‘先生来了吗？多会开学啊？’老妇倚在杖头，兴奋地说：‘呀！姑娘！坐下歇歇吧，真好哇，有耐性啊！’小朋友手舞足蹈的，跑着说：‘哈！哈！我来接你了！我真是想你呀！’青年的姊妹们，挚爱的扯着说：‘亏得你们，给了我们这样好的机会；千万不要再离开我们去了！’”1932 年 5 月，从福山女青年会各个妇女服务团选举产生了 20 位代表，组成筹备委员会。次年 8 月，福山女青年会正式成立。1937 年 7 月，日本发动全面侵华战争，山东沦陷，盛行一时的福山女青年会乡村服务事业被迫停办，福山的妇女解放运动，暂时陷入低潮。

扶风社烟台留绝响

1941年7月，烟台的戏迷们奔走相告：扶风社要来了，马连良要来了，有好戏看了！

扶风社是京剧大师马连良先生于1930年组班建立的剧团。该团拥有马连良、张君秋、刘连荣、袁世海、叶盛兰、马富禄等名角，阵容超强，经常在北京、上海等地演出，是京城响当当的戏班子。这次，扶风社应邀赴烟演出，马连良、张君秋、叶盛兰、马富禄、袁世海等扶风社大牌齐聚烟台，这在烟台京剧史上是第一次，堪称烟台文化史上的一件盛事。

十天看不够　加演十场

1941年7月12日，马连良应烟台当地建筑孔庙筹款演剧委员会之约，由天津乘船赶赴烟台。13日，马连良一行抵达烟台。临行前，他们已听到传闻，烟台有相当一部分观众对戏的水准要求很高，格外看重头炮戏。所谓头炮戏，就是戏班子每到一地，所演的用来打开局面的最拿手剧目。在这出戏里，可以显示本班社的阵容、实力、流派及风格等。烟台的戏迷，在看头炮戏的时候，有“提灯笼看戏”的习俗，那就是“凡是新来的外地演员，到这儿头天打炮，烟台

扶风社主要成员合影

市的戏迷、票友都来买票看戏，他们每人手提一盏纸灯笼，当主演上场一打‘引子’或是一起唱，如果是真好，领头的把提灯吹灭，大伙儿坐下来，一直看到完，并且齐声叫好、捧场。假如唱得不好，领头的把灯笼一举，于是大伙儿一块儿向后转，全走了，这个演员就算演砸了，从此，烟台街您就别再来了”。据说当年名角孙菊仙在烟台演头炮戏时，因疏于礼节，被烟台戏迷冷漠报复，最后只得在台上磕头赔礼。有这前车之鉴，扶风社成员尽管已名满全国，但对去烟台演出，还是格外小心。

到达烟台后，马连良就琢磨着如何演出头炮戏，最终确定了自己最拿手的《借东风》。《借东风》这出戏，是马连良的成名之作。当年马连良就是靠这出戏，轰动九城、万人空巷，从此红遍大江南北，终成一代宗师。

16日，扶风社在烟台丹桂戏院演出《借东风》，演员有马连良、张君秋、叶盛兰、马富禄、袁世海等。在此之前，扶风社遍游国内各大城市，却从未来过烟台。对看戏痴迷的烟台人，虽然见惯了各类名角大腕，但像扶风社这样的超豪华阵容，还真是头一次见识。所以，扶风社的这场头炮戏，使得烟台一时间万人空巷。“演出前，观众争先恐后，人流熙攘”。

果不其然，这场头炮戏大获成功。不仅如此，《借东风》的票价还打破了丹桂戏院的纪录，每张八元的普通票，开卖没多久就被抢购一空。有些人为了看戏，甚至不惜向戏院外的黄牛党们买几十元一张的票。“更有无票者拥拥挤挤要求加演，剧场门前水泄不通，致使有人被挤伤，戏园楆前关合铁门，请警察到现场维持秩序才始见好转”。

扶风社演出中

当年的马连良年富力强，嗓音洪亮，正是艺术造诣日臻深湛之时；而张君秋、叶盛兰、马富禄、袁世海等名家也正当盛年，在艺术上也已炉火纯青。对演出要求极严苛的烟台戏迷，难得享受这名角云集的戏剧盛宴。“演出中，观众的热情更非一般，至精彩之处，不约而同齐声叫好，鉴赏力极高”。

其后，扶风社陆续演出了《南天门》《四进士》《甘露寺》《法门寺》等剧。其中，《南天门》因表演身段繁难，是马连良久负盛誉的作品。这出戏尽管票价高达十块钱，却仍然售卖一空。扶风社的倾情演出，使得烟台戏迷过足了戏瘾。欢喜之余，戏迷们觉得扶风社原先约定的在烟演出时间太短，于是提出了加演的要求。在各方协商下，扶风社原定的十天演出，不得不加演十场。为答谢烟台戏迷，后期全部戏票由烟台商会包办，杜绝黄牛票，让戏迷实惠看大戏。

周瑜跟曹操闹别扭了

到烟台的第一天，安顿妥当，扶风社的袁世海、叶盛兰等人，抽空逛了逛烟台。当时的烟台尽管也算国内知名城市，但相比起北京、上海等大城市，差距还是不小。袁世海后来回忆道：“没意思……冬天没看头。烟台市也就是一条马路，铺子（商店）全关张，只是晚上咖啡馆的霓虹灯有点上海味。”

无聊之余，袁世海、叶盛兰等哥儿几个便在酒店里玩起了扑克。这一玩，倒玩出了一场小风波。

提起玩扑克，袁世海可是行家。不管跟谁玩，不论在哪儿来，可以说是每战必胜。玩耍的结果，自然是袁世海一个人儿赢，叶盛兰总是输。大凡玩过扑克的，都知道输者的沮丧心情。可巧袁世海又有一个坏毛病，那就是玩扑克时闲话特别多，尤其是玩胜赢了钱时，那更了不得。这次袁世海一路狂赢，叶盛兰连连败北，兜里的钱输得精光。见叶盛兰垂头丧气，袁世海更兴高采烈，嘴巴就彻底管不住了，口里不断嘟囔着，什么“这把赢的钱，给老婆买双高跟鞋”；什么“拿这赢的钱，去海鲜馆子好好撮顿”，让叶盛兰听着听着心里起急冒火，“恨不能把他按在那儿，啃他两口”。要知道，叶盛兰是个比较感性的人。有点恃才傲物，谁要和他对着干，那他的脾气就算上来了，特别在对待师兄弟时，经常说话过了头，甚至动了把子乃至刀子。但这哥俩儿毕竟打小儿就在一个戏班学戏，不仅是师兄弟，更是多年的合作伙伴，尽管两人平时磕磕碰碰是常有的事，可俗话说得好，“一个锅里抡马勺，没有不碰锅沿的”。想想这，叶盛兰强压住了怒火没发作。谁知袁世海见好不收，仍然拿刚才牌局的事唠唠叨叨不止，终于把叶盛兰惹毛了，立即骂了袁世海几句。袁世海哪儿能受这个，于是一骂还一骂，两人动嘴之后，又几乎动起武来。于是有人赶紧跑去告诉马连良，马连良过来，好说歹说才给劝开。但两人这口恶气，没有完全放出来。据说几天后，叶盛兰曾对袁世海说：《群英会》卖满堂，看的是谁呀？还不是看咱们！他说的“咱们”，主要是“周瑜”，在《群英会》中叶盛兰饰演周瑜，袁世海饰演曹操。叶盛兰这话，显然有点怼袁世海的意思了。

这段小插曲，后来登在北京一家名为《369画报》的杂志上，作者没署名，文章的题目做得怪有意思的，说“袁世海与叶盛兰在烟台”，“喝酒喝厚了，耍钱耍薄了”，然后搞得两人“到现在谁也不理谁”。

无缘二次来烟

1946年夏，时任胶东文化协会会长、胜利剧团团长的马少波，正在对胜利剧团整编，打算以后专演京剧。剧团改编，当务之急是找一位专业人士做带头人。正苦于找不到合适人选时，这时去上海做地下工作的同志透露：马连良先生有从上海秘密来烟台演出的愿望。马少波一听喜出望外，心想这下人选有了。他立即请示了胶东区党委，要求邀请马连良来烟演出，并准备借他来烟台演出的机遇，留他参加胶东文协胜利剧团。组织上很快同意了马少波的提议。不久，马少波安排胶东文协的阚许生、王久鸣等同志，趁去上海工作之便，联系马连良来烟演出事宜。遗憾的是，马连良当时因腰伤正卧病在床，因此未能成行。

1947年，国民党反动派发动内战，重点进攻胶东解放区，形势突变，军事倥偬，马少波、马连良的联系也就中断了。就这样，阴差阳错，扶风社的第二次烟台之行，没能变成现实，而1941年7月的那期演出，在老烟台戏迷心目中成为绝响。

蔚哉秀哉信义小学

建立于民国时期的烟台私立信义小学，即今天毓璜顶小学的前身，是烟台最早仿效美国学制的小学校。它伴随着美国长老会传教士的脚步而诞生，是烟台开埠历史的重要见证。民国时期出版的《烟台要览》《兴华报》等文献，对此均有记载。

美国传教士郭显德购地办义学

1866 年，基督教美国长老会传教士郭显德在烟台毓璜顶东坡购地创办义学，招收 3 名孤儿，称为“文先小学”。后又创办女子小学，称“会英小学”。文先、会英两校，实质为一所学校的两个部分。该校为

信义小学师生合影

信义小学儿童戏剧表演

信义小学童子军

寄宿制义学，住宿学生只承担部分伙食费。据《烟台要览》记载，1923 年，学生每人每年缴纳 4 元学费，学校年经费为 500 元。该校开设的课程有数学、格致、史地、化学、英语等学科，并辅之以“四书”。因系教会创办，又开设了圣经课，以利于传教。该校兴盛时期，曾招生至二百余人。

民国初年，由于周边兴起的花边学校、浸信会与天主教小学等的竞争，学生逐渐减少。1887 年，郭显德根据时代需要，募资 2500 美元，在文先、会英小学旁侧，建立一所新的学校。郭显德把会英、文先两所小学并入该校，并各取两所小学名字中的一字来命名新的学校，是为“会文书院”。

1921 年，会文书院中学部与实益学校合并，小学部改名为成美小学，由中国基督教信徒负责管理。1923 年，又改名为信义小学。

丁肇中之母王隽英曾就读该校

信义小学成立初期，有学生百余人。1924 年，实行了男女学生合班授课，学校人数发展至 200 人。1930 年时，学校已有 6 个班级，学生 300 余人，教职员工 11 人。信义小学的首任校长，是登州文会馆毕业生、即墨人王守清。王守清，字静安，原为青岛明德中学校长。王守清先生胸怀爱国抗日的热情，在教育实践中，注重这种社会责任的传承。1919 年“五四”运动爆发后，王守清在明德中学宣讲爱国主义，鼓励学生参加运动，抵制日货。明德中学的爱国抗日行为，为当时占领青岛的日本人所记恨。后来在日本侵略者的压力之下，明德中学被迫解散，校长王守清亦被驱逐。失去工作的王守清，暂时返回即墨老家避居。不巧此时，其原配夫人因病逝世。因当时儿女尚幼待抚，于是续弦，得娶王隽英女士之母为继室。

王隽英的生父名叫王以成(1877—1912),字箫九,海阳市盘石店村人。王以成21岁时考入登州文会馆，1903年东渡日本求学期间，与日照人丁惟汾结识，成莫逆之交，两人立志反清救国。1912年2月，王以成在诸城起义战斗中被捕遇难。王以成、王守清均为文会馆同学，两人素来相识。王守清与王隽英的母亲再婚后，两个破碎的家庭，得以结合在一起。再婚后，王守清对继女王隽英视如己出，倍加呵护。王隽英先在信义小学读书，后升入真光女中。在烟台学习期间，王隽英的才女本色得以显露。她不仅学习优秀，还有较强的社会活动能力。在“五四”运动及学校进步思潮的影响下，她立志做一个秋瑾式的女侠，以实现为祖国、为民族争光的抱负。因烟台崆峒山之故，王隽英自号“崆峒筱侠”。她还在同学中组织了“崆峒学社”，带头撰写诗文。

后来，王隽英在生父好友、国民党元老丁惟汾的帮助下，就读燕京大学完毕后，前往美国密西根大学留学。之后，王隽英与丁惟汾的侄子丁观海教授结婚，生子丁肇中，即后来名闻海内外的诺贝尔奖获得者。

张冠亚老校长的信义情缘

1929年，王守清离烟返青，担任青岛崇德中学校长。与王守清在信义小学共事近十年的学监张冠亚，出任校长。

张冠亚为莱州人，潍县广文大学毕业，其人精明强悍，能言善辩。张冠亚是位基督徒，20世纪30年代曾兼任烟台基督教青年会长。这次出任信义小学校长后，张冠亚开始了在该校长达11年的校长生涯。

因此前已长期在信义小学工作，张冠亚熟知该校的一切。这位风华正茂的校长，将自己满腔的热情，投入到对教育的挚爱中。在他的卓越管理下，信义小学校风好，纪律严，每日朝会有早祷，军乐和军操训练严格，所培养出的学生，学业优异，严谨自律，在社会上口碑甚好。当时，

信义小学十周年纪念册

信义小学的毕业生入真光女校或益文学校（这两所学校为今天烟台二中的前身），不需要经过入学考试，可见学校的教学质量已获社会认可。张冠亚在信义小学工作了 20 多年，早把学校当作了生命的一部分。即使离任校长职务多年后，对昔日的信义小学仍念念不忘。1994 年，他的后人按照其生前遗愿，为毓璜顶小学特设“张冠亚教育基金”，以奖掖后学。1933 年，值信义小学成立十周年之际，该校编印了一册《烟台私立信义小学十周年纪念册》。该书附有图片多帧，真实地记录了当时的校风校貌。其校歌云：“蔚哉秀哉，信义小学，壮丽美且崇。同学同学，相爱相敬，学校如家庭。信义信义，成绩优美，规模更恢宏。人才辈出，社会明星，学校有光荣。”歌词通俗浅显，积极向上，读来朗朗上口。

1940 年，信义小学迁至山东省立八中（毓璜顶西侧），1941 年被日本侵略军改名为“毓璜顶模范小学”。1945 年 8 月，烟台市解放，烟台市人民政府接收该校，改名为“福乐里小学”，同时将弘文小学并入。1948 年 11 月 2 日，该校恢复一度中断的授课。1949 年，改称“烟台毓璜顶小学”。1967 年，改名为“育红小学”，1978 年，重新更名为“毓璜顶小学”。

名闻天下莱阳梨

提起山东的土特产，恐怕没有比“烟台苹果莱阳梨”这句更让人耳熟能详的了。莱阳梨，作为烟台的知名地方特产，上百年来一直驰名中外，脍炙人口。民国年间，世人视莱阳为山东梨树栽培之中心。前往视察调研者，不乏其人。让我们来整理下民国年间有关莱阳梨的调研资料，还原莱阳梨的辉煌历史。

历史悠久　扬名于清末民初之际

莱阳梨相传是莱阳人从茌平得来，但据研究，茌平县并无这个品种及与此相似的品种存在。明崇祯年间，莱阳一带就已栽植莱阳梨。现存莱阳芦儿港的一株树龄四百余年的古梨树，即是例证。尽管莱阳梨的栽培历史悠久，但以记载地方物产为己任的历代地方志，如《莱阳县志》《山东通志》，有关莱阳梨的记载却都较晚。最早记载莱阳梨的地方志，是出版于民国四年（1915）的《山东通志》。此书云：“梨，福山最多，而莱阳者佳。”其后印刷于民国二十四年（1935）的《莱阳县志》记载道：“莱阳梨名驰南北，为果品中上品者，指此。”栽植了几百年的莱阳梨，此前一直默默无闻，之所以在近一百年前才被史志纂修者关注，说起来，与一个日本人有关。

清末 1907 至 1908 年间，日本园艺学家恩田博士到莱阳调查，发现了莱阳梨。恩田博士之所以到莱阳调查，想必当初莱阳梨的栽植已成一定规模。随后，恩田博士在其专著内，将莱阳茌梨绘图记载。在这部专著里，恩田博士高度评价了莱阳梨的品质，称其为“东方梨中之上品”。

莱阳茌梨树

外国人都如此高度评价莱阳梨，使得国人开始深信莱阳茌梨与众不同，“其品质不但超越国内群梨，即东邦诸梨亦望尘莫及，堪称东亚产梨类之牛耳”。是年冬，恩田博士自莱阳采取茌梨接穗，在日本静冈县兴津园艺试验场繁殖试种，改名“莱阳慈梨”。此次试种大获成功，尽管品质与真正的莱阳梨还是差了点，但在日本却仍算是绝品。该园艺场后来以此梨作为给日本天皇的贡品，“遂引起日本朝野之注意，群相赞扬，争行试植”，在日本种植面积逐步扩大，成为东京市场上的名贵果品。

莱阳梨的盛名，使得莱阳梨农获利颇丰，栽植面积也不断扩大。据1923年《山东实业学会会志》记载：“（莱阳梨）营利不错，年产值近20万……栽培面积已达六十方里”，“每当暮春三月，旋水河（蚬河）西岸梨花如雪，粉雕玉琢，蓓蕾满枝，因而引得游人如云，都来看花，这就是梨花节”。从老资料中的这段描述可知，如今名闻遐迩的莱阳“梨花节”，在民国时期就已经蔚成盛事了。

1934年11月山东省建设厅调查，莱阳梨主要产地为芦儿港、照旺庄、辛格庄等处，总面积为4050亩。莱阳梨区的红土崖一带，古有“小赤壁”之名。崖顶旧有丹崖仙观，极为宏伟。清末时期，此地莱阳梨种植规模较大，每到春天来临之际，梨花堆雪，岸柳如烟，“丹崖春雪”遂成为莱阳一大盛景。清末莱阳诗人赵绳祖曾有诗赞赏这一美景云：“千树梨花千树雪，一溪杨柳一溪烟。”民国间著名莱阳学者王西川，也曾在民国四年（1915）登崖赏花，并写下了《三月十八日到红土崖看梨花作》的诗篇。

独特地域　造就品质卓越莱阳梨

莱阳梨之所以与众不同，与其生长的自然环境是分不开的。莱阳梨

莱阳梨园

主要分布在莱阳的五龙河流域。五龙河是由清水河、富水河、蚬河、白龙河、墨水河五条大河汇流而成。五龙河沿岸沙细如面，俗称“面沙”，“完全为花岗岩风化之细沙所成之冲积土，从河之上游冲下堆积而成”。“此土土质松而深，对梨之生育甚佳，所产之梨味特甘美”，“故梨园概择河沿岸之地充之”。除土质外，五龙河河水清澈见底而呈甜味，也是莱阳梨品质优异的一大因素。

因西北风的缘故，五龙河流域的沙土地带均在河的左边——即东南方面，宽约一二华里。这里是莱阳梨的主要产地，当地群众曾说：“谁家的梨树茎干被沙埋得深，谁家的梨品质好。”据民国时期农艺专家调查，在蚬河、清水河会流之对岸（河东岸），长约十余里，宽一里左右，为“内山梨”产区。这里产的梨质细糖多而产量也高，据说是土中沙细水高之故。抗战前，烟台常有人来此买梨回去做梨膏，所出之梨膏较别村者多出五六斤（每百斤梨）之多。“内山梨”产区中，又尤以芦儿港、萧格庄两村产的品质最佳。五龙河西岸长约十三四里，宽约里许之地，当地所称“外山梨”产区，品质相对稍逊，大概与土中沙粗水低有关。

多种灾害　莱阳梨产区难以高产

五龙河作为胶东半岛的大河之一，历史上多次泛滥成灾，对莱阳梨生产破坏较大。民国《莱阳县志》云：“五龙者，五水夹县治而南十余里，至五龙合，则穿山排谷，石崖斗错，盘纡逼仄，以入于海。暴涨陡发，斯泛滥横流。五龙迤北吕疃等十余村，举受淹没，数年间盖一遇焉。”吕疃等处十余村，就是芦儿港、萧格庄等莱阳梨核心产区。

莱阳梨往往遭受冻害。当地曾流传着一句俗话“十年九害”，就是

莱阳芦儿港梨园

指冻害之故。据记载，抗日战争期间，莱阳梨区西面和北面沿河的防护林遭到敌人严重破坏，砍伐殆尽，已完全失去防风固堤作用。每逢 4 月花期，北方寒流过境，梨树几乎年年受冻；每届雨季，河水高涨，洪流四溢，梨树遭受涝害，树势变弱，产量因而锐减。

除洪灾、冻灾外，对莱阳梨冲击最大的，莫过于病虫害了。20 世纪 30 年代，莱阳梨区连年以来病虫害猖獗。由于当时治理技术落后，一旦病虫害闹得凶了，梨农束手无策，只能听其自然。为此，山东省建设厅先后派员详细调查，“方知连年受病虫侵袭，受创严重，所有梨业，因锈病而早脱落，大好梨果受虫灾而十有九蛀”。为有效治理病虫害，当地政府在吴格庄西南角，划出梨树七百余株，作为标准实验区，实施防治。为培养本地农业技术人才，莱阳县第四科合作指导员赵宜升、朱林辉，被调集省城接受防除病虫害训练。

为有效普及科学治理病虫害，1936 年，山东省建设厅扩大了莱阳梨病虫害实验区，并选派山东省农业实验所病虫害部主任王铭新随时前往莱阳指导。王铭新在详细调查莱阳梨病虫害后，认为锈病是莱阳梨最大病虫害。锈病即赤星病，莱阳梨农叫它“羊毛疔”，为“历年来梨之最重病灾”。“该病病菌，秋冬时期，寄生在桧柏的枝叶上，第二年春天又复为害”。原来，当地梨农为方便打制家具，在梨园边缘多栽植柏树。没想到这些柏树，成了病菌寄生所在。若专赖人工防治，必须连年施药，方能奏效。为此，王铭新将梨园附近之桧柏、刺柏详细调查后，向山东省建设厅做的报告建议，“如将各梨园附近五里地带以内之桧柏、刺柏完全除去，不再栽植，则锈病永不复生”。

几经变迁 莱阳梨逐步恢复繁盛

远销上海的莱阳梨

抗战之前，莱阳的梨园多集中在地主富农手中。因莱阳梨获利较丰，他们的生活颇富庶，也因而格外注意施肥修剪等管理工作，梨园生产良好，产量也高。当时的梨子，多运往哈尔滨、上海、天津等地，每斤约抵一斤秋粮，应该说是价格很高了。一般中农仅有三四亩地，为地主的5%左右。虽然不是太多，但生活也算富裕，这段时期是莱阳梨的极盛期。“九一八”事变及东北沦陷后，因东北已沦入日寇之手，加之日本亦有慈梨，大有取而代之之势。莱阳梨在东北地区的销路渐无，莱阳梨遂主要销往青岛、烟台等地。

全面抗战开始不久，莱阳陷于日寇之手。“敌伪对莱阳梨甚为注意，沦陷区及敌国销路更畅，价格亦佳”。之后，国民党军队经常驻此。尤其在赵保原伪军占据时，见梨园收入较大，便将军需负担，多半加于梨农身上，规定每株梨树缴纳粮草木柴若干，与平常耕地比，税赋高出数倍，梨农不堪重负，便忍痛将梨树砍伐。这段时期，照旺庄、芦儿口、大陶漳等莱阳梨主产区，梨树砍伐最多，几达一半以上。赵保原军队撤退时，又将梨园大抢，农民恨之入骨。“土改”及解放后，人民政府将梨园按一般土地，同样进行“土改”。但有些群众对梨树管理不当，以致有部分损失。后来由政府代农民组织合作社，由胶东农场组织果树指导站、村中各积极分子组织研究小组和示范推广委员会等，“阻止砍伐梨树，提高生产情绪，吸收群众经验，介绍技术指导”。1949年合作运销业开始，政府与农民订立收购贩卖合同，由政府统一运销。在各种措施刺激下，莱阳梨栽植面积逐步恢复与扩大，往日的盛景渐渐得以重现。

林徽因、冯玉祥、梁实秋、陈寅恪……

他们都爱烟台苹果

烟台苹果系1871年由美国长老会传教士倪维斯引种而来，其后经过近半个世纪的发展，到1932年，其总产量已达十万多担，并于当年开始出口香港、南洋等地，占全国出口量的90%。作为中国苹果第一品牌，烟台苹果受到了国人的热爱，许多历史名人也不例外，他们与烟台苹果的种种交集，为这一地方名产增添了独特的人文魅力。

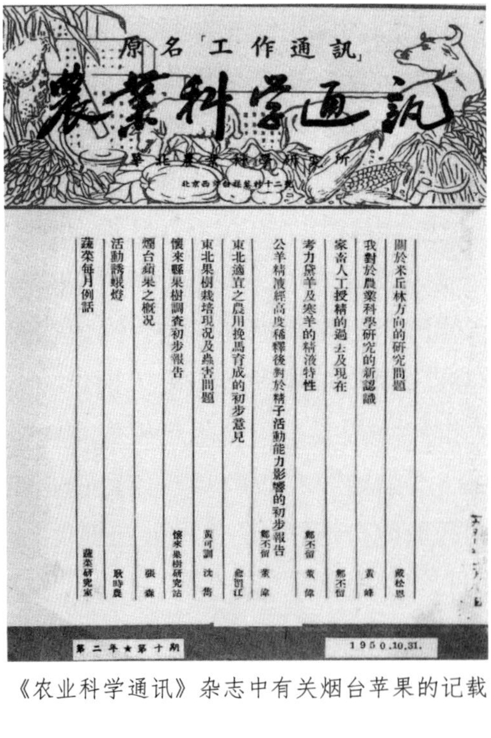
原名「工作通訊」
農業科學通訊
華北農業科學研究所

關於米丘林方向的研究問題　戚松恩
我對於農業科學研究的新認識　黃峰
家畜人工授精的過去及現在　鄭丕留
考力黛羊及寒羊的精液特性　鄭丕留　張偉
公羊精液經高度稀釋後對於精子活動能力影響的初步報告　鄭丕留　張偉
東北適宜之農用挽馬育成的初步意見　俞罰江
東北果樹栽培現況及蟲害問題　黃可訓　沈雋
懷來縣果樹調查初步報告　懷來果樹研究站
煙台蘋果之概況　張森
活動誘蛾燈　耿時農
蔬菜每月例話　蔬菜研究室

第二年★第十期　1950.10.31.

《农业科学通讯》杂志中有关烟台苹果的记载

林徽因的“烟台苹果朋友圈”

林徽因是颇有建树的建筑学家、作家、诗人，但后世对她年轻时的爱情八卦故事似乎更为津津乐道。著名篆刻家陈巨来曾在《安持人物琐忆》中，披露过林徽因群发“苹果情书”的故事。据说林徽因回国后，住在北京西山别墅，追求者众，其中就包括建筑学家梁思成、诗人徐志摩、哲学家金岳霖等。有一天，林徽因突发奇想，告诉众多追求者说：“你们都爱吾，吾要考考你们。现在想吃东安市场某大水果铺中的烟台苹果，你们不准坐汽车去买，要各人各走去买，哪个第一个买到送到，就算你们真正能对吾有真心爱吾了。”众多书呆子一听，纷纷往山下跑去。梁思成反应快，就近借了一辆自行车飞奔而去，又拼命飞奔回西山，不料路上不慎被汽车撞倒在地，腿骨骨折，他忍痛送达，第一个完成使命。林徽因对此十分感动。在梁思成住院期间，林徽因每天都去看他，给他擦汗、削苹果，两人感情不断加深，最终喜结连理。

在林徽因的爱情史上，徐志摩无疑是一个至关重要的人物。与林徽因一样，徐志摩也喜欢吃苹果，对烟台苹果情有独钟。据沈从文先生回忆，徐志摩有一次上课迟到，来不及吃早饭，就顺手带了一个很大的烟台苹果，一边吃，一边讲，还对学生说：“中国东西并不都比外国的差，烟台苹果就很好。”

与林徽因关系密切的另一个著名人物，是哲学家金岳霖。金岳霖因仰慕林徽因，终生未娶。金岳霖跟林徽因、徐志摩一样，也喜欢烟台苹果，不过他的喜欢不是品尝，而是欣赏。金岳霖喜欢搜集大个头的水果，如苹果、梨子、石榴等，将它们全按大小个一溜摆放在书案上，十分自得地看来看去。有时还将搜集的水果拿出去和孩子们的比大小，倘若他的大，“乐个不住”；如果小了，便送了孩子们去吃。烟台苹果以个大味甜而著称，想必金岳霖所收藏的大苹果，一定少不了烟台苹果了。

冯玉祥多买树苗种苹果

著名爱国将领冯玉祥，是一位极具传奇色彩的历史人物。冯玉祥喜欢烟台苹果，喜欢到不遗余力地推广栽种。

1930 年春，反蒋失败的冯玉祥隐居在山西汾阳一个叫峪道沟的小山村里。发现当地适合种苹果，冯玉祥说：“我爱吃水果，果树全是别人栽的，我们也应当栽些果树，结了水果，让别人吃。”于是派人到烟台等地，买了苹果、梨等树苗，亲自率人动手栽种。

之后，冯玉祥隐居泰山。见泰山避风向阳，土质肥沃，就觉得应该多栽树。于是他在泰山脚下买了近四十亩地，专门种苹果树。他派人到

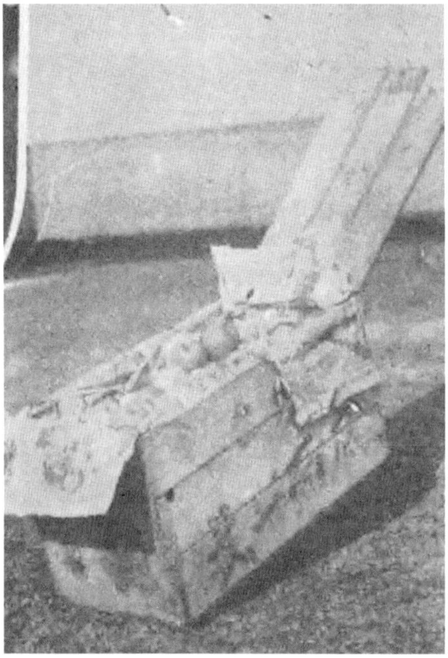
20 世纪 30 年代的烟台苹果包装

烟台买来树苗，亲自带领大家栽种。当时有的随从人员不理解，抱怨说："这样的小树苗要等到哪年才能长大结果呢？难道我们在这里要长期住下去吗？"冯玉祥解释说："栽树是为了后人。我们吃不上果，将来总有人能够吃上，他们会感谢我们的。现在我们能吃上苹果，难道不是前人栽树所造的福吗？"

不仅自己栽种，冯玉祥还常把苹果树当作礼品，分赠给亲朋。如，冯玉祥在 1934 年 4 月的日记中说："从烟台买来一百株苹果树，分赠范、马、于各位先生，希望改变此间鲜产，为一般人谋取一些利益。"1935 年 3 月，冯玉祥又买一千五百株烟台苹果苗，赠送友人。不仅如此，冯玉祥还有一个宏大的烟台苹果种植梦，那就是在泰山办一个很大的苹果苗圃，并推广苹果种植 40 万棵。

梁实秋的烟台苹果情

作为吃货的"一代宗师"，梁实秋在饮食上无疑是挑剔的。在梁实秋经常光顾的京城名馆子中，让他念念不忘的，有一家致美斋，堂倌初仁义是烟台人，"满口烟台话，一团和气"，梁实秋对他印象颇不恶。每次到致美斋，初仁义总是给梁实秋先摆上一大碗酱豆腐汁拌嫩豆腐，洒上一勺麻油，然后再端上致美斋的经典美食，如清油饼、烩虾面、煎馄饨、芝麻酱拌海参丝等。一来二往，梁实秋、初仁义两人成了熟人。初仁义每次回老家烟台，总要带些烟台苹果送给梁实秋。

解放前夕，梁实秋跟随国民党政府到了台湾，从此与故土永别。身在异乡，梁实秋念念不忘故土，更惦记有着特殊感情的岛城青岛。1980年，梁实秋的女儿梁文茜在父亲的委托下，回到梁实秋梦中萦绕的青岛寻梦，并写了游记，发表在《华侨日报》上，之后给梁实秋寄去剪报。梁实秋读了，击节叫好。不过，他在回信中，也指出女儿的疏忽："你说，街上小摊满是青岛苹果。不对。青岛不出苹果。青岛的苹果是从烟台运去的，我在那儿住过四年嘛。"半个世纪前的往事，梁实秋历历在目。或许梁实秋所记起的，不只是烟台苹果的甜美，更有烟台人初仁义的淳朴情义。

为陈寅恪空运烟台苹果

学贯中西的文史大师陈寅恪先生有"教授中的教授"之美誉。晚年的陈寅恪身体孱弱，患有慢性胃病，消化不良，却又严重偏食，爱吃西餐，偏爱苹果派。新中国成立后，陈寅恪委身岭南，在中山大学任教。陶铸等广东省委领导深知陈寅恪的学术价值，在生活上对这位病弱的大学者格外照顾。在三年困难时期，就连陈毅元帅都很难吃到苹果，陈寅恪家居然"鸡鱼等肴馔甚美甚丰"，这让前来探视的老友吴宓曾感慨不已。

当时，很多干部无法理解陈寅恪凭什么要享受这些待遇，在中山大学最典型的说法是："我们都没有饭吃，为什么要这样优待他？"1963年7月，中山大学党委副书记马肖云借机向陶铸反映这种"群情"，陶铸听后勃然大怒，说："陈先生，74岁，腿断了，眼瞎了，还在一天天著书。他自己失去了独立生活的能力，像个不能独立活动的婴儿一样，难道不要人照顾吗？"

于是，非议暂息，待遇照旧。为了调整陈寅恪的饮食胃口，马肖云专程托人从山东空运烟台苹果，供应给陈寅恪。今天想来，这甘美芳醇的北方佳果，能否给在孤寂中奋力治学的一代大师带去一丝慰藉呢？

文 献 里 的 烟 台 故 事

第六章 红色烟台

刘季平烟台狱事

刘季平先生（1908—1987）是我国著名的教育家，解放后曾任山东省委书记处书记、国家教育部副部长、北京图书馆馆长等职。1932年6月，刘季平因曾组织万人示威游行声援工人运动和散发纪念“五罢”大行动的传单，在上海法租界被捕。1933年春，他在狱中组织“大狱啸”斗争，当局束手无策，将其转到山东烟台模范监狱分散监禁。在烟台狱中，刘季平领导绝食斗争，并坚持读书，书写了一段可圈可点的历史。

狱中领导绝食斗争

山东烟台监狱，位于烟台市西沙旺（现今芝罘屯路东头）。民国四年（1915），山东省高等检察厅在烟台广仁善堂义冢地块兴工建筑，次年10月落成，1917年2月始收押已决犯人。初定名为福山监狱，隶属于山东高等法院，不久奉令改称“山东第二监狱”，又名“山东烟台模范监狱”。该监狱主要收禁山东高等法院第三分院、福山地方法院和牟平、文登、荣成、海阳、莱阳、招远、栖霞、掖县、黄县、蓬莱、福山等十一个县以及本埠驻军、公安局判决的犯人。烟台模范监狱因设立监狱改良机构、基督教布道等，在国内小有名气。

刘季平

刘季平当时是作为政治犯被上海监狱转移到烟台的，同来的还有其他七个政治犯、

烟台模范监狱原貌图

几十个普通犯。“这个监狱的建筑很特殊，看守室在中心，共有五排由中心向五个方向辐射出去的监房”。刘季平在这些犯人中很有号召力。烟台监狱害怕刘季平这些政治犯聚众闹事，就单独把他们八人关在专关少数死刑犯人的一条弄堂最末端的八个单间里，与其他四条弄堂的所有犯人都完全隔绝不通。尽管号称“模范监狱”，但烟台监狱监房条件实在恶劣，“监房只有比双人床稍大一点的一小间，如要互相谈话，只能把嘴巴凑在只有碗口那样大的门洞上讲，再用耳朵靠着门洞听”。“监房里也有不少‘同伴’，那就是臭虫。臭虫数量之多，简直难以形容，不单木板缝里成群结队，还常常爬上房顶天花板，团成一个球，像炸弹一样忽然掉下来四处乱爬”。烟台监狱为了监管刘季平等政治犯，给他们戴上沉重的脚镣，限制他们读书、通信等。

为争取足够权利，不久，刘季平他们商量以绝食来做斗争。他们向监狱方提出了四项要求：一是要求立即卸除脚镣；二是改善伙食，做南方人习惯吃的大米而不是吃玉米；三是发还所有被扣押的图书，给予读书自由；四是对外通信自由，监狱不能扣押信件。刚开始的几天，监狱看守带上糕点，苦口婆心地劝吃，但刘季平他们不为所动。到第五六天时，负责监狱的科长们慌了神，一天三四趟过来察看，软硬兼施，又是威胁又是哀求，可刘季平他们的回答还是那句话：四项要求必须全部答复！

在绝食坚持到第七天的时候，烟台监狱方面一看不能再僵持了，否则必然要死人，事情要闹大，于是赶紧答应了刘季平他们的全部要求。就这样，刘季平等人先是被卸去沉重的脚镣，然后一个个被背回牢房，在医生给做了全面检查后，看守立即给送来大米稀粥。刘季平他们喝粥时，看守一再小声劝说着：慢慢吃，不要吃太热了，不要多吃，今后每天有大米饭吃了。

陶行知烟台救门生

1927 年，著名教育家陶行知先生在南京北郊晓庄创办乡村师范学校晓庄学校，实践平民教育。“四·一二”事变后，刘季平因闹学潮被开除学籍。1928 年春，刘季平转学来到陶行知先生创办的晓庄学校，不久任晓庄学校第一届中共支部书记。在晓庄，他积极参与了陶行知先生生活教育理论的实践活动，始终与陶先生真诚相见，积极合作，是陶行知早期得意门生之一。

作为刘季平的恩师，陶行知非常关注刘季平的安危。刘季平几次陷入困境，陶行知总是设法进行营救。

1932 年，刘季平在上海被捕。正在上海的陶行知得知后心急如焚，为了筹资请律师辩护，他找了好多朋友，甚至当掉了自己的一些衣物。终于在四个小时内筹集到 500 元大洋，请了一位知名律师赶在当天下午出庭辩护。由于律师的据理力争，法庭未判刘季平死刑，只是判了几年徒刑。刘季平被转押烟台监狱后，陶行知先生再次设法营救，这次他想到了冯玉祥将军。陶行知任南京晓庄师范校长时，冯玉祥将军曾派士兵协助晓庄军民抗击匪徒的骚扰，并亲自来晓庄参观，为此陶行知与冯玉祥结下了深厚的友谊。之所以找冯玉祥，一是因为，冯玉祥在当时是一名倾向进步、有着相当实力和影响的政界大佬；二是因为，当时的伪山东政府主席韩复榘曾经是冯玉祥的老部下，曾在冯玉祥所办的学兵连里受过训练。有冯玉祥的出面，或许能做通韩复榘的工作。

1934 年秋天，陶行知让学生徐明清拿着自己的亲笔信前往泰安，去拜访当时避隐泰山的冯玉祥。其后，冯玉祥将陶行知的来信转交给韩复榘，希望韩复榘下令释放刘季平。但当时的烟台模范监狱，已受中统特务控制，势力很大，韩复榘也不想与之闹僵。于是就对冯玉祥说，这个事地方干涉不了，他也是有其心而无其力。后来冯玉祥为营救刘季平，又做了许多努力，但终无结果。但因为冯玉祥、韩复榘的关系，烟台监狱以后对刘季平也就没有太多为难。

直到 1937 年第二次国共合作，刘季平由党中央交涉才获得释放。

苦中作乐勤奋读书

刘季平酷爱读书学习，在烟台监狱所领导的绝食斗争，一个重要要求就是读书权。在斗争胜利后，刘季平如饥似渴般读书学习。后来他回忆烟台监狱的这段读书往事，饱含深情地说："要谈看书学习，最值得我纪念的地方是山东烟台监狱。那是我第二次被捕后在同一处住得较久的一个监狱，也是对我后半生工作与学习影响较大的一所'革命学校'。"

在上海监狱的时候，刘季平有一次抗议，说他被捕时的住处有好多书籍和衣物，判决书上并未宣判没收，应该发还。监狱一时理屈词穷，只得胡乱找了些书籍来应付。谁能想到，这些书中，竟然有不少马列著作和进步书刊，如《资本论》《自然辩证法》《政治经济学》等，甚至还有本"六大"文件。这些书后来被刘季平带到烟台，在烟台监狱绝食斗争胜利后，看守让刘季平把这些书拿进监房。刘季平虽然早在 1927 年时即已入党，但真正学习革命理论的时间不多。在烟台监狱中有充足的时间与精力专心来研读这些经典，正合了刘季平的心思。

烟台模范监狱老照片

不仅如此，烟台监狱特准增发刘季平两个本来作为尿罐用的新瓦罐，一个放书箱，一个用作坐凳。这样，刘季平的监房就变成了一个小型图书室。后来监狱当局大概觉得这些政治犯埋头读书后，再也不挑头闹事，就放宽了对刘季平他们的监管，对外面寄来的新书刊也放宽限制，不再扣留。这样，刘季平得以阅读更多的图书。

在烟台监狱里，刘季平读书之余还勤于思考。尽管当时烟台监狱严禁写作，但刘季平利用一切条件，“采取想好几句、马上抓紧写几句、立即设法隐藏起来的办法”，慢慢写了几篇专题研究，如《科学的生活教育》《日本当前的危机》等。刘季平设法把这些文章送至上海陶行知手里，陶行知将其发表于《生活教育》杂志。

刘季平在烟台监狱被关押三年，尽管时间短促，在这里可看的图书也实在有限，但这三年的狱中读书生涯，对刘季平的人生产生了重大影响。后来刘季平回忆烟台监狱的这段读书往事说：“由于有了那几年较为认真的学习，才既比以前稍有进步，又为以后几十年特别是 1937 年 8 月出狱后的工作与学习，打下了稍好的基础。”不仅如此，刘季平在烟台监狱的苦中有乐，深深影响了其人生观，刘季平后来感叹这种变化，“不管在什么地方，不论碰到多大困难，都可以把它变成锻炼提高自己的革命学校，并且因此而增强了信心”。

叶圣陶结缘烟台

叶圣陶是我国的著名作家、教育家，他广为人知的另一个身份是儿童作家，他创作的大量童话，影响了一代又一代的中国人。这位文学巨匠，先是因品尝张裕美酒与烟台结缘，后来两次游览烟台，为烟台留下了动人的人文韵事。难能可贵的是，叶圣陶先生每次与烟台交集，都有日记详细记载，这为我们了解当时的烟台，提供了难得的资料。

祝寿朱德饮张裕

1946年初，抗战结束后，流浪重庆的叶圣陶一家乘坐木船东归，定居上海。原本以为国家从此安定统一，谁想不久国民党就挑起了内战，接着好友李公朴、闻一多相继被刺身亡，叶圣陶对原本抱有幻想的蒋介石政府失望至极。1946年10月31日，叶圣陶接到参加蒋介石六十寿辰的请帖。对蒋介石的作为十分愤恨的叶圣陶，自然不会去参加。巧的是，一个月后，正是中国共产党领导人朱德的六十岁生日。中国共产党为了扩大宣传，特意在延安、北京、上海等地举办了朱德六十大寿庆祝大会。11月30日，尚未撤离上海的中共办事处，邀请各界民主人士到马斯南路办事处去喝祝寿酒，叶圣陶也在被邀之列。怀着对中国共产党的敬仰之情，叶圣陶不顾军统特务严密监视的危险，欣然前往。

叶圣陶

当时的烟台刚刚解放不久，为庆祝朱德六十寿辰，烟台政府特给中共上海办事处送了一批张裕白兰地与烟台苹果。这天酒会上的酒，用的就是这批张裕白兰地。咱烟台人都知道，这白兰地酒，易于上口而后劲甚强。酒会上，主客频频干杯。叶圣陶生性好酒，酒量很大，素有“酒仙”美誉，但因喝得太多，加上心事重重，竟然酩酊大醉。众人搀扶回家后，叶圣陶躺在床上，昏睡中不断嘟囔着什么，说着说着，竟然哭了起来。对于这天的情景，叶圣陶在日记里写道：“醉时自己失去统制，一时悲从中来，出声而哭，所语为何，不自省记。”叶圣陶的挚友王伯祥这样记道：“圣陶、彬然午应朱寿筵，狂饮烟台张裕白兰地，伤时忧国，未免张触，遂致大醉……三十余年来，余未见其醉至如此也，可见忧愤之中人烈矣。”

这次醉酒，叶圣陶记忆犹新。1976 年 7 月 6 日，朱德逝世，叶圣陶听闻十分悲痛，次日记道：“四六年朱六十岁，中共驻上海办事处为此在马斯南路举行祝寿集会，到者极多。开宴时饮烟台运沪之酒（其时烟台在中共手中），此酒极好，而又为解放区来者，余饮之过多，沉醉自午后至夜间始醒。此事永不能忘，而已越三十年，而朱老逝世矣。”

有趣的是，当时参与酒会的宾客，散场时都获赠一包烟台苹果。这些苹果，是烟台解放区送来的，既稀罕，又别有寓意。叶圣陶虽然大醉，仍不忘往兜里揣几个烟台苹果。在酒醉稍解后，正好六岁的孙子过来看望。叶圣陶就招手让孙子到身边，他从口袋里掏出一个硕大光彩的苹果来，对孙子说：“看，这是烟台来的苹果。烟台，你可晓得，那里是什么地方？”他把苹果塞在孙子手里，却又关照不要吃。大概是解放区送来的礼品，额外珍惜。过了一会儿，又说：“我们为朱德总司令庆祝六十岁生日，你可知道，为什么我们要给朱德将军祝寿？为什么不给蒋介石祝寿？……”他反反复复，含含糊糊地，只管这样讲，说着说着又沉沉睡去。

北行途中游烟台

1949 年春天，在全中国即将解放的前夕，应中共中央的邀请，大批拥护中国共产党的民主人士从香港秘密北上北平，参加中国人民政治协

叶圣陶一行到达烟台后合影

商会议第一届全体会议。叶圣陶长期在开明书店负责编辑教材，既熟悉书店经营，又善于编辑中小学教材，这是当时我解放区急需的人才。“更何况叶圣陶既为进步人士所赞成，又为中间人士所接近”，所以当时中共中央在关于邀请民主人士北上给香港分局等的指示里，要求邀请叶圣陶的事“务须办到”。在各方努力下，1949 年 2 月 28 日，叶圣陶等民主人士乘坐“华中轮”从香港起航前往北平。

3 月 5 日午后，“华中轮”抵达烟台港。当时正值初春，“一列山前，屋舍并列，防风堤护于港口。山头有积雪”。下船后，叶圣陶等很快被胶东军区参谋长贾若瑜用汽车接入市区，之后会晤烟台市市长徐中天。徐市长向叶圣陶一行告知了上个月国民党军舰“重庆号”在上海吴淞口起义，直驶解放区烟台。叶圣陶很是高兴，认为“此于海军影响甚大”。徐市长、贾参谋长给叶圣陶留下了深刻的印象，叶圣陶在日记里说“二君态度极自然，无官僚风，初入解放区，即觉印象甚佳”。晚上，徐市长、贾参谋长在合记贸易公司设宴招待民主人士一行，请他们尽情享用当地著名的张裕葡萄酒。饭后，叶圣陶等进入澡堂，“洗大池，甚痛快”。之后，叶圣陶等乘汽车到距离市区较远的一别墅里，“因恐国民党飞机来袭，故特找其处。此屋近旁之别墅住宿，则俱拆毁，颓垣断壁，战事之象显然”。

3 月 6 日早晨，华东局秘书长郭子化和宣传部长匡亚明等人专程从青州赶来烟台迎接他们。匡亚明曾是叶圣陶在上海居住时的邻居，乡邻相见，自然亲切。在从住处乘汽车到合记贸易公司聚餐的路上，途中遇空袭，高射枪炮齐发。原来是国民党飞机从青岛飞来侦察“重庆号”的，绕着烟台上空飞了一圈，没发现目标，不久就飞走了。“于是聚餐，又畅饮葡萄酒”。

当天夜晚，烟台市党政军民举行盛大的欢迎会，胜利剧团第二大队评剧部演出京戏《四杰村》《群英会》，“十时后戏毕，于是至聚餐所大宴”。连续宴请，烟台人的热情，让叶圣陶等极为感动，“明日行矣，以此为送别，我人颇感受之不安。返宿所已过十一时，身子颇疲乏”。

3 月 7 日下午，叶圣陶等乘坐吉普车前往驻地在莱阳的胶东军区。一路上，“公路颇不佳，车颠簸殊甚。所过村落皆瓦屋，骡车运输时时可见”，“四时歇桃村，其地解放已近十年，土改已完成。村人脸色多红润，可见其生活不恶”。

就这样一路颠簸，晚上九点钟的时候，叶圣陶一行到达了莱阳三李庄村，该村是位于莱阳城东三十里的一个小山村。当晚，叶圣陶跟该村一位小学文化程度、25 岁青年姜汝聊天，感触颇多，“搞青年工作将十年，聆其所谈，颇头头是道。余因想，共党从生活中教育人，实深得教育之精意。他日当将此意发挥之”。他们当晚便吃了点农家饭，“农村风味，亦自有致”。之后睡在老乡家的土炕上，“天气虽寒，自携铺盖较充，竟夜温暖”。

3 月 8 日早上起来，叶圣陶等“询知党军政各机关，现皆散居周围二十里之农村中，莱阳城中反而不用。盖城中多残破，又恐遭空袭”。十二点半左右，胶东军区临时组织机关人员，听取叶圣陶等作报告。“在一院子中，

叶圣陶在莱阳三八节妇女大会上致辞

妇女二百余人，多数为公务员，皆席地而坐。男子参加者不过十之一”。叶圣陶首先致辞，“略述蒋管区妇女近况”。在这次报告会上，敏锐的叶圣陶观察到，“察听众神色，有兴者不少，皆疾书作笔记，但木然枯坐者亦多”，随后他感叹，“解放区开会多，闻一般人颇苦之，不知当前诸妇女中有以为苦者否”，对当时有些形式主义的会风委婉地提出了批评。晚上，胶东军区在田野间为民主人士举行盛大的欢迎晚会。舞台搭在一处高坡上，叶圣陶等居于台前，“铺褥坐地，前设炕几，陈烟茶瓜子之类。其外围则士兵与村民，不详其数，约计之殆将五百人，而寂静无哗”。晚会演出了四出歌舞，分别是《拥护毛主席八项条件》《公平交易》《积极生产》《开荒》。这种十分接地气的露天表演，叶圣陶等这些来自大城市的人们都是第一次观看，觉得很新鲜，“余亦以为如此之戏，与现实生活打成一片，有教育价值而不乏娱乐价值，实为别辟途径者”，“而场中蓝天为幕，星月交辉，群坐其中，而有如在戏场之感，此从来未有之经验也”。

3 月 9 日，叶圣陶一行离开莱阳，前往潍坊，后从济南转抵北平。

关怀儿童再赴烟

1982 年 5 月底，我国首次科学童话学术讨论会在烟台召开，作为我国最早从事童话创作的著名作家，叶圣陶知道后，十分高兴。当时叶圣陶已 88 岁高龄，之前生过一场大病，那时身体刚恢复好。家人都劝说叶圣陶不要去烟台了，叶圣陶不以为然，在 5 月 24 日毅然由儿孙护送着赶到烟台，并就科学童话的创作问题做了精辟的发言。5 月 31 日，

蓬莱阁老照片

出席烟台市“六·一”儿童节大会。

在烟台的几天，叶圣陶心情舒畅。6 月 14 日他在给好友欧阳文彬的信中，说：“最近曾与至善（叶圣陶儿子叶至善）往烟台住八宿，其地清洁无尘，日对海天，甚觉舒畅。”

6 月 2 日，叶圣陶一行前往蓬莱登蓬莱阁。正在游蓬莱阁的时候，忽然有一个姓张的司机开着小车来找叶圣陶，说是烟台行署专门派来接叶圣陶的。叶圣陶说：“我是与朋友一起来的，要走，就大家一起坐大巴走，我怎么能独自坐小汽车呢？”过了一会儿，当时的蓬莱县委王书记又来邀请叶圣陶到县委招待所休息。叶圣陶很是为难，说“余与全体同人偕来，一切须共同行动”。奈何王书记再三邀请，最后没办法，叶圣陶就与儿子、孙子一共三人去了。“小坐后即午餐，备菜极丰，且有山东黄酒。王君，司机，余祖孙三人，共五人而已，频频劝酒，计饮三瓶。最后吃馄饨，制作颇精。王君劝余午休后返烟台，余言返烟台再休息，乃辞别”。应该说，叶老年高体弱，在蓬莱享受这样的关照，也不算过分，但在叶圣陶看来，却很不心安，“在余又为一突然袭击”。

当晚叶圣陶经烟台返回北京。烟台之游，是叶圣陶一生中最后一次远游。

神童诗人星陨烟台

抗日战争时期，抗战诗歌勃兴。在抗战烽火中，有一位年轻的诗人声名鹊起，他就是“神童诗人”严杰人。1947 年，为了寻回昔日随军作战的激情生活，严杰人毅然加入了北撤烟台的东江纵队。惜抵达烟台不久，严杰人就病逝于烟台。这颗曾闪亮中国的彗星，最终陨落在港城烟台的大地上。

神童诗人参加抗战

严杰人（1922—1946），原名严爱邦，广西宾阳县人。严杰人酷爱文学，还在宾阳县初级中学读书时，年仅 13 岁的他就组织了“奋流文学研究会”，研究“五四”以来的文学作品。1939 年春，年仅 17 岁、刚高中一年级的严杰人，以临场写就的散文《警报声中的桂林》从上千应试者中脱颖而出，考取了《广西日报》内勤记者。也正是这次考试，使得严杰人有了“神童”的美誉。

严杰人刚做记者的时候，正赶上昆仑关战事爆发。昆仑关地处柳州至南宁的咽喉地带，战略地位十分重要，是中国十大名关之一。1939 年 11 月，杜聿明将军率领中国军民在这里痛击日军，取得了八年全面抗战中国军队的一次伟大胜利。初生牛犊的严杰人深入战场，采写了多篇有关昆仑关战役的报道，大力歌颂了中国军民共同抗战的英勇事迹。在战地采访中，严杰人结识了范长江、周钢鸣、芦荻、黄药眠等著名作家、诗人，并参加了中华全国文艺界抗敌协会，是进步文艺活动中最年轻的一员。1940 年，严杰人参加了中共地下活动。其后，严杰人发表了大量诗歌、小说，迎来了创作的丰收期，出版有《小鹰》《南方》《今日之普罗米修士》《伊甸园外》等书。

1945 年 4 月，中华全国文艺界抗敌协会总会在重庆改选领导机构时，严杰人的名字和郭沫若、茅盾、老舍、胡风等著名文学家的名字赫然排列在一起，可见这名“中国神童”的诗歌成就，已经得到全国文艺界的认可和肯定。

向往军营投笔从戎

1945 年 12 月，严杰人出任即将复刊的香港《华商报·文艺专页》（周刊）主编，这个版面主要发表知名作家的作品。

抗日战争期间，根据周恩来同志的指示，在廖承志同志领导下，香港《华商报》于 1941 年 4 月在香港创刊，它是以统一战线形式出现的党的报纸。在抗日战争和解放战争的严峻时刻，特别是在重庆《新华日报》被国民党反动派封闭后，香港《华商报》已经是《新华日报》的继续，是我党的舆论宣传要地。1941 年 12 月 12 日，《华商报》因太平洋战争爆发而停刊。

严杰人作品《南方》

1946 年《华商报》复刊时，实际负责人是总经理饶樟枫，原为东江纵队秘书长。东江纵队，是抗日战争时期中国共产党在广东省东江地区创建和领导的一支人民抗日军队，是开辟华南敌后战场，坚持华南抗战的主力部队之一。正是在香港《华商报》工作期间，严杰人对东江纵队有了深入了解，为东江纵队的英雄事迹折服，多年前在桂

严杰人作品《小鹰》

林从事战地采访的辉煌岁月一幕幕重现。当年战火纷飞、硝烟弥漫的桂南昆仑关抗日战场上，17 岁的严杰人曾英姿飒爽地冒着枪林弹雨战地采访，满怀激情地撰写了《将军》《指挥所里的参谋长》《奇袭》等不朽名篇。当年的气势，是何等的豪迈；当年的状态，是何等的激情。回想往日今朝，严杰人对多年来的文字生活渐有厌倦，就产生了投笔从戎、参加东江纵队的想法。

1945 年 10 月 10 日，国共两党在重庆达成了《双十协定》，在不损害人民基本利益的前提下，中共做出让步，统一让出广东、浙江、苏南等八个解放区。根据中央指示，东江纵队等广东人民武装将撤离广东。1946 年 4 月，国共两党签订东江纵队北撤协议，协议约定，东江纵队 2400 人由中共出钱租用美国三艘登陆艇作运输工具，北撤山东解放区，北撤路线由广东的惠阳沙鱼涌出发，由海道北上烟台登岸。

为及时报道东江纵队北撤情况，有效反击国民党反动派的阴谋，当时东江纵队决定从我党主办的《华商报》《正报》两家媒体中各选一名战地经验丰富的记者随军报道。原本就已打算找机会参军东江纵队，现在这机会送上门来，严杰人怎么会错过呢？就这样，严杰人积极向组织提出申请。才华横溢，又有过从军作战的丰富经验，严杰人不出意外地被东江纵队选中。而严杰人主编的杂志，也只出了五期就停止了。

北撤烟台因病逝世

当严杰人获知东江纵队允许他为北撤随军记者的时候，十分兴奋，“他好似虔敬的妇人得了神的赏赐，好像在地狱看见了灿烂的阳光，整夜，他几乎睡不着，在中国地图上划着美丽的航行的路线，从烟台直划到张垣”。他曾经激动地跟好友卢煤说：“阁子里的文章再不会写了，最少，我该去体验人民的浪潮底波动，我应该到人民呼吸里去生活，诗人应从天空放到平地来行走。”在临行前的第二天晚上，严杰人递给卢煤一张写着红笔字的稿纸，严肃地说：“我枪毙了过去的严杰人，过去的诗人画押了遗嘱。”

临行前，对即将到来的新生活充满憧憬的严杰人给同事高檣写了封《遗嘱》，题作《旧的严杰人的遗嘱》，交代离开后诗稿收发问题等，其中一条说“我的过去底作品，勿代我编纂交书店出版或再版，因为我已整个否定了它们”。他称过去的自己为“旧的严杰人”，并“整个否定了‘他’过去的作品”。这些自我的否定，严杰人是那样的决然，可见严杰人是做好了十足的准备来迎接即将到来的新生活的。

严杰人对到达烟台后开启新生活的态度，还体现在他于 6 月 17 日给好友、同事吕剑的信中（行前所发最后一封，从葵涌发出）。他说：“我在这里身心都感愉快。一切都感到新鲜，像刚来到世界上一样，只觉得缤纷杂陈，灿烂夺目。这里吃的菜比报馆差，但米却比那又碎又臭的公价米好，因此我吃得很多。在报馆时日夜失眠，现在却睡得很好了。一切都好，只是被当作客人看待着，对于这身份很感不安。这自然是因为现在部队在‘待命’状态中，没有什么参加工作的机会。我只希望到山东后能改变这个身份而成为一个工作者。”在东江纵队北撤之前，吕剑作为《华商报》的特派记者，参加了香港记者团访问东江纵队集中地葵涌活动。正是在那里，吕剑和严杰人又短别重逢。细心的吕剑发现，“他的确像

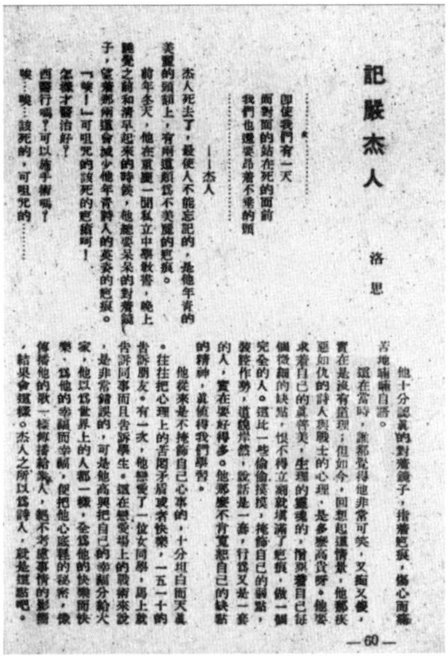
記嚴杰人

洛思

……即使我們有一天
面對面的站在死的面前
我們也還要昂着不垂的頭……
——杰人

杰人死去了，最使人不能忘記的，是他年青的美麗的頭額上，有兩道頗爲不美麗的疤痕。

前年冬天，他在重慶一間私立中學教書，晚上睡覺之前和清早起來的時候，他總要呆呆的對着鏡子，望着那兩道會減少他年青詩人的英姿的疤痕。

「唉！」可咀咒的該死的疤痕呵！
怎樣才醫治好？
西醫行嗎？可以施手術嗎？
唉…唉…該死的，可咀咒的……

他十分認真的對着鏡子，指着疤痕，傷心而痛苦地喃喃自語。

這在當時，誰都覺得他非常可笑，又痴又傻，實在是沒有道理；但如今，回想起這情景，他那疾惡如仇的詩人與戰士的心理，是多麼高貴呀。他要求着自己的真善美，生理的靈魂的，憤恨着自己每個微細的缺點，恨不得立刻就填滿了疤痕，做一個完全的人。這比一些偷偷摸摸，掩飾自己的弱點，裝腔作勢，道貌岸然，說話是一套，行爲又是一套的人，實在要好得多。他那麼不肯寬恕自己的缺點的精神，眞值得我們學習。

他從來是不掩飾自己心事的，十分坦白而天眞，往往把心理上的苦悶矛盾或者快樂，一五一十的告訴朋友。有一次，他戀愛了一位女同學，馬上就告訴同事而且告訴學生。這在戀愛場上的戰術來說，是非常錯誤的，可是他高興把自己的幸福分給大家，他以爲世界上的人都一樣，全爲他的快樂而快樂，爲他的幸福而幸福，便把他心底裏的秘密，像傳播他的歌一樣傳播給衆人，絕不考慮事情的影響，結果會這樣。杰人之所以爲詩人，就是這點吧。

—60—

悼念严杰人的文章

换了一个人一样，内心充满了欢悦，显得更加年轻，也爱说话了”。

6月10日左右，严杰人与香港《正报》记者钟紫，两人在东江纵队安排下，天蒙蒙亮便秘密离开香港，转乘早已准备好的木帆船到大小梅沙的东江纵队接待站。6月30日，东江纵队离开大鹏湾，开向烟台。期间，严杰人撰写了《中共武装人员的北撤和复员》《东江人民挥泪告别子弟兵》等通讯报道。

7月5日，东江纵队抵达烟台时，严杰人受到山东文化界热烈欢迎。不久，严杰人因旅途劳顿，患疟病甚重，后又转黑水病，终于7月19日上午9时不治，逝世于烟台市立第一医院，葬于烟台岭南义茔。山东文艺界闻讯异常哀痛，为其举行了追悼。当时《广西日报》曾以《诗人严杰人逝世》为题作了报道。国内有几家报纸同时用了“神童”二字发表消息报道严杰人早逝。上海《文汇报》和重庆《国民公报》著文，沉痛悼念杰出的青年诗人严杰人，香港《华商报》为严杰人早逝出了悼念专页。日本进步传媒闻讯，也为严杰人的早逝惋惜和惊呼，发表报道的标题是《中国神童逝世！》。杰人病逝后，家人设奠祭时，以“笔走龙蛇北依吴钩清宇内，书沉鱼雁南传墨径吊烟台”挽联吊唁这位神童诗人。

金诗伯烟台往事

1947 年，一个白皮肤、金头发的外国人毅然从纸醉金迷的国统区大上海奔向烟台解放区参加革命工作。烟台这座城市，留给他太多美好的回忆。几十年后，他曾在《在华三十年》《我在中国的六十年》等书中深情回忆烟台往事。他，就是后来加入中国籍、加入中国共产党的山东大学教授金诗伯。

留在中国，到烟台解放区参加革命

金诗伯，原名索·尤·金斯伯格，也写作萨姆·金斯伯格（S.Ginsbourg），俄籍犹太人，从小跟随父亲在上海生活。在上海上高中、大学时，金诗伯结识了中共上海地下党组织的同志，受到进步影响。1947 年初，在中国生活了二十多年的他，面临着人生的一大抉择。那就是，是听从父母的建议移居美国，还是继续留在战火纷飞的中国。在中国，他目睹了美国所扮演的不光彩角色，切身体会了国民党的反动腐败。同时，他从朋友那里了解到许多有关解放区的情况。

经过十几天的深思熟虑，金诗伯做出了一个惊人的决定，那就是留在中国，前往烟台解放区参加革命！一个外国知识分子，受的是英国教育，成年后也多是为外国人做事，事业上也算顺利，这样一个人，为什么在中国革命的紧要关头，跑到解放区去参加“农民革命”？金诗伯的决定，的确让亲朋们莫名其妙。

3 月 14 日，金诗伯在上海共产党办事处的帮助下，乘上了一艘名为“自由号”的联合国救济总署的小船，离开国民党统治下的上海，驶往

金诗伯（右一）与友人在烟台

共产党领导下的烟台解放区。这艘船船身矮小，破旧不堪。当时正赶上西北大风，“（船）四下乱晃，简直像一匹受惊的野马”。在大多乘客认为此行必将葬身鱼腹而唉声叹气时，金诗伯满心想的却是即将开始的新生活，“一路上我精神充沛，感觉良好”。

就这样，在西北风一路狂吹下，金诗伯等人在 17 日到达烟台港。当时，烟台港上空突然出现了一架国民党侦察机。飞机在低空盘旋，飞过轮船上空嘶鸣，金诗伯清楚地看到了驾驶员满脸杀气。因为这船是联合国善后救济总署的船只，国民党飞行员不敢造次，只得悻悻飞去。

1947 年 3 月 14 日奔赴中国烟台解放区的决定，成为金诗伯人生最大的事件，也成为了他一生中最值得纪念的光辉日子。每回想到这一天，金诗伯总是思绪万千，“因为这一天是我新生活的开端，是我怀着对未来的憧憬、向我向往的新生活迈进的第一步”。

“意志坚定的年长诗人”，老金有了汉名

下船后，金诗伯住在紧靠海边的国际俱乐部。当时国际友人对烟台人来说还挺稀罕，所以人们络绎不绝地前来拜访金诗伯。烟台人的亲切友好、言谈得体，给金诗伯留下了深刻的印象。原本在上海喜欢幽居独处的他，渐渐喜欢烟台人的来访了。当然，烟台人过度的热情，也一度让金诗伯有点吃不消，那就是没完没了的宴会。这些宴会，大多是市长招待前来参观访问的外国人，特别是招待善后救济总署的官员的。每次宴会，金诗伯都获邀参加，为此常常喝醉，后来他就不大喜欢这种宴会了。

聯共（布）中央學校部長亞科甫列夫作

關於學校思想教育工作的一些問題

金詩伯　吳富恒譯

金诗伯刊发的文章

闲暇之余，金诗伯逛遍了烟台城，参观了烟台的张裕酒窖等游览胜地，还去听了烟台人一向喜欢的京剧，观看了讽刺1946年底蒋介石举行的伪“国民大会代表”选举的滑稽剧。

5月，一心想为中国的革命事业干点实事的金诗伯，按捺不住焦急的心情，写信给领导同志，表达了自己参加革命队伍的愿望。很快领导就同意了他的要求。从此以后，金诗伯穿上蓝粗布制服，和其他同志同桌共餐，虽说只是粗茶淡饭，没有了国际友人的特殊待遇，但金诗伯却异常高兴。因为从这一刻开始，这意味着在其生命的第三十三个年头，崭新的生活开始了。他在《我在中国的六十年》一书中曾深情地感慨：“我不再属于自己，我的一切都属于党，属于革命事业。”

金诗伯应邀参加到胶东行署外事特派员办公厅主办的外宣英文报纸《芝罘新闻》的编辑工作中。闲暇之余，金诗伯帮助同志们学外文，跟中国同事学习中文，和其他同志合作搞汉英翻译，还经常在烟台的报纸上发些稿子。他还参加了烟台人民欢庆孟良崮大捷大会，旁听了杨禄奎事件审讯大会等。

有一天，他跟同事陆凡提出希望给他起一个中国名字。经过一天的思考，陆凡把他俄语姓氏的发音翻译为“金诗伯”。其中，“金”是金属之冠，表示意志坚定；“诗”是诗歌，寓意文采飞扬；“伯”是对年长人的称呼。“金诗伯”三个字，表示“意志坚定的年长诗人”。金诗伯十分高兴，不断地练习说、练习写“金诗伯”这三个字。从此，金诗伯正式有了中国名字，而中国同事都因此叫他“老金”了。

撤退途中，小茅屋里，难忘的生日宴会

1947年9月中旬，顾祝同指挥国民党部队逼近烟台。金诗伯等原本

打算撤退到大连，但时间紧急，没来得及撤出烟台。

9 月 20 日晚，在烟台一间没有灯光的屋子里，举行了一次会议，会上，烟台市市长向金诗伯颁发了三枚三级勋章，“一枚表彰对前线的捐款，一枚因为工作出色，一枚鼓励勤俭节约”。然后，烟台市长宣布国民党军队已经逼近，上级决定第二天拂晓撤离烟台。第二天早上四点半左右，满天星斗，两辆大卡车载着金诗伯等人离开了烟台。这一刻，金诗伯坐在卡车上，望着东方泛白的天空，回想着在烟台的六个月零三天的生活，望着渐行渐远的赋予自己新生命的烟台，感慨万千。

傍晚，车在牟平县郊外的一个小村庄里停下。大家在铺着褥子的炕上休息，这场景是金诗伯平生第一回遇到，很是新鲜。正好这天是金诗伯的生日，因为金诗伯是国际友人，又是客人，因此中国同事们决定为他祝寿。金诗伯在《我在中国的六十年》中曾回忆说，“这里说‘盛大’并非夸张，大盘小碟，盛满美食佳肴，还有各种汤菜、十几瓶酒以及水果等等，把一张铺着桌布的饭桌摆得满满的”。看着丰盛的生日宴，金诗伯感动地流了眼泪。要知道，平时他们连玉米饼子都吃不到的，今天同志们变戏法一样变出这些美食，更何况是在紧急撤离的情况下呢。

三十年后，金诗伯回忆起这次生日，感慨地说：“我喜欢生日的宴会、可口的饭菜、冒着气泡的美酒；我喜欢生日的祝酒词，略带夸张，幽默诙谐；我喜欢一张张友好的面孔，一件件精巧的礼物，这些礼物虽说常常是实用价值不大，却叫人从心眼里高兴。今天的宴会上，这一切应有尽有。除此之外，还有真诚的温暖，真诚的欢乐，真诚的同志情谊。”

每年 9 月 21 日，每当金诗伯过生日的时候，他都会回忆起在烟台这难忘的一天，“我都禁不住回想起 1947 年的这一天，在追忆之中重返那间灯光暗淡的小茅屋，享受在那里经历的每一丝快乐，每一分幸福”。

“农民积起来的这些肥是很宝贵的，我一点也不能浪费”

为了避开国民党的军队，金诗伯等长期在烟台的农村辗转行军。尽管农村条件艰苦，但金诗伯丝毫没有国际友人的架子，他积极参加劳动，推磨时从不在中间休息，挑水时总要拣大桶，抬土时老是把筐子向自己那一边拉。就这样，金诗伯很快与村民打成一片，大家都亲切地称他“金诗伯同志”。

有一次，正赶上春耕大忙季节，金诗伯等在一个很大的村子驻扎下来。村民正忙于把猪粪、牛羊粪肥用独轮车从牲口圈运到地里。金诗伯观察了一会儿，觉得自己人高马大的，干这活儿没问题。这种山东农村常见的独轮车，金诗伯以前从没用过。在试验了几次后，金诗伯觉得自己能够很好地掌握平衡了。于是就推着他的第一车粪肥沿着狭窄的田埂前进。推了一会儿，车子稳稳地，金诗伯信心大增，不料，刚刚有些得意时，车子转弯，他一时大意，忘了紧紧捏住车把，车子立即失去平衡，翻倒在地。

翻车之后，金诗伯的第一反应令人惊讶，只见他二话不说，立即俯下身来，用双手把撒在地上的粪肥一捧一捧地往车筐子里装。金诗伯的这一举动被乡亲们看在了眼里，很快也就传遍了村里。

回村后，有人问金诗伯：“你就不嫌脏？”金诗伯诚恳地回答道：“我并不觉得脏。在那紧张的时刻，我根本都没有想这个问题。我所想到的，只是农民积起来的这些肥是很宝贵的，我一点也不能浪费。”

李普胶东解放区纪行

李普（1918—2010），曾采写过开国大典新闻、报道过开国大典盛况，是我国老一代著名新闻工作者。1946年4月，时任新华社特派记者的李普，前往胶东新解放区采访。期间，他运用通讯和特写的形式，从人们意想不到的角度，以亲身经历和见闻报道了胶东解放区的新生活、新气象。

物价的奇迹

到胶东解放区，李普最容易接触到的往往是物价和经济问题。胶东解放区，因措施得力、物价稳定，被社会各界推崇备至。如，烟台1945年9月份的平均价格和1946年3月份的平均价格相比，各种主要生活必需品，涨跌幅只是百分之几。同时期的青岛，主要生活用品，有的却上涨了十几倍。在胶东解放区，物价非常便宜，一元和五角的钞票都可以派上用场。这对于一个在重庆和北平（今北京）等大城市工作过，已经习惯了高物价的人来说，这物价便宜得有点不可思议、有点像奇迹，“就是一个大新闻”。

進入烟台第一件事

李 普

1946年李普所作报道

4月下旬，李普从胶东的石岛到文登县城，途中在一个小镇上吃了一顿晚饭，有鸡有肉，可谓丰富，最后一结账，

采访刘邓大军时的李普（右一）

才花了十五块钱。如此低廉而又丰盛的晚餐，让李普百思不得其解，“仿佛来到了另一个世界”。

在惊叹胶东根据地物价奇迹的同时，李普也成了新闻人物，他向胶东人民展示了另一个世界。他身上的领带、衬衣、礼帽和皮鞋等，每一件的价钱，“对于他们来说不啻于天文数字”。在威海，有一天一位老先生跑来找李普，说他从当地的《新闻日报》上看到有一种叫作法币的“怪物货币”，听说李普身上有，就特意跑来“见识见识”。

胶东根据地的物价，和北平、重庆、上海等大城市比相差太远，究其原因，李普认为，在于胶东根据地经济的发展，物资生产丰富，再加上减租减息等政府对市场物价的稳定措施，导致物价如此便宜。

“臭皮匠”成“化学家”

李普了解到，因连年战争与敌人封锁，胶东抗日根据地军民的医疗药品供应极端困难，连起码的药棉、绷带、酒精都没有。为此，胶东军区决定尽最大努力自己制药以保证药品的供应。1944 年春天，新华制药厂成立。

制药厂的位置在莱阳和烟台之间的一个乡村。如此工厂，竟然藏身在农村中，李普想都想不到，不免大吃一惊。然而更让李普吃惊的是，这个制药厂的领导，竟然是两个之前一点也不懂医药的高小毕业生，一个 22 岁，是制药部的董永芳主任；一个 28 岁，是刘浪厂长。

一开始他们参加八路军的时候，因为念过高小，就叫他们做药剂人员。当时上级只给钱，买药要自己管。怕买到假药，董永芳他们就想学着自

記膠東人民的建築
——蘇魯紀行之九
李普

李普撰写有关胶东抗日烈士纪念塔的文章

己动手化验。董永芳是在朝鲜念的书，稍微懂一点日文。有一回，他从战利品中找到了几本日文的药学书，就此开始学习起来。他们每制成一种新药品，董永芳总要亲自一再地化验和检查，甚至不惜拿自己做试验品。有一次，他检查泻药，自己吃了，果然导致腹泻，于是，再吃止泻药。除此之外，他们还向部队中的一位女大学生医生求教学习。董永芳为钻研化学，经常深夜不睡觉。

功夫不负有心人，半年多的时间，董永芳创新制出了单那尔平、硝酸银、碘化钾、硝酸银棒、阿拉伯树粉等药品。制造单那尔平的原料之一是鸡蛋黄，他研究后发现，如果用豆汁代替，可以节省原料成本三分之一。就这样，董永芳、刘浪等原本只有高小学历的“臭皮匠”，迅速成长为无所不能的“化学家”。1945 年，董永芳被八路军胶东军区卫生部授予“制药英雄”称号。

新华制药厂刚成立时只做草药，在刘、董等人努力下，克服困难，勇于创新，利用盐滩的卤水和纯碱制成碳酸镁，用石灰和纯碱做出烧碱水，将棉花、纱布脱脂消毒后制成药棉和绷带，用烧碱和油脂制成肥皂……就这样，一年半后，愣是把一个刚成立时仅有 3 间房子的制药厂，发展成为有 254 间房子的大厂子。制药厂成立前，胶东解放区部队缺医少药；制药厂成立一年半后，不仅能完全解决胶东解放区部队所需药品，还向社会零售部分药品。

老秀才入党

到胶东根据地采访时，李普得知这里有一位 67 岁入党的老秀才梁宗翰。李普十分好奇，就专程去采访了这位梁老先生。老先生是秀才出身，曾任胶东参议会的副议长，是一个热心于社会活动、有新思想的人。他参加过辛亥革命，鼓励学生当学生军；民国时期，他身体力行，率先剪掉了大辫子；他早年在文登中学当过教员，曾率领学生拆庙反迷信；在文登又办过农科学校，从选种、积肥到改良土质，积极向农民宣传科技知识。梁老为人热情奔放，“大声说话，大声笑，语尾拖得很长”，“他像一般老秀才先生拖长了声音摇头晃脑，笑起来哈哈哈停不住，最终把眼泪都打出来，然后抬起宽边眼镜擦下眼泪，又大声地哈哈下去”。

在 67 岁时，梁宗翰光荣入党。李普问他为何如此高龄还要入党，梁宗翰笑着说：“共产党，为人民大众，是好的，我就想，老了，快死了，死了还是个非共产党人，死不瞑目。死于革命，比死在床上，死在儿女身边好得多……”

梁老先生的工作，平时主要做抗战宣传工作。有时为了宣传，他要黑夜里从鬼子岗楼底下偷偷走进村子进户宣传。就这样，这个村宣传一阵，向人家说道理，说军队与民主政府的情形，再到别的村子。经过岗楼，难免要吓出一身汗。每到这时，老先生总要自己拍拍胸，心里说：怕什么！这么大年纪还冒着这么大的危险，有些乡童很是不解，就对梁老先生说：“老先生，这么老了，还做这工作。”这时梁老先生把眼睛一瞪说：“你的话要改一改，国家没有老年人一份？你应该说：老先生都去，我更该去！才对得起国家，对得起我！怕？怕什么？怕，就不用干了？”

1947 阿英在烟台

阿英（1900—1977），原名钱杏邨，是我国当代著名的作家、戏剧家、藏书家。1947 年春天，中共中央华东局当时所在地临沂因受到战事影响，时任华东局文委书记的阿英，受组织指派往胶东转移。在胶东的几个月时间里，阿英调研文化事业，搜集胶东文献，整理胶东图书馆馆藏，在烟台文化史上留下了醒目的印记。

强忍悲痛，忘我坚持工作

早在来胶东之前，阿英的长子钱毅，一位很有才华的文艺青年，在苏北解放战争前线采访时，在江苏淮安被俘不屈，壮烈牺牲，当时才 23 岁。消息传来，阿英悲不自胜，“我心里很酸楚，但还希望不是事实——不过这希望我认为是不大的”。直到亲眼看到当时广播的原文，阿英才不得不相信儿子确实是牺牲了！“消息是证实了，钱毅是牺牲了，真是万把钢刀，直穿胸膛”。来到胶东的时候，尽管阿英得知爱子遇害已经一个多月了，但眼前仍时时晃着儿子的影子。如 5 月 9 日，在高密，阿英记道：“今夜始梦毅儿，凡两次，然知为梦也。”5 月 10 日，在往莱阳途中，行前得女儿钱璎来信并附《黄海大众》所出钱毅殉国特刊，“精神激动异常”。5 月 11 日，在莱阳，“于

阿英与长子钱毅合影

寒气侵袭中，又复苦思毅儿不已”！5月15日，阿英在烟台小市偶遇好友唐天然，唐天然很难过地对阿英说：“钱毅——我心里难过得很！”没等唐天然说完，阿英“我亦忍不住为之呜咽，不敢与之多谈，遂别去”。慈父的拳拳之心殷殷之情，跃然纸上，令人不忍卒读。为减缓对儿子思念的痛苦，阿英刻意马不停蹄地在胶东调研走访，每每读书到深夜。

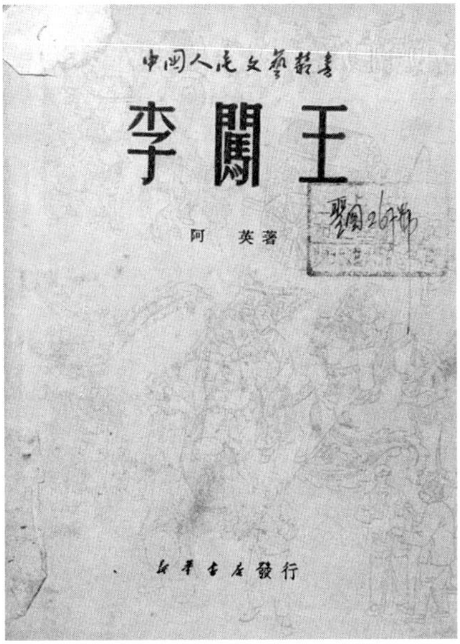

《李闯王》书影

因遭遇丧子之痛，阿英不觉地把感情倾注到当时在身边的3岁左右的幼女小云身上。每次出门必定会给小云带回喜欢的糖果或零嘴，如在莱阳时，“为云儿买鹧鸪菜一盒，五百五十元；买袜二双，二百元；买糖果，二百七十元”。一次为小云花费近千元，阿英毫不犹豫，而同样的千元，阿英曾在莱阳小摊上，买到心爱的宋瓷笔洗、玉片刻马、明墨各一件。尽管“价甚贱也”，但阿英却感慨“惟身无多钱，即此亦是忍痛而买”，掏得有点心痛。一有空闲，阿英就带着小云去市里游玩。小云每每生病，阿英总焦虑万分。5月11日往莱阳途中，阿英曾记到，“车驰甚急，夜冷风寒。顾虑云儿受凉，殊悔此行。转不如白日缓行为佳也”。

细致用心，记录胶东风情

阿英在胶东，一路上用日记记载胶东风土人情，为今天的我们了解70年前的胶东，提供了大量珍贵资料。

在5月11日到莱阳后，阿英在当天的日记里记载，“此地城墙已拆毁，东西街与南北街。东西街长约三里，商业繁荣，街道清洁，为北来之冠。但公营者为多。新华书店甚大”。“此地房屋大者颇多，似系地主集中地，现皆驻兵。至镇公所询之，果然。谈及古物，云送县者甚多——昨还送去书百七十余册，画数百幅”。在莱阳小市漫步，“此地每日一集”，“乃出东门，凡四里而达。旧货摊不少，无可购之物”。以上日记，大致描述了当时莱阳城的商业经济等情景。5 月 14 日，阿英从莱阳启程前往烟台。路过桃村时，阿英说，“抵桃村，一大市镇，商业甚为繁荣”。次日，抵达烟台。阿英在日记写到，“此间市尘极干净，水门汀路，洋房，有类上海之百老汇路及吴淞路一带。有职工三万人。经济，则由商业经济已转变为市集（小市）经济矣”。当晚，阿英下榻在海边寓所。“夜眠甚早，误海浪为巨风，明日晨询诸土著，始知是误也。烟台有电灯，十时即熄灭”。初来乍到，阿英误把海浪声当作风声了。第二天，阿英在去烟台市文协路上，描绘烟台所城城墙说，“土城，甚小，直径不过里许而已”。他还留心观察烟台经济状况，“此间小市，为市集经济之唯一表征。大商店生意好似已侧重批发，小市在城内……小市始六时，终九时许。以售洋杂货者为最多，旧货亦不少，没落地主妇女售物摊亦多。日本式旧货最多。关于文物，则绝未之见，旧书亦没有”。

5 月 18 日，阿英在吴秘书长等人陪同下，游览烟台、芝罘山间的苹果园。20 世纪 20 年代，位于幸福的西沙旺一带遍种苹果，林木葱郁，果园遍地，成为烟台苹果的重要产区。阿英的日记，记载了当时西沙旺苹果园情景。“园长三十里，排列有类集体农场。苹果树不高，已小结实。已分与农民，不知种植，已生虫，现政府正进行贷款，买药洒射补救”。

调研文化，搜集胶东文献

阿英作为华东局文委书记，到胶东来的一个重要任务，就是调研、指导胶东解放区的文化事业。

阿英到烟台后的第二天，也就是 5 月 16 日，烟台文化界在光明电影院举行晚会，欢迎阿英一行。当天的《烟台日报》报道说，“阿英先生矮个子，灰军装，一望而知先生诚实朴素之风”。阿英应邀登台讲话，“再三提出文艺工作者的工农兵方向，开展烟市工人、职员文化戏剧运动，

阿英在烟台

团结广大知识青年，为爱国自卫战争服务，争取自卫战争的胜利”。之后，阿英遍访烟台各文化单位，先后走访了胶东新华书店、烟台市文协、胶东文协、胶东图书馆等单位，与马少波、张加洛、王景宋等负责人座谈，了解了胶东出版事业、胶东各剧团及图书馆等单位的历史及现状，并就其发展提出了有益的意见。

身为作家，阿英深知文献资料的重要性，每到一处，阿英就搜集当地的出版物、宣传品。走访烟台市文协时，与张加洛谈宣传工作，获赠自卫战争以来之宣传品、报纸、画报各一份；得知当时山东省文协负责人张凌青的夫人华君，系《戏剧》编者，就其所藏，录全部十册目，并索复本第七、第九两期各一册。不仅收藏，阿英还注重及时整理搜集的资料，一有时间便详细整理，在日记里记录。如 5 月 29 日，阿英日记记载道："午后，编自军区所取宣传品，按类排写，至晚而毕，计得九纸目录，然未暇细加检查也。详细至正文目录，当天整理数千字。"在阿英胶东行的日记中，其整理的胶东文献可谓比比皆是，而且大多都把图书的正文目录也予以抄录，有时一天整理材料多达几千字，可见其做学问的严谨态度。

正是这种细心、用心，使得阿英的创作素材源源不断。6 月 8 日，在胶东文协，阿英得闻南宋农民马齐王纠众二十余万抗金的故事。听说大店一地主家藏有传抄本后，阿英认为“乡间传说亦甚多。此材料甚佳，拟设法搜辑，以备写一文或一剧以纪念之”。

胶东访书，整理馆藏目录

阿英此次来胶东，还有一个重要任务，就是在胶东解放区负责保护文物古迹和搜集珍本图书。

6 月 1 日，阿英到达位于海阳西鲁家夼的胶东图书馆。当时的胶东图书馆，有八个房间，“第一、二、三、五四个房间，全是旧书。外新书一室，杂志一室，报纸一室，又装订一室”。访书第一天，阿英就有重大收获，发现珍稀刻本《留青日札》，这部书阿英在上海的时候，见过郑振铎买过抄本一部，刻本从来没见过。阿英如获至宝，遂借回阅读，“晚饭后，灯下读《留青日札》尽”。第二天，阿英又发现一部《桃花影》传奇，甚为罕见，“午饭后，乃假回摘录”，用一天时间，抄阅此书完毕。之后，阿英又陆续发现了《牡丹史》《自警编》《明状元图考》《茶经》及诸多佛曲曲牌等珍贵古籍，皆借回一一抄录。后来经阿英整理研究，胶东图书馆所藏珍稀古籍，还有《永乐大典》书目一部及刘鹗稿本《六一阁藏书目》等。

在胶东图书馆，阿英系统整理了图书馆所藏古籍、书画、碑帖等，誊写了善本书目，详细统计了胶东图书馆藏书数量，计 11 万余册（内古籍 8 万多册）。在胶东图书馆访书期间，阿英还用两天时间将在胶东图书馆草录杂记重整抄写，形成原稿五十余页的《胶东访书记》，其后，装订成册。在离开胶东图书馆之际，阿英就胶东图书馆建设问题，给当时胶东行署主任曹漫之写了四千多字的长信。

1947 年秋，胶东保卫战爆发，敌人大举压境。为保存实力，阿英服从组织安排，从威海渡海转移到大连。

宋之的为胶东唱赞歌

宋之的（1914—1956），著名剧作家、报告文学家。1947 年 5 月，国民党进攻临沂，时任山东大学教授的宋之的随山东大学转移至胶东。在胶东解放区的几个月里，宋之的感慨于胶东解放区翻天覆地的变化，满怀激情地撰写了报告文学《胶东半岛行纪》和独幕剧《故乡》，来讴歌这片土地。

“我的话留待后日再作道理”

1947 年的烟台，是解放区唯一的大城市。“这期间不断地有名作家名记者和著名学者、政治活动家到烟台来，有从蒋管区（上海，南京、重庆）来的，也有从延安和华东来的”。这些名家，有宋之的、阿英、李一氓、蒋锡金、赵则诚、林汉达、张东荪、柳亚子、陈家康等。小小的烟台，一时聚集如此众多如雷贯耳的名家，不啻是烟台文化史上的盛事。

宋之的到烟台后，被安排在靠近海边的东山森林路一号。“森林路一带，原为洋人区，皆别墅，面海而筑，倚山。碧海清澈，芝罘山横其前，烟台山当其西，毓璜顶在其东，风景极其出异”。一有时间，宋之的就与阿英、李一氓、邹鲁山、匡亚明等同志相继往来。

1947 年 5 月 16 日晚，烟台文化界在光明电影院举行晚会，“欢迎先后来烟之山大教授宋之的先生，及著名戏剧家阿英先生”。5 月 19 日的《烟台日报》以《文化界举行晚会，欢迎阿英、宋之的》为题对此进行了详细报道。

尽管当晚天公不作美，晚饭后春雨淅淅，“然来参加晚会者，仍络

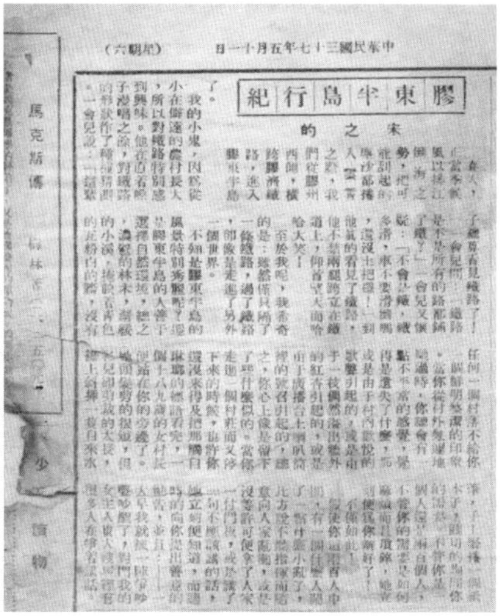
中華民國三十七年五月十一日（星期六）

膠東半島行紀

宋之的

1948 年发表于《生活报》的《胶东半岛行纪》

绎于途，无不以一睹两先生为快”。烟台文协主任包干夫先生进入会场时，“全场已挤挤（济济）人头矣”。包干夫先生致欢迎词后，阿英先生先做了演讲，接着宋之的先生登台演说。宋之的上台后，笑了笑，说：“我没有什么好讲的，有几个问题虽要和大家研究，但大家要听娱乐节目，好在我在烟一个时期，我的话留待后日再作道理。”就这样，穿黄色长袍的宋之的，笑容可掬地在与会者的笑声掌声中下台。如此知名的人物，竟然如此随和，现场观众很是意外。之后，上演了精彩的娱乐节目，“有口琴独奏，及解放路两小学之跳舞，最后，由二中学生唱黄河大合唱”。这次欢迎会，还闹出了点小插曲。因为当时是春夏之交，组织的小学生们在表演节目时，都光着腿穿着裙子。包干夫后来回忆，有些老作家因此向其反映，说烟台市用“大腿舞”来欢迎他们，并表示非常愤慨云云。这反映了“当时我们的文艺思想既有点‘左’，也有点乱，并没有一个统一的标准”。

到昆嵛山做报告

1947 年 2 月，莱芜战役爆发。莱芜战役中，我军取得歼灭李仙洲所辖七个师的重大胜利，李仙洲、韩浚等六十余名国民党高级将领被我军俘虏。为更好地帮助被俘国民党高级军官学习改造，华东局和军区成立了“高级军官管理处”，集中管理这些国民党高级军官。4 月份，这些国民党高级军官被转移到烟台昆嵛山附近管教。“这里是抗日战争时期胶东军区的老根据地，环境安定，便于对被俘军官的管理”。

一天，宋之的陪同一名美国进步女记者到这里采访。当时的高级军官管理处处长林立觉得宋之的社会经验丰富，就特意安排了一场教育大会，让宋之的和美国记者为军官团做一次报告。宋之的在大会上，“从人民的立场出发，正确地评述时事，指出历史的车轮不会倒转，反动派‘多行不义必自毙’，新民主主义革命的最后胜利就要到来”。他“希望大家认清形势，改过自新，必受人民欢迎，而执迷不悟，一意孤行，必为历史所唾弃”。李仙洲、韩浚等听了很受感动。

拿个毛驴当马骑

1947 年春天，宋之的等人从胶州西侧，横跨胶济铁路，进入胶东半岛。一进入胶东半岛，眼前的景象，处处给宋之的耳目一新的感受，“却像是走进了另外一个世界”。之后，宋之的在胶东半岛四下漫行，“走过著名的梨树园，走过无数的苹果丛，也走过带有江南意趣的水田，也走过层层为低云掩覆的山峰”。沿途所见所闻，令其感慨万千——这里的风景特别秀丽，“浓郁的林木，潺缓的小溪，掩映着青色的瓦粉白的墙，没有任何一个村落不给你一个鲜明整洁的印象”；这里的任何事物，都给人一种不平常的感觉，“当你从村外匆遽地驰过时，你总会有一点不平常的感觉，觉得是遗失了什么，那或是由于村内欢悦的歌声引起的，或是由于一支广播台上喇叭筒里的号召引起的，总之，你心上像是留下了些什么似的”；这里十八九岁的女村长，干练能干，“她头发剪得很短，但衫儿却剪裁得太长，襟上斜插一支自来水笔，手上紧卷一个纸本子，关切询问你的需要”；对门女主人崔大嫂热情好客，乘宋之的没醒之前，已把他的破袜子洗干净、补好并烤干了。对此，宋之的感叹：“我的天！像我这样一个新来解放区，还不具体地理解解放区为何物的人，可以想见，在这样明媚的胶东半岛上，在这样熨帖的情怀下，真有些心旷神怡了。”

进入胶东半岛的第二天，宋之的打算随便转转，采风写作。胶东区委考虑到宋之的刚长途跋涉到胶东，怕累坏了他，就给他找了头大叫驴当坐骑。宋之的转到一个村口时，正有一群青年妇女在为军属刨粪，宋之的本想骑驴疾驰而过。谁料一个妇女突然从人群中跳出，以胶东姑娘特有的柔音指点着宋之的唱道：“你拿个毛驴当马骑呀，你说有趣不有趣呀！”宋之的一时没明白过来，忙问：“什么？”谁料那一群妇女一起扯起嗓子唱道：“你拿个毛驴当马骑呀，你说有趣不有趣呀……”在胶东农村，毛驴是农活的好帮手，很少有人骑的。一个大老爷们儿不劳动不说，还骑个毛驴乱转悠，所以宋之的难免被妇女们揶揄几句。宋之的终于明白过来，原来这群妇女讽刺他大老爷们儿浪费民力啊。

《故乡》：为胶东人民唱一曲赞歌

来胶东之前，宋之的刚写完《群猴》的剧本。这部剧以竞选伪“国大”代表事件为中心，集中反映国民党内部尔虞我诈、勾心斗角的丑行，一针见血地点出伪“国大”代表选举的实质犹如群猴争吵。《群猴》显示了宋之的高超的艺术技巧，被当时各剧团争相演出，引起了轰动。

几个月的胶东之行，宋之的收获与感受太丰富、太深刻了。漫步在胶东半岛的土地上，宋之的时时思索着，如何写一部剧来赞美勤劳勇敢的胶东人民。几经思考，宋之的决定把自己脑海中的胶东人民形象进行艺术性的概括，“着重写出他们崇高的思想和伟大的精神力量”，就这样，独幕剧《故乡》应运而生。《故乡》描写了山东解放区人民当家作主后的日子，通过一个农民家庭的幸福生活反映了整个解放区翻天覆地的变化。《故乡》，是宋之的向胶东人民献上的一曲热情的赞歌，“但是，它还未来得及上演，国民党就疯狂进犯解放区了”。1948 年，宋之的这两部在山东解放区创作的独幕剧合为《人与畜》出版。“虽然宋之的在山东只待了两年，但他留下的这两部剧作对山东的话剧创作产生了积极的影响”。

《人与畜》书影

李一氓烟台往事

李一氓（1903—1990）是老一辈无产阶级革命家，同时也是古籍字画收藏大家，他是中国古籍整理的推动者、文物保护的先行者。1947年间，李一氓曾奉命转移到烟台工作，在烟台留下了众多人文韵事。

转移烟台调查经济状况

1946年8月，淮阴保卫战失败后，李一氓领导的苏皖边区政府转移至山东。到华东局报到以后，华东局临时派李一氓以华东局特派员的身份去烟台（当时解放区唯一的大城市）调查烟台的经济情况，为将来接管大城市积累经验。

1947年5月，李一氓带领公安武装等百余人，进驻烟台。初来乍到，李一氓对烟台的印象是“这地方……街道、建筑、商业都很西方化了”。张裕公司作为当时烟台的知名民族企业，引起了李一氓的极大关注。“烟台有一个张裕酿酒公司，生产葡萄酒，主要是白葡萄酒，也生产少量的白兰地和香槟酒。它自己有葡萄园。酿酒生产，当时还在进行，有一个意大利酿酒师，主持生产工作”。李一氓到烟台后，对张裕公司的葡萄栽种与生产及酿酒业的经营情况，做了一个详细的调查，向华东局做了具体报告。此外还对烟台农村种植业的生产

正在整理古籍的李一氓先生

状况，城市的工业生产、工人生活及商业物价的各种情况都做了调查，分别向华东局做了报告。

在烟台市工作了四个月后，因敌人向胶东进犯，烟台危在旦夕，李一氓等又奉命转移到文登。考虑这样东奔西走不是办法，跟大部队行动又诸多不便，李一氓就想率领公安干警配合当地民兵打游击。请示华东局后，华东局觉得这样风险太大，就让李一氓等护送大批老弱妇孺转移到大连。

在轮船上，李一氓望着渐行渐远的烟台，吟唱道："荏苒烟台八月初，苍惶戎马欲何如？壮心未了难为客……"就这样，李一氓结束了短暂的烟台行，转抵大连。

黄县偶得丁菊甦笔筒

在烟台调查期间，有一次，李一氓和当时的胶东区党委副书记金明同坐吉普车去黄县（今龙口市）。因怕国民党的飞机轰炸，来回走的都是夜路。"黄县这个地方在胶东是很富庶的，有不少的大地主、大商业资本家、大官僚，丁菊苏（应为"甦"）家族最有名"。李一氓所说的丁菊甦家族，就是指的黄县丁氏。黄县丁氏是山东著名的科举、收藏世家。此家族发迹于清乾隆年间，以经商致富，后生意遍及山东、东北、京津等十一省，堪称山东首富，被世人称为"丁百万"。

丁菊甦，名绍彤，号菊甦，别署黄山山长、黄山诗衲等，好聚书，精鉴别。20世纪30年代，丁菊甦曾在黄县丁氏故居修建"还读盦"书斋，在此藏书、读书、著书，书写了烟台文化史上的一段佳话。对于丁菊甦，李一氓后来在回忆录中这样描述，"丁当过袁世凯时代的参议院议员。反袁后又兼过黎元洪的总统府秘书长。在所谓'府（黎元洪的总统府）院（段祺瑞的国务院）之争'中，黎被段赶下台。直系曹（锟）吴（佩孚）反段，又把黎拥上台，最后直系又赶走了黎。丁大概始终属于黎元洪方面，1923年黎下台以后，他就脱离北京的政治生活，回黄县了"。李一氓所言这段履历，其实是黄县丁佛言的。很显然，李一氓把同是黄县丁氏的丁佛言误以为是丁菊甦了。

当时胶东正在“土改”，黄县的地主都被净身出户了。李一氓到丁菊甦家的时候，北海地委正进入备战状态，大家忙着在丁家收拾古董、字画等，准备运进山里，掩藏起来。“我去看了一下，丁家有四进院子，旁边有花园，还有要搭梯子翻墙才能进去的五间密室”，“很多硬木家具，甚至有些广东家具，还是原来用薄的竹皮捆的那个样子，堆在那里还没有拆包”。品相好的铜瓷器、字画等，都已捆绑好，李一氓虽然很感兴趣，但无缘欣赏。细心的李一氓发现，在旁边墙角里，有一个很大的树根笔筒被丢在那儿。拿来一看，有小篆“小松所得”四字，李一氓认为这是清代“西泠八家”之一黄小松的遗物，就向整理物品的工作人员讨来。

进北京以后，李一氓在这个笔筒上，请人刻了“一九四七年得于山东黄县，一氓记”。这个笔筒，李一氓极为喜爱，一直放在书案上。李一氓认为这是黄小松的遗物，当为误判。其或为黄县王常师之物。王常师，字道新，又字小松，民国间黄县著名学者。他与黄县丁氏是姻亲关系，与丁佛言、丁菊甦等交好。此笔筒或是王常师赠送丁菊甦之物。除此之外，李一氓在丁菊甦家的地上还捡过几张碎纸，都是郑板桥的笔迹。

代购丁菊甦宋本杜诗

李一氓作为四川人，成都杜甫草堂是他中学时期常去的地方，对这个地方感情深厚。1952 年，整修后的杜甫草堂正式对外开放，在李一氓建议下，杜甫草堂把征集重点放到历代杜诗的各种版本上。常到古旧书店访书的李一氓，就处处留心为杜甫草堂代收珍稀版本，前前后后共给杜甫草堂代购了约三十五六种版本的杜诗。尽管这些书占成都杜甫草堂收藏的万余册杜集版本的比例不大，但“其中多属孤本、善本”，弥足珍贵。这些珍贵古籍中，最具有代表性的莫过于黄县丁菊甦所藏半部宋刻本《杜工部草堂诗笺》。这部稀世国宝，是 1964 年 2 月，李一氓到济南出差，顺便逛当地的古旧书店时幸运发现的。这部书上藏印累累，先后为顾仁效、汲古阁毛扆、巴陵方功惠、大兴孙迟、黄县丁菊甦等藏书大家递藏。

李一氓见到的这部书，只有前二十二卷。根据目录来看，这部书总共应有五十卷，是部残书。那剩下的半部，下落何处呢？李一氓后来遍查资料，发现后半部原来在光绪年间被湘潭袁映芳所得。藏书大家方功惠得到此稀世版本后，欣喜若狂，光绪初年曾在广东据此翻刻《草堂诗笺》二十二卷。方功惠逝世后，其孙方湘滨于1898年把方功惠几十万册藏书从广州海运至天津，再陆运到北京，然后在北京琉璃厂附近租房出卖，“连楹充栋，排列数十架”，这部《杜工部草堂诗笺》就被大兴孙氏近水楼台而得。后来此书又辗转被黄县丁菊甦存藏。

1947年，李一氓到黄县丁菊甦家鉴赏文玩时，丁家的藏品之丰富，对其震撼很大。对于这段往事，李一氓后来在回忆录中说，“这是我在战争环境中，能够见到的、仅有的地主官僚家庭了”。因此，李一氓对丁菊甦印象很深。十几年后，在济南偶见丁菊甦所藏珍稀宋本，李一氓自然觉得这是莫大的缘分，因此毫不犹豫地为成都杜甫草堂代购了此书。后来，此书列入国家珍贵古籍名录，成为成都杜甫草堂的镇馆之宝。

烟台排演京剧《九宫山》

1944年，著名历史学家郭沫若面对现实，借镜历史，鉴于明末李自成起义军攻入北京后，昏昏然，终于功败垂成的教训，写了史论《甲申三百年祭》，为抗日军民敲响了警钟。中国共产党对《甲申三百年祭》非常重视，把它列为整风学习的重要材料。华东解放区的文艺工作者，以甲申史事为题材，编演了一批剧目，其中著名的有苏北根据地阿英的五幕话剧《李闯王》，苏中根据地李一氓的《九宫山》，胶东根据地马少波的《闯王进京》等。

1944年9月，时任胶东文协编辑部长的马少波创作了京剧《闯王进京》，12月由胶东文协胜利剧团在胶东抗日根据地公演。不久，马少波寄赠《闯王进京》剧本给阿英。阿英很快回信，给马少波以热情鼓励，并回寄了李一氓的《九宫山》剧本，介绍了该剧在淮海地区的演出盛况。

苏鲁根据地的三位著名剧作家阿英、李一氓、马少波，“苏、鲁同志不谋而神合，异曲而同工，亦一时之佳话也”。这三人经常书信往来探讨剧本问题，成为神交。

《九宫山》书影

1947 年，在李一氓转移烟台后不久，时任华东局文委书记的阿英不久也来到了烟台。正好当时马少波在胶东主编《胶东大众》《胶东文艺》等刊物，任胶东文化协会会长。神交多年的故友终于有缘相聚在一起，三人异常兴奋，“快慰平生”。

当时，马少波的《闯王进京》，正在胶东各地不断公演。阿英对李一氓的《九宫山》十分欣赏，在苏北的时候，阿英就曾帮李一氓改过此剧剧本。到胶东后，阿英发现当地的戏剧活动开展广泛，剧团众多。有这条件，为何不排演一下《九宫山》，让《九宫山》《闯王进京》同时在烟台交相辉映呢？ 1947 年夏天，由阿英提议，并自任导演，马少波组织剧团，排演了李一氓的《九宫山》。三位剧作家，在烟台精诚合作排演，成为烟台文化史上的一段佳话。

蒋锡金考察胶东“土改”

在电影《黄金时代》中，青年演员张译所扮演的温文尔雅的诗人蒋锡金，给人留下了深刻的印象。蒋锡金（1915—2003），是我国著名的诗人、作家、文学评论家。1947 年，蒋锡金在任职山东省文协的时候，曾到胶东区考察“土改”工作。近年来，有关蒋锡金的传记、回忆录陆续出版，这对我们了解当时的胶东“土改”提供了宝贵的文献资料。

胶东复查“土改”运动

土地改革运动是解放战争时期，我党满足广大农民对土地的强烈要求、保证解放战争胜利发展的重要措施，胶东解放区作为国内解放较早的地区，也曾如火如荼地开展“土改”运动，并取得了显著的成效。但胶东区的“土改”曾一度出现问题。如 1947 年 8 月《中央工委关于山东土地改革概况向中央的报告》，认为胶东区以前的“土改”方针，不是首先满足贫苦农民的要求，而是首先照顾地主、富农，为之多留土地，不动浮财，富农自耕地不动；在执行方法上，不是放手发动群众，直接从地主手中获得土地，而是限制群众斗争。当时胶东区“土改”的实际情形，“百分之七十以上是用献田方式，地主献坏田、远田，装开明，钻空子，或明或暗继续统治

蒋锡金

着群众，而解放区政府则给献田地主颁发奖状，大肆表扬”，被中央称为“典型的资产阶级式”的土地改革。为改变“土改”工作中的这种错误倾向，当时胶东解放区也曾一度开展“反蒋保田”运动，但收效甚微，未能改变胶东土改运动的情形。鉴于此，1947 年 7 月，华东局彻底检讨山东“土改”运动的错误，发出了关于山东“土改”的新指示，要求彻底克服富农路线，消灭封建残余，保证贫雇农得到足够的土地，保证中农土地不被侵犯。在执行方法上，坚决依靠贫雇农，团结中农，大权交给百分之九十的农民，依靠他们自觉自愿，自己动手解决土地问题，坚决反对少数人包办代替、强迫命令的干部路线。这一指示发布后，山东各解放区立即开展了“土改”复查工作。蒋锡金一行到胶东时，正逢胶东区发动大规模的“土改”复查运动。蒋锡金等人的考察胶东“土改”工作，就是在这一大背景下发生的。

“土改”斗争矛盾激烈

1947 年 1 月，蒋锡金成了山东省文协的驻会作家，随着战局的变化，随同山东省文协于 9 月初由鲁南转移到胶东。蒋锡金刚撤退到胶东的时候，住在莱阳南张夼村。有一次，华东局文委书记阿英来胶东文协，当时组织上给他的主要任务，就是在刚解放的地区负责保护文物古迹和搜集珍本图书。阿英告诉蒋锡金，“山东是中华文明的发源地，孔、孟等名人辈出，所以胶东一带有很多善本图书”，还说了哪些地方有藏书等，这勾起了同样是爱书人的蒋锡金的兴趣，遂有意到胶东各地考察一下。

不久，时任山东文协党委书记的刘雪苇邀请蒋锡金去考察胶东区的“土改”工作。在苏北的时候，蒋锡金就曾参加过一段时期的“土改”，也想借此机会看看胶东这边的情况，并能趁机寻访一下各地藏书，于是欣然应约。

蒋锡金一行首先到达驻地在莱阳的胶东文协，在胶东文协会长马少波处住了几天，然后就近考察附近农村的“土改”情况。在考察中，蒋锡金发现，胶东地区的“土改”比华中地区的矛盾尖锐得多。比如，蒋

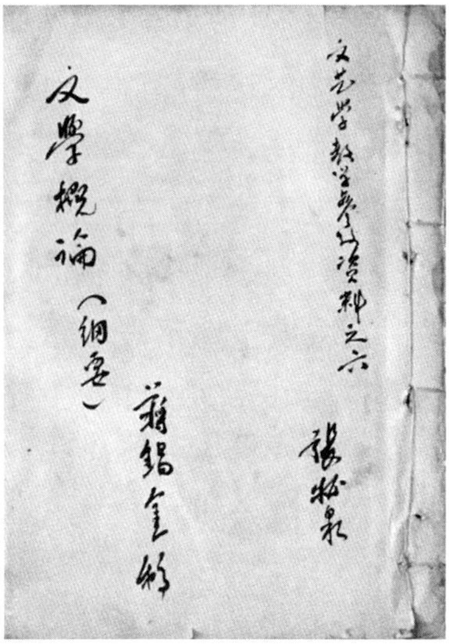

蒋锡金手稿

锡金他们到莱阳的一个村子参与“土改”，正在他们组织村民集会批斗地主的时候，突然蹿出一恶徒，向斗争会场投掷手榴弹。手榴弹爆炸后，弹片正射在蒋锡金倚着的一棵大柏树树干上，差点命中了他。那恶徒扔完手榴弹后，越岭逃跑，后边的民兵紧紧追赶，但没能捉住。蒋锡金以前在苏北参加“土改”时，虽然也听到过逃走的恶霸地主被民兵捉拿的事，但从未见过如此在会场投弹的，恶徒如此嚣张，可见胶东区“土改”斗争的激烈。

事实上，蒋锡金他们所看到的，只是胶东“土改”矛盾斗争的冰山一角。由于胶东的“土改”对地主冲击较大，不少地主逃亡他乡。在1947年秋的胶东作战过程中，大批逃亡地主组成还乡团，跟随进攻的国民党军回到胶东，进行报复，制造了灭绝人性的大屠杀。还乡团在短短3个月的时间内，就在潍北、昌南、昌北和莱阳城等地杀害共产党员、干部、民兵、“土改”积极分子1万多人。1947年10月1日国民党军队占领烟台后，还乡团进入市区仅一周时间，就逮捕共产党员、干部和群众2000多人，公开杀害100余人。

蒋锡金他们在莱阳这个村子住了几天，这个村子的“土改”告一段落后，他们就向北出发，经过毕郭、赵格庄，前往黄县（今龙口）。

呼吁保护古籍文物

在往黄县的路上，蒋锡金等人经常找当地的农会和村干部了解一些“土改”的情况。他们在黄县住了大约五六天，考察了城市的“土改”工作。当时黄县的地主都净身出户了，蒋锡金早前从阿英的谈话中知道黄县有些地主家有藏书，就去看了几家。黄县丁氏被当地人称作“丁百万”，家族中的几个代表人物如丁树桢、丁佛言等都喜好收藏金石、古籍，收藏颇丰，蒋锡金遂慕名前去。在黄县丁氏家里，蒋锡金看到有些铜器、香炉、烛台等都已归在一起。有些文物，被随意扔在地上。当地的农会干部见蒋锡金喜欢，就随手给了蒋锡金一个铜毛笔筒。这个铜毛笔筒，蒋锡金非常喜爱，一直摆在案头，直到“文革”时因红卫兵冲击才遗失。

从丁氏家出来后，蒋锡金对刘雪苇说：“农会没收的地主财物中，有一些地主的藏书很珍贵，放在那里很容易散失和破损，是不是可以运些到文协妥善保存？”刘雪苇就让蒋锡金负责挑选图书，挑完后，就用随身带的公章跟农会要了过来。这些书中，有一部汉代瓦当的拓片，约160幅，当是黄县丁氏收藏的金石拓本，弥足珍贵。到烟台后，蒋锡金把这些藏书交给胶东文协，并交代马少波妥善保管。1949年，蒋锡金在北京见到马少波，问起当年这批藏书的情况，马少波说，这些东西可能还在胶东，当时他已经交代农会一定要妥善保管的。此为后话。

返烟途中，蒋锡金特地到蓬莱住了两天。他发现，“土改”以后，蓬莱一些地主家的藏书，弄得十分狼藉，有的农民竟然撕了《西清古鉴》这一珍贵古籍卷烟抽。蒋锡金十分痛心，提笔写了一封信给当时北海区的曹专员，建议政府注意保护文物古迹。后来蒋锡金在文登时收到曹专员的来信，说已有了妥善的保护办法，请他务必放心。

参加东海地委“土改”

离开蓬莱后，蒋锡金想到栖霞是大粮户所在地，“土改”斗争一定很激烈，同时那里又是清代大学者郝懿行的家乡，当地一定保存了很多善本图书，就很想到栖霞去看看，但刘雪苇考虑到国民党正在对胶东区进攻，栖霞那里不是很安全，就没有去栖霞。就这样，蒋锡金等人沿着公路出发，在八角口宿了一夜，第二天到了福山和烟台，路上每经过村庄，蒋锡金等人都停下来，进村庄了解当地“土改”的情况。在烟台，蒋锡金等人参观了张裕酿酒公司。几天后，蒋锡金从烟台乘车经过牟平，转道文登，到达东海地委。在这里，蒋锡金参加了东海地区的“土改”工作，出席了东海地委的扩大会议，听取了各地贫雇农代表的发言，并分组进行了讨论。会议结束后，蒋锡金打算下乡继续考察“土改”工作，但因为当时国民党范汉杰部突然进攻胶东，胶东保卫战爆发，被迫取消了下乡计划。

敌人来势汹汹，为保存实力，大批干部被要求隐藏起来，为最终的反攻作准备。蒋锡金等人，被安排埋伏在昆嵛山腹地的桃花岘村住了一个多月。其间，蒋锡金跟着当地的老乡学习胶东话，参加了两三次东海区的“土改”工作会议，并参与了农民在夜间到山中埋藏物资的行动。

不久，有消息说国民党部队的前锋已经抵达乳山，离蒋锡金他们居住的桃花岘村不到四十里。一天晚上，东海地委命令蒋锡金等人立即到威海卫集合。就这样，他们连夜步行百余里，到达威海。之后，他们从威海乘船，顺利转移到苏军控制的大连。

抗战中的胶东女性

八年抗战中，胶东解放区的妇女有过怎样的特殊经历？经过战争的磨炼和洗礼，她们的生活发生了怎样的变化？ 1946 年 3 月，由胶东文化协会主编的《胶东大众》半月刊，专门出版了一期“三八”特辑，对抗战八年来胶东妇女的劳绩作了回顾。文中记录的那些女性，可能大多已不在人世了，但身处 21 世纪的今天，我们不应该忘记她们，正如不应忘记那段历史一样。

秋收纺织搞生产

由于战争需要，农村大部分壮丁都开赴前线，艰巨的秋收任务便由妇女来承担了。

据牙前县 24 个村不完整统计，仅 1945 年秋收中，就“割谷五百五十九亩半，剥苞米一百十四亩半，翻地瓜蔓一百九十五亩，收割豆子等二十六亩”；林寺区冢后一村的青妇小队，在秋收中“割谷三十亩，剥苞米三十六亩，收锄地瓜等六十一亩”；乳山县六个区不完整统计，“收拾苞米三百二十二亩，

《胶东大众》半月刊

割谷六十五亩，割穇子二十二亩”。

可以想象，枯燥的数字背后，该是何等艰苦的劳作。

为打破敌人对解放区的封锁与掠夺，为了丰衣足食，妇女们纷纷摇起纺车。据不完全统计，截至1945年上半年，胶东解放区妇女共纺线1872万斤，织布468万疋。仅文登一个县就“纺线两千三百多万斤，织布一百五十多万疋”。全胶东妇女纺织收入达99亿多元（北海币），织布者人均年收入“一千五百元到两千五百元”。

赚来的钱，除了贴补家用，好多人还投资合作社，有数字表明，当时参加合作社的妇女有14万6千多人，投资4200多万元。

有资料显示，1944年时，胶东解放区的物价是这样的：一尺布五元钱左右，买个大饼一元五角，一斤猪肉三元上下。妇女们靠着辛苦的劳动，有了收入，足以改善家里的生活，也给自己在家庭中和社会上争得了一席之地。

妻子送郎上战场

当“大反攻”开始之际，妇女们除了在后方缝制衣被鞋子，以供军需，还纷纷组织担架队和运输队。

据海阳三个区的统计，“妇女组织担架队三百零六队，运输队二百五十九队”。军区后勤部二分所移防时，仅牙前观水区的青妇小队就组织了80余台担架，在40余里的路程中搬运伤员，有的把肩膀都压肿了，但“她们却欢天喜地地唱着歌，细心地照顾着伤员的饮食”。牙前县林寺区姜格庄青妇小队，奔走在300余里的长路上，不断往前线运送给养，冢后村和北曲村的妇女更是能干，竟运送给养三次。

战争无情，有的村子顷刻之间就变为战场，青年妇女们冒着枪弹上阵抬伤号，护理伤员，表现得异常英勇无畏。如，乳山县孙大娘在马石山激战中，撇下自己的孩子，冒着枪林弹雨，一连背下四五个伤号。

在支前的女性队伍中，还有一些特殊的身影：兵工厂的工人。如，“工业模范”赵熙彩是兵工二分厂装配班长，从没上过一天学，参军时才18岁。

这个年轻的姑娘干起活来可真是不惜力气，每次抬弹皮都在300斤左右。在攻打赵保原部的战斗中，为配合前线，兵工厂突击制造炮弹，十几天里，赵熙彩每晚都要工作到12点以后，有时甚至彻夜苦干。

在“一切为了前线”的口号下，胶东妇女感于大义，纷纷动员丈夫、兄弟参军。文东县河家村的宋桂云新婚刚三天，就动员丈夫上了前线。黄埠岭村许连芝的丈夫在外干活，当她听到“好妇女要劝郎上战场”的口号，马上就去动员丈夫回家参军了。乳山县北地道湾村的宋悦花与南地道湾村一个民兵刚刚订婚，她就跑到未婚夫家去，问：“我想来送你去参军，你去不去？”男方说：“如果你同意我就去。”宋悦花马上掏出20元钱，作为送郎上战场的礼物。牙前县观水区大壮村的尹在兰费了三天的工夫，终于劝她哥哥参了军。

在一次参军大会上，郭城区簸箕掌村青妇小队向民兵们使出了“激将法”：“你们若去参军，我们妇女保证不扯后腿。”受此激励，于连芝带领20余个青年当场集体参军。

据1945年胶东妇联不完整统计，妇女动员男子参军的共计1377人；妻子送丈夫参军的601人；母亲送儿子参军的649人。

扛枪参战大无畏

战争中，除了在后方支援前线，由青年女性组成的青妇小队们巾帼不让须眉，日夜练武，学着埋雷、掷弹、射击，她们投入了实战，战绩可圈可点。如，海阳小滩的孙玉敏在“反扫荡”中，击毙鬼子17人，陈桂香的青妇小队，在1945年春天埋雷炸死鬼子9人。

打死17个敌人的女英雄孙玉敏

这些英勇参战的女性中，有

许多人为国捐躯。据统计，八年抗战，在对敌斗争中牺牲的胶东妇女，仅区县级以上的干部就有 57 名。

1939 年，胶东区委党校、胶东大众报社机关人员在莱州河南遭遇日伪军包围，15 名妇女干部与敌人拼死搏斗，壮烈殉国。

1943 年，西海妇联会长彭云同志，为了不被敌人逮捕，以手榴弹与敌人同归于尽。

蓬莱的苗雨明同志不幸落入敌手，受尽严刑拷打，始终不屈，壮烈牺牲。除了这些青史留名的烈士，在敌人每次“扫荡”和“清剿”中英勇牺牲的女性，还有很多，很多。